PATRICIA CORI

WO DIE **PHARAONEN** WOHNEN

Ein früheres Leben tritt hervor
und zerreißt den Schleier vor Atlantis, Ägypten
und den Anfängen der Zivilisation

Mit einem Vorwort von
Stephen S. Mehler

Aus dem Amerikanischen von
Thomas Görden

AMRA

Besuchen Sie unseren Shop:
www.AmraVerlag.de

Ihre 80-Minuten-Gratis-CD erwartet Sie.
Unser Geschenk an Sie … einfach anfordern!

Amerikanische Originalausgabe:
WHERE PHARAOHS DWELL
One Mystic's Journey Through
the Gates of Immortality

Deutscher Erstdruck im AMRA Verlag
Hotline: +49 (0) 61 81 – 18 93 92
Kontakt: Info@AmraVerlag.de

Herausgeber & Lektor	Michael Nagula
Einbandgestaltung	Guter Punkt
Layout & Satz	Birgit Letsch
Covermotiv	Josephine Wall
Druck	Tschechien

ISBN Printausgabe 978-3-95447-493-6
ISBN eBook 978-3-95447-494-3

Ebenfalls von Patricia Cori im AMRA Verlag erhältlich:
Bevor wir euch verlassen. Botschaften der Wale & Delfine
Atlantis steigt auf. Botschaften der Sirianer für unsere Zeit
Lichtbotschaften vom Sirius 1: Weitsicht, Heilung, Wahrheit
Lichtbotschaften vom Sirius 2: Wachstum, Aufstieg, Entfaltung
Lichtbotschaften vom Sirius 3: Harmonie, Bewusstsein, Weisheit
Die Genetische Manipulation. Wie wir unseren Gen-Code schützen

Inhalt

In Erinnerung an meinen wahren Vater,
meinen Freund, meinen Lehrer

Abd'El Hakim Awyan

der zu Osiris wurde,
während ich dieses Buch schrieb.
Mögen sein Licht, seine Liebe und seine Weisheit
für immer die Hallen von Amenti erhellen
und jenseits davon mit den Sternen leuchten –
dort, wo die Pharaonen wohnen.

»*Khemit, die Mutter aller Zivilisationen*«

Einleitung von Stephen Mehler

Die Hintergrundgeschichte, wie es dazu kam, dass ich gebeten wurde, diese Einleitung zu *Wo die Pharaonen wohnen* zu schreiben, ist für sich allein schon sehr interessant und in meinen Augen eine echte Synchronizität. Noch kurz vorher wusste ich sehr wenig über Pat, da wir einander nie begegnet waren.

Ich hatte von ihr gehört und mitbekommen, dass sie mehrere Bücher verfasst hatte, aber das war auch schon alles.

In den letzten sechs Monaten hat sich das deutlich geändert. Ich weiß nun, dass Pat und ich eine Zeit lang in derselben Stadt in Kalifornien wohnten, in San José. Wir waren zur selben Zeit in Frankreich und Ägypten und haben ähnliche, tiefgehende Verbindungen zum Sirius-Sternensystem sowie zu Kristallschädeln und vergleichbare Erfahrungen gemacht.

Aber als wichtigste Gemeinsamkeit stellte sich heraus, dass sie ebenfalls eine Schülerin von Abd'El Hakim Awyan (1926-2008) war, meinem geliebten Lehrer.

Hakim war ein in Ägypten geborener Ägyptologe und Archäologe sowie ein einheimischer Weisheitsbewahrer und exzellenter Kenner der mündlichen Überlieferungen seines Landes. Seit 1992 bis zu seinem Tod war ich Hakims Schüler, Kollege und guter Freund. Beruhend auf meiner Arbeit mit ihm und meinen eigenen seit über vierzig Jahren andauernden Forschungen habe ich zwei Bücher verfasst, eine Einführung in die Khemitologie namens *The Land of Osiris* (»Osiris' Land«) und *From Light into Darkness* (»Vom Licht in die Dunkelheit«), ein Werk *über die* Entwicklung der Religion im alten Ägypten. Die neue Disziplin der Khemitologie schufen Hakim und ich gemeinsam. Wir wollten uns damit von den überholten und ungenauen Paradigmen der akademischen Ägyptologie abgrenzen, die wir im Wesentlichen als griechisch-römische Mythologie betrachteten.

Hakim ist am 23. August 2008 verstorben oder, wie er es nennen würde, »in den Westen gegangen«. Nachdem ich die Nachricht von seinem Tod über das Internet verbreitet hatte – die Mitglieder meiner Gruppe leiteten die Nachricht an ihre Gruppen weiter, die sie wiederum an deren Gruppen weiterleiteten –, erhielt ich Beileidsbekundungen von Hunderten von Menschen aus der ganzen Welt. Eine Nachricht stammte von Patricia Cori, die damals in Italien lebte und mich und meine Arbeit mit Hakim kannte.

Pats Nachricht in liebevollem Gedenken an unseren geliebten Lehrer war der Beginn einer engen Freundschaft und Zusammenarbeit. Sie war der erste Mensch, der mich nach Hakims Tod interviewte, was für uns beide eine starke emotionale Erfahrung war. Wir sprachen darüber, dass Hakim mir das Konzept von *Khemit* vorgestellt hatte, den Begriff der Alten für ihre Zivilisation, nicht für Ägypten, der auf dem griechischen Begriff *Aegyptos* basierte. Hakim lehrte uns, dass es in Afrika eine prähistorische Hochkultur gab, Zehntausende von Jahren vor den sogenannten dynastischen Perioden, die von Ägyptologen als die einzige altägyptische Zivilisation angesehen werden.

Die alten Khemiter, die nicht nur technologisch, sondern auch spirituell weit fortgeschritten waren, schufen die Sphinx als einen Aspekt der Großen Mutter und errichteten die Pyramiden, die wir heute in Ägypten in verschiedenen Stadien der Zerstörung vorfinden. Hakim war der festen Überzeugung, dass die antiken Pyramiden ursprünglich nie als Grabstätten für einen König oder irgendjemanden gedacht waren, sondern als Energieanlagen, wie es mein Kollege, der

Ingenieur Chris Dunn, in seinem bahnbrechenden Buch *The Giza Power Plant* (»Das Gizeh-Kraftwerk«) darlegte.

Wie ich heute weiß, war Hakim sich schon seit 2003 bewusst, dass seine Zeit auf der physischen Ebene sich dem Ende zuneigte. Als wahrer Meister wählte er mehrere Schüler aus und pflanzte Samen in uns, die aufkeimen sollten, wenn er diese Welt verließ.

Aufgrund von Pats einzigartigen intuitiven Fähigkeiten und ihres akademischen Hintergrundes, was Fremdsprachen anging (Hakim war der profundeste Meister der Linguistik, den ich je erlebt habe), würde sie, dessen war sich Hakim bewusst, die zeitlose Weisheit und das scheinbar unendliche Wissen, das er mit ihr teilen konnte, erkennen und zu schätzen wissen. Er hatte sicherlich auch vorausgeplant, dass wir, seine Schülerinnen und Schüler, zu seinem Gedenken zusammenkommen und seine großartige Arbeit fortsetzen würden. Unter denen, die bis heute daran arbeiten, die Neue Morgendämmerung des Bewusstseins einzuleiten, die Hakim das *Erwachen* nannte, ist Pat eine der Unermüdlichsten und Engagiertesten.

Wir sind Hakims spirituelle Kinder.

Als Teil ihres Beitrags zu dieser großen menschlichen Erfahrung, die sich jetzt entfaltet, hat Pat ein faszinierendes und interessantes Buch geschrieben. Ausgehend von ihren eigenen machtvollen Erfahrungen und starken intuitiven Eingebungen präsentiert sie uns ein spannend erzähltes und authentisches Lesevergnügen, das man nicht mehr aus der Hand legen möchte, wenn man einmal mit dem Lesen begonnen hat. Sie nimmt die Leserinnen und Leser mit auf ihre wirklich einzigartige Reise, auf der sie einen Teil von sich selbst zurückerobert – nämlich ihre tiefe Verbindung zum »dynastischen« und prähistorischen *Khemit*, der Mutter aller Zivilisationen.

Für mich besonders interessant sind ihre offenen und unverblümten Beschreibungen persönlicher Eindrücke und Erfahrungen auf mehreren Ägyptenreisen. Da ich seit 1992 Ägypten bereise und seit 1998 selbst Reisen leite, habe ich persönlich viele erstaunliche Erfahrungen gemacht und war Zeuge von tiefgreifenden, lebensverändernden und erfüllenden Erlebnissen von Menschen gewesen, die ich nach Ägypten gebracht habe. Insbesondere war dies bei einigen der Frauen der Fall.

Pats Erfahrungen, die sie auf den folgenden Seiten detailliert wiedergibt, gehören zum Außergewöhnlichsten und Beeindruckendsten, was ich je gelesen habe. Eine Begebenheit (ich werde nicht ins Detail gehen, damit der Leser sie voll und ganz würdigen kann) hat mich besonders bewegt und tief berührt. Dabei begegnet sie als westliche, nicht-muslimische Frau ägyptischen muslimischen Männern in einem göttlichen Moment der Inspiration und des Handelns und Nichthandelns, den man mehrmals lesen muss, um Pats Mut, ihre Weisheit und die Großartigkeit dieser Erfahrung voll und ganz zu begreifen.

Freuen Sie sich darauf, Pat auf ihrer Reise der Selbsterkundung zu begleiten, bei der sie im alten Khemit einen Teil von sich selbst findet. Es ist eine Reise voller Liebe, Lachen, Freude und Staunen – erfüllt von jener tiefen Weisheit, die sie bei meinem geliebten Hakim, durch Khemit und in sich selbst entdeckt hat.

Ich empfehle diese Reise sehr.

Es lohnt sich, ihr Zeit und Mühe zu widmen.

Stephen S. Mehler

Lafayette, Colorado

1

Die Rückführung

Im Jahr 1990, lange bevor ich jemals etwas Bedeutendes über Ägypten gelesen, geschweige denn das Land besucht hatte, ging ich zu einem angesehenen Rückführungstherapeuten, um meine allererste Erfahrung mit dieser heute so beliebten Form der psychischen Selbsterkundung zu machen.

Er ist ein angesehener Psychologe und wurde mir von einer lieben Freundin empfohlen, die sich in seiner Obhut von einigen inneren Dämonen befreien konnte. Sie war so begeistert von ihren Erfahrungen und dem tiefgreifenden Heilungsprozess, der durch ihre Entdeckungen in diesen Sitzungen in Gang gesetzt wurde, dass sie mich überredete, einen Termin zu vereinbaren und ein Flugticket nach Boston zu buchen, um mich selbst zu überzeugen. Sechs Monate später suchte ich ihn auf – mehr aus Neugierde, sagte ich mir, als aus dem Bedürfnis nach Heilung.

Andererseits, glaube ich, wird unser Wunsch, unsere vergangenen Inkarnationen zu enthüllen, von diesem Bedürfnis angetrieben, da es letztlich die Aufgabe der Seele ist, die Dunkelheit der verdrängten Erinnerungen zu vertreiben, damit wir die karmischen Ketten der Vergangenheit loslassen können … um unseren Weg zur Erleuchtung zu beschleunigen und ein glücklicheres, erfüllteres Leben im Jetzt zu führen.

Mein erster Eindruck bestätigte die Empfehlung meiner Freundin für diesen kraftvollen Heiler, und ich hatte keinerlei Schwierigkeiten, alle Ängste oder Erwartungen loszulassen, die ich in Bezug auf ihn oder die Sitzung hatte, die ich bei ihm machen wollte.

Schon nach einem recht kurzen Vorbereitungsgespräch fühlte ich mich ruhig, entspannt und bereit, mich zu dem führen zu lassen, was im tiefen Brunnen meines Unterbewusstseins darauf wartete, von mir entdeckt zu werden.

Vom Klang der Stimme des Psychologen hypnotisiert, gelang es mir rasch, die Ablenkungen meines plappernden Verstandes hinter mir zu lassen. Ich bemerkte, wie das Hundegebell vor seiner Praxis und die Hintergrundgeräusche eines Telefons im Nebenraum langsam aus meinem Bewusstsein verschwanden … und wie wunderbar entspannt ich mich fühlte: Ich sank in seinen dick gepolsterten Sessel und ließ mich auf die Erfahrung ein.

Ganz frei von Ablenkungen konnte ich seinen Suggestionen folgen und mich vom Fluss seiner Stimme treiben lassen, im Frieden mit der Welt. Ich vernahm den Klang einer tiefen inneren Stille, und die aufrührerische Stimme des Widerstands in mir wich langsam den Thetawellen eines ruhigen Geistes.

Als er mich dazu anleitete, mir vorzustellen, dass ich mich außerhalb meines Körpers befinde und im heiligen Raum schwebe, sah ich sofort ein wunderschönes Auge vor mir. Es hatte die Farbe von reinstem Türkis, war aber durchscheinend – wie das kristallklare Wasser uralter Küsten (man kann es sich nur vorstellen).

Er bat mich, es zu identifizieren: War es vielleicht das Auge eines menschlichen Wesens, das ich betrachtete, oder handelte es sich womöglich um eine andere Lebensform?

Abb. 1. Die Pharaonen galten als Verkörperungen des Himmelsgottes Horus, der das Königtum symbolisierte.

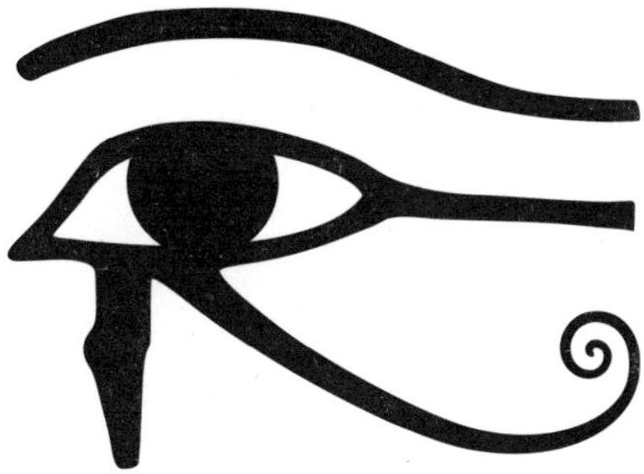

Abb. 2. Das Auge des Horus steht für Stärke, Gesundheit, Sicherheit und Leben.

Nein, ich sah deutlich, dass es ein Symbol war, so etwas wie das kunstvoll glasierte Keramikabbild eines Auges: definitiv nicht menschlich, definitiv nicht lebendig. Später wurde mir klar, dass ich in das allsehende »Auge des Horus« der ägyptischen Überlieferung geblickt hatte.

Das Auge verschwand, kurz nachdem es in meiner Vision erschienen war, und ich wurde in ein Hologramm sich drehender Räder katapultiert, die zunächst als Zahnräder einer großen Maschinerie erschienen und sich dann in die Spiralarme leuchtender Galaxien verwandelten.

Für einen flüchtigen Moment schwebte ich irgendwo weit jenseits, im tiefen Weltraum, gebadet ins funkelnde Licht unzähliger Sterne. Ich wurde zu diesem Licht – reinem Sternenlicht – und interagierte mit den galaktischen Feuern, die mich als bewusste, lebende Wesen umgaben. Himmlische Musik durchströmte alles, was existierte, und spiegelte die Seelenessenz eines jeden Sterns am Himmel wider, und alles war vollkommen und großartig »Eins«. Alles erstrahlte im Geist und im Licht des Bewusstseins, und ich war erfüllt von diesem Gefühl der »totalen Verbundenheit« mit allem, was existiert – dem unendlichen und untrennbaren Einssein der Schöpfung. Ich konnte die Sphärenmusik hören, die Klänge eines jedes Lebewesens, sanft gespielt auf den Schwingungssaiten der Akasha-Chronik. Es war wirklich in jeder Hinsicht ein Moment der Erleuchtung.

Ich gab mich dieser ehrfurchtsvollen Erfahrung hin, nur um plötzlich aus dem Zustand der Glückseligkeit herausgerissen und gewaltsam in das Zentrum eines tosenden Strudels gezogen zu werden. Ich wurde unkontrolliert im Kreis herumgewirbelt. Mir wurde immer schwindeliger, bis ich schließlich schrie, dass mir schlecht werden würde, wenn es mir nicht gelang, mich loszureißen und den Weg zurück ins Freie zu finden.

Aus der Ekstase der Kommunikation mit dem Licht, aus meinem Tanz zur Musik der Sterne wurde ich in einen Zustand extremer Orientierungslosigkeit und Angst versetzt: plötzlich völlig abgetrennt von allem. Übelkeit stieg in meiner Kehle auf, und ich fühlte mich, als ob ich mich an nichts und niemandem festhalten konnte – ich stürzte taumelnd hinab in Unbewusstheit und Vergessen.

Verzweifelt rief ich um Hilfe.

Der Therapeut leitete mich schließlich an, die wirbelnde Bewegung zu verlangsamen und meine Gedanken dorthin zu lenken, wo ich mich wiederfand, wenn der Strudel zum Stillstand kam.

Zu meinem Erstaunen hörte die wilde Drehbewegung fast so schnell auf, wie sie begonnen hatte.

Der Baldachin des Sternenhimmels verschwand.

Jetzt stand ich vor dem Eingang zu einem Bergwerk. Es war ein Stollen, eine von Holzbalken umgebene Öffnung in einer grob behauenen Felswand. Der Rückführungstherapeut drängte mich, alles zu beschreiben, was sich in meinem Blickfeld befand, aber es gab nicht viel, was ich wirklich erkennen konnte.

Ich war unangenehm allein – irgendwo – in einer abgelegenen Wüstenlandschaft. Ich spürte, wie die Sonne auf meiner Haut brannte, und hörte den Wind über den Sand peitschen. Meine Füße fühlten sich an, als würden sie in Flammen stehen. Das Einzige, was ich deutlich erkennen konnte, war die Öffnung dieses unheimlichen Minenstollens.

Der Therapeut forderte mich auf, näher heranzutreten, damit ich einen Blick in den Stollen werfen konnte, aber ich sagte ihm, dass ich das nicht könnte … ich wollte nicht … ich war einfach nicht in der Lage, mich dem Stolleneingang zu nähern, fühlte mich emotional und körperlich wie gelähmt. Ich konnte nur von meinem Standort in sicherer Entfernung hineinblicken und sah hinter der Öffnung nichts als undurchdringliche Dunkelheit.

Diesen Ort wollte ich nicht erkunden – auf keinen Fall!

Plötzlich verwandelte sich das Bild. Der Stolleneingang sah nun wie der Eingang zu einer Art Grab aus, mit ägyptisch anmutenden Hieroglyphen, die in glatte, weiße Kalksteinwände gemeißelt waren. Da war wieder das Auge (das blaue Auge, das ich gesehen hatte, während ich Gott weiß wo schwebte). Es starrte mich von der Wand rechts des Säulenganges an.

Ich blickte auf die innere Leinwand meiner Visionen und versuchte, einen klareren Eindruck zu bekommen. Was sah ich dort wirklich? Ja, es handelte sich um ein Grabmal – eindeutig ein ägyptisches. Links vom Eingang stand eine ziemlich seltsam geschmückte, maskierte männliche Gestalt (war es ein Wächter?), die eine verzierte Krone trug. Er hielt einen langen Holzstab starr zur Seite, als würde er den Eingang bewachen – und auch jetzt war alles, was ich hinter dem Eingang sehen konnte, völlige Dunkelheit.

Wieder wies mich der Therapeut an, in den Raum hineinzugehen, um zu beobachten, was mein Unterbewusstsein mir dort zeigen würde. Ich spürte, wie meine Angst gleich einer elektrischen Schockwelle durch meine Beine und in meinen Oberkörper raste, und ich weigerte mich, mich auch nur einen Schritt weiter der Dunkelheit zu nähern.

Ich sagte ihm, dass ich keinerlei Verlangen spürte, zu sehen, was dort auf mich lauerte.

Während einer gefühlten Ewigkeit wechselten die Bilder hin und her: der Bergwerkstollen, der Eingang zu der Gruft – der Stollen, die Gruft, wieder der Stollen.

Ein Gefühl der Vorahnung und des Unbehagens wuchs in mir heran, und ich wollte aus der Szenerie flüchten. Ich wollte nicht in den Strudel der wirbelnden Räder zurück, wusste aber irgendwie, dass sie mein einziger Ausweg waren.

In diesem Augenblick spürte ich, wie mich jemand von hinten anstieß.

Lassen Sie mich das klarstellen – ich spürte, wie mich jemand physisch schob, und wollte mich umdrehen, um zu sehen, wer das war. Aber ich konnte mich nicht bewegen oder meine Augen öffnen. Ich war von meinem physischen Körper losgelöst und mir seiner dennoch bewusst!

Das war der Moment, in dem mir klar wurde, dass ich wirklich eine mir bis dahin unbekannte Form veränderten Bewusstseins erreicht hatte – einen unbewussten Raum, in dem ich mir bewusst war, dass ich mich gleichzeitig in diesem körperlosen Zustand befand und in meinem Körper: Es war, als würde ich luzide träumen, jedoch ohne den Traum.

Während ich über diesen bizarren Zustand von Bilokation nachdachte, wurde mir auf erschreckende Weise bewusst, dass jemand oder etwas äußerst Bedrohliches darauf aus war, mich in die dunkle Leere hinter der Tunnelöffnung zu stoßen. War es ein Bergwerkstollen? War es eine Gruft? Ich konnte es nicht erkennen! Als der Druck zunahm, begann mein Herz durch den Adrenalinstoß, der durch meinen Körper raste, wild zu pochen: mein ursprünglicher Überlebensinstinkt.

Ich weigerte mich beharrlich, in den Eingang gestoßen zu werden, aber ich wusste, dass ich letzten Endes machtlos war. Ich konnte es nicht verhindern. In dieser »dunklen Nacht« meiner Seele wurde ich in etwas hineingezwungen, das definitiv die Öffnung eines Grabes war. Entsetzt erkannte ich, dass es sich tatsächlich um *mein* Grab handelte.

Ich war nun nahe genug, um den Wächter aus der Nähe betrachten zu können. Es handelte sich eindeutig um eine Gestalt aus der ägyptischen Mythologie, aber ich hatte keine Ahnung, wessen Abbild er war. Der Therapeut sagte, ich solle ihn fragen, wer er sei und was er mir mitteilen wolle, aber ich wusste, dass ich das nicht konnte.

Ich konnte nicht fragen, er konnte nicht antworten. Die Antwort schien als Hieroglyphen in den Stein des Grufteingangs gemeißelt. Schwach leuchtete die uralte Schrift in den Schatten.

Der Wächter blieb ausdruckslos, wie eine Statue: leblos. Wir nahmen nie Blickkontakt auf.

Der Therapeut fragte mich, ob mir ein Name in den Sinn kam. Ich stolperte über ungewohnte, schwer auszusprechende Laute: »Hat … et … Hatschet … Hatet-sescheti.«

Ja, das war der Name: *Hatetsescheti.*

Er fragte mich, wer diese Person sei und warum der Name wichtig sei, aber darauf fand ich keine Antwort. Der Druck gegen meinen Rücken und die Angst, dass mich jemand in die Finsternis stoßen wollte, bereiteten mir große Sorgen.

Er bat mich zu beobachten, wer die Person hinter mir war. Wer versuchte, mich durch den Eingang zu schieben?

Ich konnte keine Gestalt ausmachen. Alles, was ich sehen konnte, war der Schatten des Todes und die alles verzehrende Dunkelheit, die mich nun einzuhüllen begann. Die Stimme des Therapeuten wurde immer leiser, entfernte sich immer weiter. Sie schwand aus meinem Bewusstsein, und nun befand ich mich isoliert in entlegenen Landschaften meines Geistes. Irgendwann merkte ich, dass ich ihm gar nicht mehr zuhörte.

Oder war ich inzwischen so weit weg, dass ich ihn einfach nicht mehr hören konnte?

Voller Verzweiflung rief ich das Wort: »Maatara … Maatara … Maatara!« Ich schrie es in die Schwärze, schrie um mein Leben, bis von meiner Stimme nur noch ein dumpfes Flüstern übrig war ... und immer noch flehte ich: »Maatara, warum verlässt du mich?«

Ich hörte die ferne Stimme des Therapeuten, die immer schwächer wurde und versuchte, mich zu erreichen.

»Wer ist es?«, fragte er. »Wer ist Maatara … *Wer ist Maatara?*«

Das krachende Geräusch einer großen Tür, die sich hinter mir schloss, hallte düster durch meine Gedanken, und plötzlich fand ich mich in absoluter Dunkelheit wider. Ich geriet in Panik. Sprachlos schrie ich noch immer verzweifelt nach Rettung. Mit meinen zarten Händen tastete ich mich über die rauen Steinwände und suchte verzweifelt nach einem Spalt … einem Ausweg.

Hoffnungslos hämmerte ich mit den Fäusten gegen die Tür, bis ich nur noch das heiße, klebrige Gefühl meines eigenen Blutes spürte, das im Rhythmus meines Pulsschlags aus mir herausfloss und auf meine Arme rieselte.

Die ferne Stimme des Therapeuten schaffte es immer noch, das Vakuum meines schwarzen Gefängnisses zu durchdringen, aber sie war stark gedämpft ... fast nicht wahrnehmbar. Ich war so tief in meinem Geist gefangen, dass er mich nicht mehr erreichen konnte, um mir durch diese Erfahrung zu helfen. Er versuchte mir zu sagen, dass es dort etwas gab, das ich sehen wollte, und dass es ungefährlich war, es anzuschauen. Er wies mich an, in diesem Raum mich selbst zu beobachten und alles um mich herum zu untersuchen.

Ungefährlich? Ich war alles andere als sicher in diesem Kerker des Todes. Es gab nur den schwarzen Schrecken des finsteren Schicksals, und ich wusste, dass ich mich ihm stellen musste, allein.

Die Verzweiflung und die Panik wichen einem Gefühl der Verlassenheit und einer großen Trauer ... dann glitt ich langsam in tiefe Resignation. Ich begann zu hyperventilieren und bekam kaum noch Luft.

Als ich zu ersticken glaubte, befürchtete der Therapeut, dass die Manifestation dieser eindeutig überwältigenden Emotionen für mich geistig und körperlich gefährlich wurde. Es blieb ihm nichts anderes übrig, als mich von der belastenden Szene wegzuführen.

Schließlich gelang es ihm, mich aus dem Trauma der Rückführung herauszuholen und zurück in die Sicherheit des »Zuhauses« zu bringen.

Als ich aus diesem intensiven und zutiefst beunruhigenden Zustand des veränderten Bewusstseins zurückkehrte, wusste ich ohne jeden Zweifel, dass ich irgendwo an einem weit entfernten Ort und zu einer weit entfernten Zeit in einem Grab im alten Ägypten gestorben war. Jemand hatte mich lebendig begraben.

Ironischerweise beginnt dort, in der erschreckenden Dunkelheit meines altägyptischen Grabes, meine Geschichte – mit meinem Tod ...

2

Suche nach Hatetsescheti

Die verblüffende und unerwartete Erfahrung mit dem Rückführungstherapeuten ließ mich, gelinde gesagt, äußerst verwirrt zurück. Ich fühlte mich tagelang körperlich und geistig ausgelaugt. Nachts quälten mich Albträume, die mich an das erinnerten, was ich mir mit dieser durch und durch anstrengenden und äußerst traumatischen Rückschau auf mein früheres Leben und meinen Tod angetan hatte.

Noch Tage, ja sogar Wochen später kreisten die Bilder in meinem Kopf, und ich stellte mir immer wieder die gleichen Fragen: Hatte mein Bewusstsein diese schreckliche ägyptische Todesszene einfach erfunden?

Und zu welchem Zweck?

Klaustrophobie war für mich nie ein großes Problem, denn dann hätte sie sich vorher längst bemerkbar gemacht. Immerhin hatte ich schon jahrelang ein abenteuerliches Leben geführt, bei dem ich in Pyramiden und anderen engen Räumen auf der ganzen Welt herumgekrochen war. Ich hatte auch niemals Angst vor der Dunkelheit … zumindest musste ich, soweit ich mich erinnern kann, nie mit Licht schlafen. Ganz im Gegenteil: Die Kühle der Nacht und die ruhigen Stunden waren mir immer willkommen. Ich genieße es, wenn nächtliche Ruhe sich über der Welt ausbreitet, und die Stille die Seele auf ihre Traumreisen führt.

Man sollte meinen, dass eine unterbewusste Erinnerung an den Erstickungstod, daran, in einem ägyptischen Grab lebendig begraben worden zu sein, erschreckend genug wäre, um eine Art moderne Psychose auszulösen, oder nicht?

Wir alle wissen, wie leicht es ist, den Verstand auszutricksen, damit er sich auf eine Illusion einlässt und sie dann als Realität betrachtet und an ihr festhält, und ich bin auf der Hut … so sehr auf der Hut vor dem Ego. Wir schreiben, wie es scheint, unsere eigene Geschichte immer wieder neu, indem wir unsere Lebenserfahrungen künstlich aufwerten. So versuchen wir, unser unersättliches Ego-Selbst zu befriedigen, das, solange es nicht erlöst ist, nach ständiger Nahrung verlangt.

Da ich mir jederzeit bewusst bin, wie Erinnerung verherrlicht und persönliche wie historische Geschichte »umgeschrieben« wird, bin ich ganz besonders darauf bedacht, meine Erfahrungen akribisch aufzuzeichnen. Ich bin unablässig bestrebt, die Empfindungen und Begebenheiten auf meiner reichen Reise durch dieses Leben niemals künstlich größer erscheinen zu lassen, als sie tatsächlich waren. Mein Bezugspunkt beim Erinnern soll immer so nahe an der reinen Wahrheit sein wie die Kerze an der Flamme.

Ich tue mein Bestes, um stets eine kritische Beobachterin meines eigenen Prozesses zu bleiben, denn ich weiß, dass mediale Erfahrungen höchst subjektiv sind. Als hellsichtiges Medium wandere ich ständig auf einem schmalen Grat zwischen Glaubwürdigkeit und Fantasie, sowohl in meinem eigenen Geist als auch in dem anderer Menschen.

Hier gab es jedoch keine »Appetithäppchen« für das unersättliche Ego. Es gab keinen Glanz vergangener glorreicher Leben – etwas, an dem das Ego sich hätte laben konnte. Ich fantasierte nicht über ein Leben als Kleopatra oder Nofretete, diese abgedroschenen Ikonen weiblicher Schönheit und Macht. Nein, ich war an einen finsteren Ort voll unüberwindlicher Schrecken und Schmerzen versetzt worden. Und es schien, dass dieser nun, da ich ihn in mein Bewusstsein geholt hatte, an mir haften bleiben würde wie die Bandagen einer Mumie, wenn es mir nicht gelang, ihn für immer abzuschütteln.

Ich suchte nach Informationen – nach allem, was mir helfen konnte, das Geheimnis der beunruhigenden Erfahrung zu lüften, die aus dem tiefen Brunnen meines Unterbewusstseins aufgetaucht war. Ich hoffte, dass irgendwo in den großen archäologischen Bibliotheken der Vergangenheit diese Namen aufgezeichnet sein könnten – Namen, die ich so deutlich gehört hatte: »Hatetsescheti« und »Maatara«. Ich stand regelrecht unter dem Zwang, sie zu finden, weil ich im tiefsten Inneren wusste, dass sich mir eine größere Wahrheit offenbaren würde, wenn mir das gelang … und dass irgendwo in der ägyptischen Landschaft des zeitlosen Raums ein Fragment meiner Seele verloren gegangen, aber nicht vergessen war.

Diese Erfahrung war so komplex und real für mich gewesen! Ich konnte gar nicht anders, als daran zu glauben, dass ich irgendwie den Beweis dafür finden würde, dass »Hatetsescheti« und »Maatara« tatsächlich über den Sand des alten Ägyptens gelaufen waren … und dass sie echte, lebendige Menschen gewesen waren. Diese Namen mussten einfach irgendwo existieren, vielleicht vergraben in einem obskuren Text, oder versteckt, wer weiß wo … in Hieroglyphen, auf einem alten Papyrus oder an einer Tempelwand.

So kraftvoll dieser Rückführungsprozess für mich auch gewesen war, ich brauchte die Bestätigung, dass die Erfahrung einen Bezugspunkt in der »Realität« (was auch immer das sein mag) hatte, und ich war entschlossen, ja geradezu besessen, diesen zu finden.

Also machte ich mich auf die Suche nach Spuren von Hatetsescheti zu einer Zeit, als Referenzmaterial und Bücher über Ägypten noch sehr rar waren – bevor das Internet uns eine riesige Fülle an Informationen auf einfache Weise zugänglich machte. Außerdem war ich durch die Tatsache eingeschränkt, dass ich in Italien lebte, wo es immer noch sehr wenig englischsprachige Bücher und Forschungsmaterial gab.

Nachdem meine weitgehend ausgeschöpften Bibliotheksressourcen und meine Nachforschungen nichts ergaben, begann ich schließlich das Interesse an dem zu verlieren, was für mich eine wahrhaft monumentale Erfahrung gewesen war.

Glücklicherweise rückten die Auswirkungen der Rückführung – und das Trauma, das dabei zutage getreten war – langsam in den Hintergrund meines vielbeschäftigten Verstandes. Die Erinnerung zog sich wieder tief in den reflektierenden See der Seele zurück, wo sie seit wer weiß wie vielen Jahrtausenden … wer weiß wie vielen Leben … geschlummert hatte.

Eine Zeit lang verlor ich das Interesse daran, mich an frühere Leben zu erinnern. Weitaus mächtigere Botschaften beanspruchten meine Aufmerksamkeit. Sie begannen bereits 1996 in meine Bewusstseinsfelder zu strömen, nach meiner ersten transzendentalen Kornkreiserfahrung, die ich in dem erstaunlichen Kornkreis erlebte, der in jenem Jahr in Stonehenge erschien.

Diese telepathischen Botschaften aus einer höheren Dimension führten zu einer Trilogie von gechannelten Büchern – *Atlantis steigt auf*, *Kosmos der Seele* und *Keine Lügen, keine Geheimnisse mehr*. Sie standen in engem Bezug zu meinen ägyptischen Erfahrungen, wie sich sehr schnell herausstellte: Eine aufregende Folge von Ereignissen und Entdeckungen rückte die geheimen Mysterien des alten Ägyptens und ihre tiefe Verbindung zum Sternensystem des Sirius immer deutlicher in mein Bewusstsein.

Doch wie der Phönix schlummerten die Fragen, die durch dieses intensive Rückführungserlebnis aufgeworfen worden waren, weiter in mir und warteten auf die Zeit der Erneuerung. Ich hielt diese außergewöhnlichen Eindrücke in meinem Tagebuch fest und ließ die Sache mit Hatetsescheti und Maatara so weit wie möglich ruhen.

Mein erster Besuch in Ägypten im November 1997 kam schließlich zustande, nachdem drei Versuche, ins Land der Pharaonen zu reisen, aus dem einen oder anderen Grund gescheitert waren und ich mich schon damit abgefunden hatte, dass hinter den Hemmnissen, die mich von dieser Reise abhielten, ganz offensichtlich ein höherer Sinn steckte.

Viele Menschen machen die Erfahrung, dass sie auf oft unerklärliche Weise von einer geplanten Reise in diese so eng mit dem Altertum verbundene Welt abgehalten werden.

Ich bin überzeugt, dass Ägypten auf diejenigen, die eine tief transformierende Erfahrung suchen, so mächtig einwirkt, dass die Reise dorthin an sich schon eine Einweihung ist. Nur wenn man stark genug und bedingungslos bereit für das ist, was dadurch ins eigene Leben gebracht wird, öffnen sich die Türen – so wie es bei mir in jenem Herbst der Fall war.

Damals hatte man mich eingeladen, für eine Gruppe von in Kairo lebenden Auswanderern ein Seminar zum Thema Kristallheilung zu leiten. Es sollte in einem Privathaus im wohlhabenden Maadi-Viertel der Stadt stattfinden, wo viele Ausländer wohnen. Während diesen ersten zwei Tagen in Ägypten bekam ich nichts zu Gesicht außer dem Flughafen, dem irrsinnigsten Straßenverkehr in der Geschichte der Menschheit und dem Inneren dieses Hauses, in dem ich während der zwei intensiven Unterrichtstage zu Gast war.

Nach Abschluss des Kurses hatte ich einen Besuch in Luxor geplant, um das Tal der Könige und Königinnen zu besichtigen. Anschließend wollte ich mir eine Nilkreuzfahrt gönnen und mir die berühmten Tempel anschauen, die in jedem populären Ägypten-Reiseführer empfohlen werden.

Tragischerweise wurde nur einen Tag nach meiner Ankunft in Kairo einer der wichtigsten dieser Tempel, der Tempel von Deir el-Bahari, zum grausamen Schauplatz eines der abscheulichsten Terroranschläge, die es je in Ägypten gegeben hat ... und der das Leben dort genauso dramatisch veränderte wie der 11. September 2001 das Leben in den Vereinigten Staaten.

Die Welt war entsetzt über das Gemetzel an unschuldigen Touristen innerhalb der Tempelmauern, und wir spüren noch immer die Auswirkungen dieses Ereignisses auf den Tourismus in Ägypten. Es beeinflusst bis heute die Art und Weise, wie an diesen touristischen Stätten die Dinge organisiert werden.

Verständlicherweise wurde das Gebiet offiziell für Touristen gesperrt, und alle ausländischen Botschaften rieten ihren Bürgern dringend, Luxor vollständig zu meiden. Die Weltgemeinschaft war schockiert über das, was dort geschehen war, und in Ägypten herrschte tiefe Trauer. Mit Bedauern sagte ich meine Nilkreuzfahrt ab und konzentrierte mich stattdessen ganz darauf, Kairo zu erleben.

Damals, einige Tage nach dem Anschlag, herrschte in Ägypten an allen Zugangspunkten (Flughäfen, Bahnhöfe, Häfen) Alarmstufe Rot, wobei den wichtigsten Touristengebieten besondere Aufmerksamkeit galt. Bewaffnete Wachen waren am Ägyptischen Museum und allen Denkmälern postiert – obwohl, soweit ich sehen konnte, nur sehr wenige Ausländer da waren, die man hätte schützen können. Wenn ich zurückblicke, kann ich mich überhaupt nicht daran erinnern, irgendwelche Touristen in den Straßen Kairos gesehen zu haben.

Eine kollektive düstere Stimmung schwebte wie dichter Nebel über dem menschlichen Geist.

Durch eine Person, die ich im Kristallheilungs-Workshop kennengelernt hatte, bot sich mir die Gelegenheit, die Sphinx zu besuchen und in den frühen Morgenstunden allein in die Große Pyramide zu gehen. Das war natürlich »streng verboten«, aber mit genug Bakschisch – dem »allmächtigen Dollar«, wie wir sagen – ist in Ägypten nichts »streng«.

Die Gesetze sind, sagen wir mal, offen für »Interpretationen«.

In Anbetracht der hohen Sicherheitsvorkehrungen an allen historischen Stätten war ich überrascht, dass mir diese einmalige Gelegenheit geboten wurde, die mächtigen Arme der Sphinx zu berühren, die für Touristen unerreichbar sind, und allein die Pyramide betreten zu dürfen.

Ich fragte mich, wie sicher und vernünftig es eigentlich war, nur zwei Tage nach dem schlimmsten Terroranschlag in der Geschichte

Ägyptens zu versuchen, illegal in die wichtigsten Monumente des Landes einzudringen. Als ich darüber nachdachte, wurde mir jedoch klar, dass es vielleicht nie eine bessere Gelegenheit als diese geben würde, einfach *weil* keine Touristen da waren. Die Wächter würden sich über die Gelegenheit freuen, von mir wenigstens noch ein klein wenig von dem ausbleibenden Trinkgeld zu bekommen! Es wirkte einfach total sinnvoll, den Sprung zu wagen und darauf zu vertrauen, dass ich von göttlichem Licht umgeben sein würde, wenn ich im Mondschein mit einem nicht lizensierten einheimischen Führer das Gizeh-Plateau erkundete, die Taschen voller Geld für die offenen, wartenden Hände.

Ich sagte zu, weil ich wusste, dass ich beschützt sein würde, und weil ich mir sicher war, dass mein Lebensweg mich aus wichtigen Gründen, die mir damals natürlich noch ein Rätsel waren, genau zu dieser Zeit dorthin geführt hatte.

Nur diejenigen unter Ihnen, die schon einmal in Ägypten waren, wissen, wie es sich anfühlt, wenn man zum ersten Mal vor der Großen Pyramide von Gizeh steht und über die Unermesslichkeit des einzigen verbliebenen Monuments der ursprünglichen Sieben Weltwunder staunt. Man fühlt sich demütig und klein, starrt auf das gewaltige Bauwerk und spürt, wie einem die Kraft der Pyramide durch die Adern fließt, wie sie von Kopf bis Fuß durch die inneren Energiekanäle schießt.

Wenn Sie selbst einmal dort stehen, werden Sie sofort wissen, dass dieses Bauwerk die Arbeit von Meistern und nicht von Sklaven ist. Sie wissen, dass alles, was Sie jemals in den Geschichtsbüchern gelesen haben, größtenteils Fantasie ist, während alles, was Sie sich selbst ausgemalt haben, viel eher der Wahrheit entspricht.

Es verschlägt einem einfach den Atem.

Die Busladungen von Touristen, Kameras, Führern und Verkäufern und der Lärm geraten in Vergessenheit, während Sie durch den

Sand von Gizeh gehen und sich von der Großartigkeit dessen beeindrucken lassen, was hier lange vor Ihrer Zeit geschah. Es wird Ihnen dann klar werden, was die Menschheit zu schaffen vermag, wenn ihre höchsten Kulturen im Zenit ihrer Entwicklung stehen.

Auf dem Weg durch den schwer bewachten Sand von Gizeh stößt man auf die prächtige leoninische Wächterin der Pyramiden und ihrer Geheimnisse: die Große Sphinx.

Wenn Sie ihr rätselhaftes Gesicht betrachten, das über den Horizont so vieler vergangener Sirius-Aufgänge blickt, werden Sie für immer in ein Geheimnis aus einer Zivilisation hineingezogen, die viel älter als unsere offizielle Geschichtsschreibung ist.

Das Gesicht der Sphinx ist angeblich das des Pharaos Cheops, von dem Ägyptologen behaupten, er hätte die Große Pyramide erbaut. Doch die Geschichte, die den Bau der Sphinx mit seiner Herrschaft verbindet, ist einfach nicht stimmig. Man muss sich nur den Kopf ansehen, um zu erkennen, dass seine Proportionen nicht zu dem mächtigen Katzenkörper passen, der in seiner ursprünglichen Form viele zehntausend Jahre zuvor höchstwahrscheinlich von Kopf bis Fuß einer Löwin nachempfunden war.

Darüber hinaus gehört die Sphinx zur sirianischen Schwingungsfrequenz: einer galaktischen Verbindung, die wir erst jetzt, in der Stunde unseres Wiedererwachens, erneut entdecken. Dieser Verbindung zu den Sternen des Sirius waren sich die alten Ägypter offenbar zutiefst bewusst, wovon ihre Götter, ihre lebendigen Tempel und die Hieroglyphenaufzeichnungen Zeugnis ablegen.

Dass mir Gelegenheit gegeben wurde, die Große Sphinx und die Pyramiden in der Stille der Wüstennacht zum ersten Mal zu sehen, nur mit dem Licht des Mondes und dem hellen, blau-weißen Stern Sirius als Wegweisern, übertraf meine kühnsten Vorstellungen. Mich allein dort aufhalten zu dürfen, mit Ausnahme meines Führers und einiger harmloser Wächter, die alle dafür entlohnt

Abb. 3. Die Sphinx mit der Cheopspyramide im Hintergrund.

worden waren, mich diese Erfahrung in Ruhe machen zu lassen, ermöglichte es mir, »im gegenwärtigen Augenblick« zu sein wie noch nie zuvor.

Es war der dramatische Beginn meiner Liebesbeziehung zu Ägypten. Sie wird seither mit jedem Besuch stärker – jedes Mal, wenn meine Füße den Boden berühren und ich spüre, wie die Heimat meiner Vorfahren Wurzeln in mir schlägt.

In jener glorreichen Nacht, in der ich zum ersten Mal in die ägyptischen Geheimnisse eingeweiht wurde, näherte ich mich der mächtigen Sphinx ganz auf mich gestellt. Die Bedrohung durch Terroristen und Touristenpolizei verblasste angesichts der Erhabenheit dessen, was mich erwartete.

Ungehindert schritt ich an den alten Häusern des verschlafenen Dorfes Nazlet el-Semman vorbei, trat hinaus in den Sand, knapp außerhalb des Blickfelds des unvermeidlichen Touristenbewachers, und schritt leise hinein in die wartenden Arme der Löwin.

Mein Herz raste in Vorfreude – das Adrenalin pumpte so wild durch meinen Körper, dass ich spürte, wie es in meine Kehle aufstieg. Ich wusste, dass ich mich in große Gefahr begab, so wie ich in jeder Zelle meines Wesens wusste, dass ich diese Verabredung schon vor langer Zeit getroffen hatte – vor vielen Inkarnationen.

Alles entfaltete sich bestimmungsgemäß.

Alles geschah in wahrer göttlicher Ordnung.

Ägypten öffnete die Pforten.

> ∴ <

Ich bitte Sie, sich einmal vorzustellen, wie es sein könnte, im Licht der Sterne und des Mondes allein durch die nächtliche Wüste zu wandern und sich in völliger Stille der wunderbaren Sphinx zu nähern. Was für ein Privileg!

Als ich in diesen magischen Raum eintrat, fühlte ich mich stark zu ihrem Brustschild hingezogen, der Stele aus Rosengranit, die sich zwischen ihren Armen in Höhe des Herzens befindet. Instink-

Abb. 4. Das Gizeh-Plateau mit dem Pyramiden-Komplex am frühen Morgen.

tiv presste ich meinen Rücken gegen diese wunderbare Skulptur und richtete mich so aus, dass meine gesamte Wirbelsäule mit dem Stein in Berührung kam.

Jedes Chakra aktivierte sich augenblicklich. Abrupt öffnete sich mein Drittes Auge sehr weit, und die Kundalini-Energie raste durch mich hindurch, vom Wurzel- bis zum Kronenchakra, stärker als wenn ich vom Blitz getroffen worden wäre.

Ich war mir bewusst, dass ich die Dynamik der Situation und die drohende Gefahr nicht außer Acht lassen durfte. Also versuchte ich, auf dem Boden der Tatsachen zu bleiben … aber offensichtlich gelang mir das nicht. Mich durchströmte eine solche Explosion spiritueller Energie – allein, in den Armen der Sphinx –, dass dadurch jede Wahrnehmung meiner äußeren Umgebung ausgelöscht wurde. Ich gab mich voller Vertrauen der Erfahrung hin, ließ die Angst los und war einfach in dieser immensen Energie gegenwärtig, die mich unglaublich aktivierte. Ich wusste, dass ich frei war, das zu empfangen, was man nur als die größte »kosmische Einstimmung« meines Lebens bezeichnen kann: das Aufsteigen der Kundalini in den Armen der Großen Sphinx.

Ich begann, laute und rhythmische Trommeln zu hören, den Herzschlag Gaias. Bald schwamm ich in den offenen Meeren wahrscheinlicher Realitäten, irgendwo zwischen den Dimensionen verloren: Einerseits sah ich mich selbst dort stehen, an das Herz der Sphinx gepresst; andererseits trieb ich in andere Welten, andere Bewusstseinszonen hinaus.

Eine Stimme hallte durch die Wüste: »O Helios, öffne deinen Bogen!«

Es war, als würde Shakespeare selbst eine mehrdimensionale Grabrede aus dem Jenseits halten. Wieder und wieder ertönte die Stimme aus dem Sternenzelt und erfüllte die kühle Nachtluft: »O Helios, öffne deinen Bogen!«

Damals, im Delirium des unendlichen Lichts, das in jeder Zelle meines Wesens explodierte, entging mir die Bedeutung. Aber ich war bewusst genug, um zu wissen, dass es sich um eine »verschlüsselte Botschaft« handelte und dass ich irgendwann in der Lage sein würde, sie zu verstehen.

Die »Stele«, der Brustschild der Sphinx, ist ein multidimensionales Portal. Es ermöglicht Eingeweihten, durch Raum und Zeit zu reisen. Dieses Portal ist der ultimative Verbindungspunkt zum Sirius, insbesondere zu Satais, dem aufgestiegenen sirianischen Stern (Sirius B), von dem wir einige der wichtigsten Schlüssel erhalten, um die Schatztruhe unserer Sternensaat-Ursprünge zu öffnen, so wie es die Alten im Land des Osiris taten.

Wenn ich auf diese unglaubliche Erfahrung zurückblicke, freue ich mich darüber, wie unglaublich glücklich ich mich schätzen konnte, dass dieser Riss in den die Erde kontrollierenden Netzwerken von Zeit und Raum für mich geöffnet wurde. In diesem glorreichen Augenblick war ich in der Lage, alle Zeit, die ich brauchte, in der Umarmung der sirianischen Göttin zu verbringen: Zeit, um die uralten, geheimen Codes zu empfangen und herunterzuladen, die in ihr Sandsteinherz eingebettet sind.

»Zeit, höchste Zeit, um die Magie der Nicht-Zeit zu spüren«, dachte ich bei mir, als mein ägyptischer Begleiter mich, eine zögernde Zeitreisende, zurück in die dritte Dimension zog.

Diese multidimensionalen Codes haben sich dem Wasser meines Zellgedächtnisses aufgeprägt und spiegeln dem Bewusstsein die Herrlichkeit der Reise durch das Sternentor wider – einer Reise, die unter den wachsamen Augen des größten sirianischen Bildnisses geschah, das noch immer unsere Erde schmückt.

Dieses Wunder zu erleben, von der Großen Sphinx selbst eingeweiht worden zu sein, das war der entscheidende Aspekt meiner wundersamen Reise in die Geheimnisse Ägyptens und darüber hinaus … zu den Sternen … wo die Pharaonen wohnen.

Als der Morgen dämmerte, saß ich mitten in der Wüste und trank köstlichsten Tee aus einer ekelhaft schmutzigen Tasse, zusammen mit meinem Reiseführer und einem Beduinen, der sein kleines Lager in den Sanddünen unweit des Gizeh-Plateaus aufgeschlagen hatte. Es war traumhaft!

Was für eine entsetzliche Farce, dass die Machthaber, die Politiker und modernen Herrscher unter dem Deckmantel des allzu bekannten Schlagworts »Sicherheit« weiterhin ihre Mauern und Käfige um die mächtigen Monumente der Welt errichten, als ob ihnen diese gehören würden.

Damals gab es noch keine Mauern um Gizeh, so wie heute, und es gab keine Hindernisse für diese wunderbare, visionäre Erfahrung, einfach in der Wüste sitzen und den Sonnenaufgang über den Pyramiden beobachten zu können.

Gleich nach meinem Besuch der Sphinx waren wir auf Kamelen losgezogen. Da wir bis acht Uhr morgens warten mussten, um die Große Pyramide betreten zu können, war das die sicherste Möglichkeit, uns den misstrauischen Blicken der Wächter zu entziehen, von denen gerade die neue Schicht an ihrem Hauptposten direkt vor der Sphinx eintraf.

Ich saß da, schaute auf die Pyramiden am Horizont und strich mit meinen Händen durch den Sand, um mich wieder in der physischen Welt zu erden, die ja die Basis für meine Verbindung zu anderen Welten bildete. Zu meinem Erstaunen stießen meine Finger im Sand auf die kleine Skulptur eines Käfers – mitten in der Wüste! Ich betrachtete ungläubig diesen Skarabäus und erkannte, dass mir ein Geschenk und damit eine Botschaft von unermesslicher Bedeutung zuteil wurde.

Später erfuhr ich, dass der Skarabäus für die Ägypter das *Zeitalter des Erwachens* symbolisierte.

Immer wieder vergegenwärtigte ich mir, dass ich mich hier, Tee trinkend auf einer Düne aus Saharasand, im Epizentrum des Energienetzes der Erde befand. Ein uraltes Amulett war mir wie durch Zauberei in die Hand gefallen – Vorbote der Dinge, die da kommen sollten. Erfüllt von einem Gefühl der Dankbarkeit und Feierlichkeit konzentrierte ich mich darauf, geerdet und mit der

Welt und dem Augenblick verbunden zu bleiben und mir keine Illusionen darüber zu machen, was vor mir lag.

Ich blickte auf den Horizont und sah amüsiert eine einzige Wolke, die einen perfekten Kreis bildete, als hätte Gott einen Ring aus Zigarettenrauch in den Himmel geblasen. Die aufgehende Sonne schien genau durch den Rauchring hindurchzugehen, wie ein Ball durch einen Reifen.

»*O Helios*«, wiederholte ich, in Geist, Herz und Seele frei von jedem anderen Moment als diesem, »*öffne deinen Bogen* …«

Wie wundervoll, wenn es uns möglich ist, uns aus dem Wahnsinn unserer schnelllebigen Welten zurückzuziehen, um die Zeit und den Raum zu finden, in dem wir für solche Wunder empfänglich sind. So können wir die äußeren Bereiche des universellen Bewusstseins erfahren. Wie außergewöhnlich ist es in der Tat, wenn wir diese großen Geschenke empfangen und uns an die Kraftorte der Erde begeben, Orte, an denen unsere alten Seelen zweifellos schon in einem anderen Lebenszusammenhang verweilten – Orte und Zeiten, mit denen sie immer noch in Resonanz stehen und nach denen sie sich zurücksehnen.

Erst die Sphinx, und jetzt, in nur wenigen Stunden, würde ich das Innere der Großen Pyramide von Gizeh betreten, als privilegierte Forscherin. Ich würde verborgene Treppen hinabsteigen und nach spirituellen Schätzen suchen.

Allein in der Großen Pyramide? Das war zu viel verlangt, wurde mir klar. Was auch immer ich in ihren mächtigen, geheimnisvollen Mauern entdeckte, ich wusste mit Sicherheit, dass es ein psychischer, medialer Overload sein würde, besonders nach dem, was ich erst vor wenigen Stunden an der Sphinx erlebt hatte.

Ich war froh, dass ich keine vorgefassten Meinungen über den Zweck oder die Gestaltung dieses großartigen Monuments hatte, denn ich ziehe es immer vor, die medialen Eindrücke meiner rechten Gehirnhälfte zu empfangen und zu integrieren, ehe die linke Gehirnhälfte recherchiert, Daten sammelt und diese Informationen auswertet.

Bis heute gehe ich so an neue Abenteuer heran, dass ich zunächst einmal alles, was ich dazu vorab lese oder aus den Erfahrungen anderer aufnehme, bewusst auf das Notwendigste beschränke. Das versetzt mich in die Lage, mittels meiner eigenen Interaktion mit den Energien, die durch Zeit und Ort gewebt wurden, so viel wie möglich in Erfahrung zu bringen und zu lernen.

Nicht weniger verlange ich von meinen Schülern und Mitreisenden – denjenigen, die an meinen Workshops und heiligen Reisen teilnehmen. Offen zu sein, um im gegenwärtigen Augenblick Eindrücke und Erkenntnisse zu empfangen, heißt, sich selbst die Möglichkeit von wirklich lebensverändernden, bahnbrechenden Entdeckungen zu eröffnen.

Später können wir uns dann immer noch den schier endlosen Informationsautobahnen voller Forschungen und Hypothesen widmen, die nach Ägypten führen – von den Weisheiten des antiken griechischen Gelehrten Herodot bis zu den archäologischen Durchbrüchen unserer modernen Ägyptologen.

Ich glaube, dass wir auf dem einladenden Pfad der Mysterien und des spirituellen Erwachens am meisten belohnt werden, wenn wir unbelastet kommen, und wenn wir intuitiv bleiben, empfänglich für die Eindrücke und Erfahrungen, die wir *unmittelbar* aus der Quelle erhalten.

Diese feinfühligen Augenblicke und die medialen Eingebungen, die wir empfangen, gehören, wenn wir uns wirklich für sie öffnen, ganz und gar uns selbst. Rein und kraftvoll bilden sie den Klebstoff, der die verstreuten Teile eines endlosen Puzzles zusammenhält: unsere lange, lange Reise durch viele Umdrehungen auf dem großen Rad des Karmas und aufwärts, zurück zur Quelle, auf der Spirale des Lichts.

Ohne Schlaf kehrte ich um acht Uhr morgens auf dem Kamelrücken nach Gizeh zurück und begab mich mit meinem Reiseführer zu meinem zweiten Kontrollpunkt am Fuß der Großen Pyramide, wo wir darauf warteten, dass die Wachen uns hineinließen.

Ich beobachtete, wie mein Führer sich vor dem Eingang um die Bezahlung des Trinkgelds, des »Bakschisch«, kümmerte, das die jeweils zuständigen Personen von uns erwarteten – die Ägypter nennen es liebevoll »die linke Hand aufhalten«.

An der lebhaften Diskussion zwischen den beiden Männern merkte ich, dass etwas nicht stimmte. Die Wachen hatten den Einsatz erhöht und forderten mehr Geld, da er ihnen offenbar noch nicht genug in die linke Hand gelegt hatte.

Das passiert, wie ich bald erfuhr, die ganze Zeit. Sie feilschen, sie einigen sich, sie feilschen wieder, und so weiter und so fort, bis das Maximum erreicht ist, das aus demjenigen, der zahlt, herausgequetscht werden kann, und jeder seinen Anteil bekommt, über den er dann trotzdem ständig murrt … egal, wie zufrieden er mit der Einigung ist. Ich war jedoch nicht bereit, mehr auszugeben als die bereits vereinbarten über dreihundert Dollar, denn das konnte ich mir schlicht nicht leisten.

Der neue Wächter weigerte sich.

Er verlangte zweihundert Dollar mehr, damit ich für einen zweistündigen Besuch absolut allein sein konnte, und er ließ sich nicht von seinem Standpunkt abbringen.

Sie einigten sich auf einen Kompromiss: Ich sollte mit einer privaten Gruppe, die eine Zeremonie in der Königskammer abhielt, hineingehen dürfen. Sie würden den vorderen Gang betreten, und sobald sie alle nach rechts abgebogen waren, um die Treppe zur Großen Galerie hinaufzusteigen, würde ich mich hinter ihnen herschleichen und in die unterirdische Kammer hinabsteigen, was ich von Anfang an gewollt hatte.

Der Plan war perfekt, bis auf eine Kleinigkeit: Der Tunnel in die Kammer war durch ein Tor versperrt, und die Wachen behaupteten, sie hätten keinen Schlüssel. Das bedeutete, dass ich gezwungen war, über das Tor zu klettern (kein leichtes Unterfangen) und damit gegen weitere Gesetze zu verstoßen, um dann den quälenden Abstieg durch den Tunnel zu beginnen, dessen Decke so niedrig ist, dass man fast den gesamten Weg in stark gebückter Haltung zurücklegen muss.

Auf der letzten Etappe dieses mühsamen Abstiegs wird der Tunnel dann abermals enger, so dass man nur noch auf allen Vieren kriechen kann, was eine bemerkenswerte Ähnlichkeit mit dem Wiedergeburtsvorgang hat. Ich tat dies tapfer und ohne Anzeichen von Klaustrophobie, obwohl mir der Gedanke, dass ich in diesem engen Gang stecken bleiben könnte, durchaus durch den Kopf ging: zunächst mit etwas Humor, dann mit einem deutlich spürbaren Gefühl der Beklemmung.

Als ich die unterirdische Kammer oder »Grube« (wie sie von Archäologen genannt wird) betrat, überkamen mich zwei widersprüchliche Empfindungen. Die erste war Staunen darüber, tatsächlich dort unten zu sein und die enormen Dimensionen des Ganzen zu spüren – tief in den Eingeweiden der Großen Pyramide von Gizeh.

Zweitens war da die Erkenntnis, mich weit unterhalb der Ausgangsebene der Pyramide zu befinden, illegal, und dass überhaupt nur zwei Menschen auf der ganzen Welt von meiner Anwesenheit wussten: mein illegaler, nicht lizensierter ägyptischer Führer und ein ziemlich unkooperativer Wächter … der murrend mehr und mehr Geld forderte.

Wie immer, wenn ich in hochenergetische Wirbel eintrete, schloss ich meine Augen und begann zu meditieren, wobei ich die Engelreiche um Schutz und Führung anrief und darum bat, dass die Angst in Kraft umgewandelt und die Kraft als reine Freude erlebt werden möge. Ich bat darum, von reinem weißen Licht umgeben zu sein und nur das höchste Gut zu manifestieren, und rief meine Geistführer, die Aufgestiegenen Meister und Lichtwesen aus den höchsten Reichen an, deren Absicht es war, meine Reise zu leiten.

Wie wichtig diese Vorbereitung für jede mystische Erfahrung ist, kann ich gar nicht stark genug betonen, wenn ich mit anderen arbeite. Solche gewaltigen Schwingungen ziehen jede Art von Energie an, von den dunkelsten Kräften bis zur höchsten Emanation des Geistes, und wir müssen in unserer Absicht so rein wie irgend möglich sein, wenn wir uns ihnen nähern.

Es ist immer wichtig, die Krieger des Lichts herbeizurufen, bevor wir die Kraftorte dieser Erde betreten. Aber auch, wenn wir aus der Bequemlichkeit unserer eigenen, vertrauten Umgebung heraus auf den Astralebenen und in den höheren Dimensionen arbeiten, ist dieser Schutz notwendig.

Als ich die Beschwörung vollzog, rauschten riesige Energiewellen durch den Raum und überspülten mich mit enormer Brillanz. In diesem erleuchtenden Moment verstand ich die Bedeutung der Worte, die von meinem Shakespeare-Boten durch die weite Wüste gehallt waren: Mir war der Schlüssel gegeben worden, um das Portal aufzuschließen, das sich an diesem Ort befand – in der tiefen Kammer der Großen Pyramide.

»O Helios«, flüsterte ich ins Halbdunkel inmitten der uralten Steine, »öffne deinen Bogen!«

»O Helios«, wiederholte ich, jetzt mit lauter Stimme, »öffne deinen Bogen!«

Ich schlug die Augen auf und sah, dass in den schattigen Tiefen der Grube ein hölzernes Schiff aufgetaucht war. Eine majestätische weibliche Gestalt mit einem Katzenkopf – dem Kopf einer Löwin – stand groß und majestätisch am Bug, und ich wusste, dass ich an Bord des uralten Schiffes gehen sollte, um mit ihr zu reisen.

In einer der größten Astralreisen meines Lebens trat ich über die Schwelle und gab mich diesem Moment hin, um unter der liebevollen Anleitung der Göttin durch die grenzenlosen Gewässer des kosmischen Meeres gelenkt zu werden.

Später erfuhr ich, dass es sich dabei um Sachmet (»Die Mächtige«) handelte, eine der am meisten verehrten Gottheiten des ägyptischen Pantheons … aber damals wusste ich nur, dass dies mein Schiff war, das mich zu anderen Welten und Dimensionen tragen würde, und dass diese majestätische Göttin meine Kapitänin war.

Die Erfahrung dieser Reise ist sehr persönlich und voll unglaublicher Visionen, über die ich nicht sprechen kann, aber ich *kann* Ihnen sagen, dass ich unter anderem in die Unterwelt, das Land von Osiris, gebracht wurde und mir gezeigt wurde, wo sich die Hallen von Amenti wirklich befinden.

> ⁛ <

Das Erscheinen des ägyptischen Führers, der zum Eingang der Kammer hinuntergekrochen war, um mir mitzuteilen, dass es Zeit war, die Pyramide zu verlassen, unterbrach die Trance. Ich stürzte unsanft in meinen Körper zurück, befand mich wieder in der tiefen Höhle unter der Großen Pyramide.

Es war klar, dass ich nicht bereit dafür war, den langen und anstrengenden Aufstieg zurück in die Außenwelt anzutreten.

Ich bat meinen Führer, das Licht auszuschalten und mich noch ein paar Minuten in der Kammer allein zu lassen, da ich das Gefühl hatte, dass ich die Dunkelheit erleben musste, um die Informationen zu überprüfen, die ich während meiner Rückführung bei dem Therapeuten in Boston erhalten hatte.

Das Licht ging aus.

Zu meiner Freude verspürte ich keine Panik oder Atemnot. Allein, in absoluter Dunkelheit, in der Höhle tief unter der gewaltigen Großen Pyramide von Gizeh, empfand ich nichts als *Staunen.*

Und kaum dass die Lichter ausgeschaltet worden waren, bemerkte ich, wie direkt neben meinem Fuß etwas aufblitzte, fast phosphoreszierend. Ich griff nach unten und hob etwas auf, das sich wie ein Stein anfühlte. Als ich mich zum Gehen wandte, verabschiedete ich mich von meiner Kapitänin, meiner Führerin durch das Reich der unbekannten Welten.

Ich hielt den Stein fest in der Hand, als ich den mühsamen Aufstieg durch den Tunnel in Angriff nahm, von dem ich natürlich wusste, dass er noch schwieriger sein würde als der Abstieg. Ich musste mich beeilen und hatte keine Zeit, das Geschenk zu begutachten, das in meiner Handfläche glitzerte.

So sehr mich das Erlebte auch anspornte, kam es mir doch so vor, als würde der anstrengende Aufstieg bis in den oberen Bereich der Großen Pyramide nie enden. Wie ich bei einem späteren Besuch erfahren sollte, ist der Abstieg in die Grube weitaus schwieriger als der Aufstieg zur Königskammer, wobei aber für untrainierte, wenn auch entschlossene Forscherinnen wie mich auch Letzterer noch ausgesprochen mühsam ist.

Als ich mich endlich außerhalb der Großen Pyramide und damit außerhalb des Blickfelds des Wächters befand, öffnete ich meine Handfläche, um zu sehen, was ich aus den Tiefen der unterirdischen Welt mitgebracht hatte. Zu meiner Überraschung hielt ich ein, wenn auch grobes, Kalksteinmodell eines altägyptischen Schiffes in der Hand.

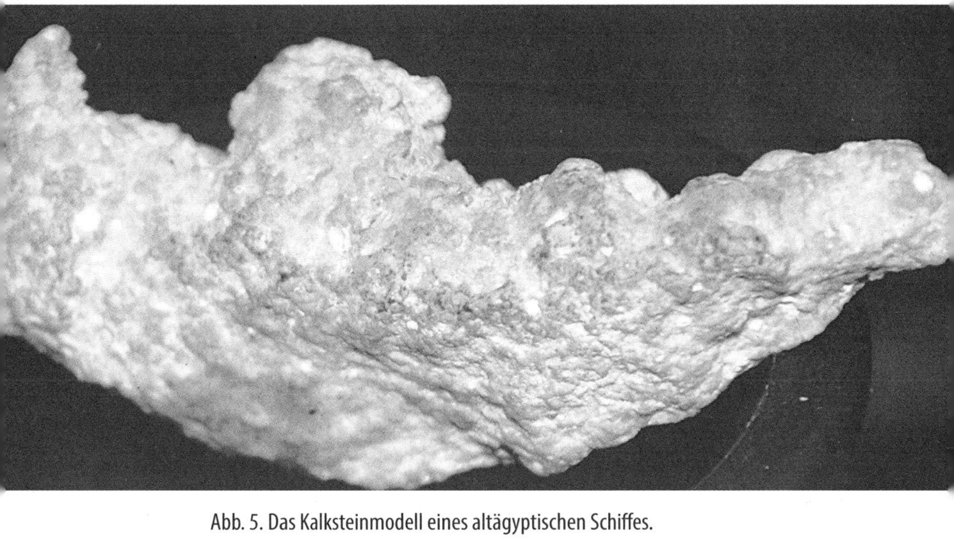

Abb. 5. Das Kalksteinmodell eines altägyptischen Schiffes.

Wie der geschnitzte Käfer aus dem Wüstensand ist dieses kleine Schiffchen eines der wichtigsten Geschenke, die ich je erhalten habe, und es ist eines der mächtigsten Transportmittel, mit denen ich auf meiner spirituellen Reise je gearbeitet habe.

Ich habe mein Schiff einigen Archäologen in Ägypten gezeigt, die sagen, es sei »völlig unbedeutend«. Ich habe es sogar dem Britischen Museum gezeigt, und auch sie behaupten, es sei zu grob gearbeitet, um »etwas von Wert« zu sein.

Aber für mich ist es ein kostbarer Besitz: mein Sonnenboot, mein Weg durch die *Duat* (die Unterwelt). Bald nach diesen bemerkenswerten ersten Erlebnissen in Ägypten, einer Periode, die ich immer als die »Quantensprung-Phase« meines spirituellen Lebens und meiner Tätigkeit als Medium bezeichne, erhielt ich im März 1998 die Gelegenheit, nach Ägypten zurückzukehren. Diesmal stand mir viel mehr freie Zeit für neue Erkundungen zur Verfügung, und ich war umso entschlossener, Hatetsescheti zu finden.

Für die zweistündige Wartezeit am Flughafen von Rom besorgte ich mir einen klassischen touristischen Reiseführer: *Egypt – A Phaidon Cultural Guide* (»*Ägypten,* ein Kulturführer von Phaidon«). Nach dem langweiligen Check-in und der Sicherheitsabfertigung setzte ich mich mit dem Buch hin, in der Absicht, etwas, irgendetwas, zu finden, das noch mehr Erinnerungen aufweckte, die tief im Reservoir meines Unterbewusstseins schlummerten – oder irgendwo in den altägyptischen Gräbern.

Als medial begabter Mensch schlage ich Bücher zufällig auf, so dass sie sich mir offenbaren können. Ich mache immer wieder die unheimliche Erfahrung, dass mich auf der blind aufgeschlagenen Seite unweigerlich etwas erwartet, das für den jeweiligen Moment höchst bedeutsam ist.

Auch diesmal wurde ich nicht enttäuscht. Ich schlug eine Beschreibung des Tempels der Hatschepsut auf, über den ich in den letzten Jahren viel mehr herausgefunden habe, der mir aber damals noch ganz unbekannt war.

Zu meinem Erstaunen stellte ich fest, dass dieser Tempel der Ort des schrecklichen Terroranschlags gewesen war: der Tempel von Deir el-Bahari. Es war der Tempel der Pharaonin/Königin

Hatschepsut, ein Name, der dem Namen, den ich so lange in den Texten gesucht hatte, stark ähnelte: Hatetsescheti.

Ich las weiter, und ich konnte kaum glauben, was ich dort las. Auf dieser Seite stand tatsächlich Folgendes:

> »Die erhobenen Arme des Ka [der unsterbliche Aspekt der Seele] unter der von einer Sonnenscheibe gekrönten Uräusschlange wurden aus dem obersten Fries entfernt, denn alle diese Embleme zusammengenommen sind eine verschlüsselte Version von **Ma'atkare** (auch Ma'atkara geschrieben) – Hatschepsuts pharaonischer Name während ihrer Regentschaft.«

Abb. 6. »Ma'atkare« in Hieroglyphenschrift

Ich war erstaunt! Die Möglichkeit, dass beide Namen in diesem Text eine Entsprechung gefunden hatten, konnte wohl kaum ein Zufall sein, und dass das Buch an dieser Stelle aufgeschlagen war, reichte aus, um, gelinde gesagt, meine Aufmerksamkeit zu erregen.

Und dann war da natürlich noch dieses bekannte »Körperkribbeln«, das mir von den Füßen bis zur Kopfhaut hinaufläuft. Es ist bei mir ein zuverlässiges mediales Signal, eine Bestätigung dafür, dass sich die Wahrheit entfaltet.

Sicherlich lagen die Namen Ma'atkara und Maatara nahe genug beieinander, um als absolute Übereinstimmung betrachtet zu werden (ich war erstaunt, dass ich den Namen sogar fast identisch geschrieben hatte), und auch wenn der Name der Pharaonin Hatschepsut sich von dem Namen unterschied, den ich als meinen eigenen gehört hatte, Hatetsescheti, war er doch ähnlich genug, um weitere Nachforschungen zu rechtfertigen.

Völlig verblüfft, auf diese Information gestoßen zu sein, las ich in dem Reiseführer weiter, um die Bedeutung des Namens Ma'atkara zu entschlüsseln.

• • • • • • • • • •

»**Ma'at:** Das Konzept der Ma'at, die entweder als Göttin mit der typischen Feder in ihrem Diadem oder mit der Feder allein dargestellt wird, umfasst das gesamte System der Welt. Beim Totengericht wird das Herz des Verstorbenen gegen die Ma'at (die Feder) abgewogen und ein Urteil gefällt, das auf dem göttlichen Gleichgewicht von Wahrheit und Gerechtigkeit beruht.

Ka: Der göttliche Geist.

Re: Der Sonnengott – Amun.«

• • • • • • • • • •

Ma'atkara bedeutete also offenbar »Die Gerechtigkeit des göttlichen Geistes Re/Ra«. Dort, in diesen letzten Momenten eines fernen Lebens, hatte ich mit meinem letzten Atemzug den Namen *Maatara* gerufen, bis ich keine Stimme mehr hatte, verzweifelt in der Dunkelheit – lebendig begraben. Hatte ich von meinem Grab aus die Götter um Gerechtigkeit angefleht, überlegte ich, oder rief ich, Hatetsescheti, meine tote Pharaonin an?

Ich feiere die Synchronizität und staune immer wieder darüber, wie die Dinge im perfekten Moment unseren Weg kreuzen, sich fügen, uns in die richtige Richtung weisen. Wir sind mit göttlicher Führung gesegnet, die uns ständig deutliche Botschaften schickt – aber allzu oft sind wir durch das statische Rauschen unseres Lebens so abgelenkt, dass wir uns vom Lärm der äußeren Welt mitreißen lassen und taub und blind für unsere göttlichen Boten werden.

Das sind die Momente, in denen wir die sprichwörtliche »Ausfahrt« auf der großen Autobahn der Lebenserfahrung verpassen.

Wenn wir empfänglich und bewusst sind, erleben wir diese wunderbaren Harmonien – die synchronistischen Augenblicke – in den besten Zeiten wie glorreiche Sinfonien ... in anderen wie sanfte Wiegenlieder. Sind wir jedoch abgelenkt, spielen die Musiker zwar immer noch für uns, aber ihre Melodien scheinen unbemerkt in den Schatten zu verschwinden und sich in Luft aufzulösen.

Es ist wie die Frage des Philosophen: »Wenn im Wald ein Baum umfällt, aber niemand hört, wie er auf dem Boden aufschlägt, ist er dann wirklich umgefallen?«

Wenn wir uns jedoch darauf einstellen, erkennen und verstehen wir den Beat. *Wir verstehen.* Wir verstehen, wie das alles zusammenspielt, als wunderschöne Musik: jede Note ein Bewusstseinsstrom, der von den Notenblättern des Lebens – dem Raum-Zeit-Kontinuum – gespielt wird; jeder Strom fließt durch die Flüsse des universellen Geistes und hallt nach draußen in das kosmische Meer.

Ein Maß für die Botschaften, die den uns umgebenden und uns durchdringenden feinstofflichen Energiefeldern entspringen, findet sich in der Numerologie. Im Wesentlichen ist die Numerologie ein

Studium der Schwingungsessenz des Universums anhand der archetypischen Qualitäten der Zahlen, die uns unweigerlich Hinweise auf verschiedene Aspekte der Natur des Bewusstseins geben.

Der elementare Ausgangspunkt dafür, unsere persönliche Schwingungsessenz in der Numerologie widergespiegelt zu finden, ist die Bestimmung der eigenen Seelenzahl, einem Archetyp der Schwingung, der die Aufgabe der Seele in diesem Leben definiert.

Dies beruht auf dem Grundprinzip, dass die Seele den Tag und die Zeit der Geburt selbst wählt. Sie wählt die Personen aus – die Familie und alle bedeutenden Beziehungen, gute und schlechte. Alles dient einem höheren Zweck, der darin besteht, durch die Spirale der »Ich bin«-Erfahrung aufzusteigen, auf unserem Weg zurück zum reinen Licht der Quelle.

Diese Bestimmung spiegelt sich den Numerologen zufolge in der Seelenzahl wider, und so sind die Schwingungsfrequenzen, die sich in der Numerologie des Geburtsdatums widerspiegeln, Werkzeuge, die die Seele bewusst wählt, um in der jeweiligen Reinkarnation damit zu arbeiten.

Um diese Zahl zu ermitteln, addieren Sie den Tag, den Monat und das Jahr Ihrer physischen Geburt. Das ergibt eine vierstellige Summe, wie Sie weiter unten sehen.

Dann addieren Sie diese vier Ziffern und erhalten eine zweistellige Zahl – diese reduzieren Sie dann durch Addition auf eine Ziffer (es sei denn, die zweistellige Zahl ist zweiundzwanzig, was als »Meisterzahl« gilt). Diese einstellige Zahl besitzt, so glaubt man, eine ganz besondere Schwingungsqualität.

Das mag etwas verwirrend klingen, und darum veranschaulichen wir es noch einmal am Beispiel eines hypothetischen Geburtsdatums, sagen wir, des 3. Dezember 1951:

Tag	3
Monat	12
Jahr	1951
Summe	1966

Wenn Sie diese vierstellige Zahl (die Gesamtsumme) errechnet haben, addieren Sie nun quer: 1 + 9 + 6 + 6 = 22

In der traditionellen Numerologie würde man jetzt die zweistellige Summe addieren (Beispiel 2 + 2 = 4), und diese letzte Zahl würde die Seelenzahl angeben. Wie oben erwähnt, ist die Zweiundzwanzig jedoch eine besondere Zahl und stellt die Ausnahme von der Regel dar.

Meine persönliche Seelenzahl beträgt übrigens auch zweiundzwanzig.

Abb. 7. Die Tarotkarte »Der Narr«

Und diese Zahl entspricht der Narrenkarte im Tarot, da sie die zweiundzwanzigste Karte der großen Arkana (der primären Karten) bildet, obwohl die tatsächliche Zahl, die auf der Karte dargestellt wird, die 0 ist.

Diese Besonderheit hat mit dem spirituellen Wesen des Narren zu tun. Er repräsentiert das Rad des Karmas, auf dem sich die Seele zwischen der Geistigen Welt und der materiellen Existenz hin und her dreht, was in vielerlei Hinsicht ihre ganz besonderen Eigenschaften definiert.

Wenn man sich die Karte genau ansieht, kann man erkennen, dass der Narr eine an einem Stab befestigte Tasche trägt, auf der das Auge des Horus eingraviert ist. Seine Kopfbedeckung ist in der Mitte mit einer großen Feder geschmückt, genau wie in ägyptischen Hieroglyphen der Kopfschmuck der Ma'at dargestellt wird.

Interessanterweise heißt die Karte des Narren, die in den älteren europäischen Decks beschrieben wird: *Le Mat!*

Hier war ich also, die Närrin, die sich, selbst gewählt und vollkommen furchtlos, von der sprichwörtlichen Klippe stürzte, auf dem Weg zu ihren Erinnerungen.

Es war der zweiundzwanzigste März … ein wichtiger Tag, und ich saß in der zweiundzwanzigsten Reihe des Flugzeugs. Aus numerologischer Sicht war es eindeutig die richtige Schwingung für eine Reise auf der Suche nach der Seele, denn es war die Schwingung, die dem Ziel meiner Seele entsprach.

Aus astronomischer Perspektive war es eine Zeit der Erneuerung: die Frühlings-Tagundnachtgleiche.

Nach der Landung in Kairo musste ich eine zweistündige Wartezeit bis zum Anschlussflug nach Luxor überbrücken. Beim Durchstöbern des Flughafenangebots an Touristen-Literatur nahm ich einen Reiseführer über das Tal der Könige in die Hand und begann darin zu blättern. »Dummerweise« kaufte ich ihn nicht, so dass ich ihn hier nicht zitieren kann, schrieb aber einige Notizen in ein lange vergessenes Tagebuch. Diese haben sich meinem inneren Auge eingeprägt, als wären sie in Granit gemeißelt.

Wie schon in Rom schlug ich spontan eine Seite in dem Reiseführer auf. Dort wurde die Pharaonin Hatschepsut erwähnt. Es handelte sich um eine Liste der Herrscher des Neuen Reiches, und es überraschte mich nicht, dass Hatschepsut der zweiundzwanzigste Name auf dieser Liste war.

Das Buch beschreibt den Totentempel der Hatschepsut aus der achtzehnten Dynastie und seine zweiundzwanzig Säulen des unteren Portikus. Dem Text zufolge regierte sie zweiundzwanzig Jahre lang.

Ich erinnere mich, dass ich laut zu mir selbst sagte: »Ist das genug Synchronizität für dich, P. Cori?«

3

Synchronizität

Am Westufer des mächtigen Nils, gegenüber von Luxor, liegt das Tal der Könige, wo sich zeigt, dass viele Pharaonen es vorzogen, in aufwendigen Gräbern bestattet zu werden. Die meisten dieser Grabstätten wurden entweiht, von antiken und modernen Dieben geplündert – und dann von Archäologen und Touristen gleichermaßen ihrer spirituellen Integrität beraubt.

Ich beschloss, dieses Tal zur ersten Station meiner Reise zu machen, nachdem das bei meinem ersten Besuch in Ägypten wegen des Terroranschlags nicht möglich gewesen war. Ich wollte die reiche Geschichte und die in den Gräbern enthaltenen Hinweise auf die ägyptische Mystik in meinem eigenen Tempo erkunden ... und dann den Hatschepsut-Tempel zu besuchen.

Irgendwie wusste ich, dass ich dort Schlüssel zu meinen verschlossenen Erinnerungen finden würde.

Meine Erfahrung in den Königsgräbern war so traumatisch, dass ich trotz meines Wunsches, die geheimnisvollen Glyphen und Schnitzereien, die diese heiligen Räume schmücken, zu untersuchen, nie wieder den Wunsch verspürte, in die Grabkammern der verstorbenen Pharaonen zurückzukehren. Ich kann es einfach nicht ertragen, den Frieden in den geheiligten Stätten der Ahnen zu stören. Einmal und nie wieder betrat ich eine dieser öffentlich zur Schau gestellten Totenlandschaften. Ich fühlte mich dabei wie eine aufdringliche und höchst unerwünschte Voyeurin.

Abgesehen von der Schwierigkeit, tief in die Grabkammern mit ihrer feuchten, erstickenden Atmosphäre zu klettern, ist es ein Sakrileg, in diese Tempel der Vollendung einzudringen, die erschaffen wurden, um den Seelen der Pharaonen, wie sie glaubten, einen sicheren Weg durch die *Duat* (die Unterwelt) zu ermöglichen und dafür zu sorgen, dass ihre physischen Körper für alle Ewigkeit unsterblich bleiben würden und ihre Seelen frei wären, hinauf zu den Sternen zu schweben.

Diese höchst privaten heiligen Stätten hätten niemals gestört werden sollen – und noch weniger hätten sie zu dem touristischen Disneyland herabgewürdigt werden dürfen, zu dem man sie inzwischen gemacht hat.

Während dieses einzigen Besuchs der ägyptischen Pharaonengräber zog ich mir eine so schwere akute Lungenentzündung zu, dass ich bei meiner Rückkehr aus Kairo sofort ins Krankenhaus gebracht werden musste, weil ich Blut hustete.

Der behandelnde Arzt behielt mich dort, nachdem Röntgenaufnahmen ergeben hatten, dass mehr als zwanzig Prozent meiner linken Lunge von einer dichten Entzündung bedeckt waren (die er zufällig als »pyramidenförmige Masse« bezeichnete). Die Prognose lautete, dass der Weg zur Genesung Wochen, wenn nicht Monate, mit strikter Bettruhe beanspruchen würde.

Die Symptome waren von Anfang an heftig, gekennzeichnet durch starke Atembeschwerden und unaufhörlichen heftigen Husten. Sie begannen genau zu dem Zeitpunkt, als mein Wagen zum ersten Mal in das Tal der toten Pharaonen hineinfuhr. Reagierte mein Körper auf eine Erinnerung?

Ich konnte nicht mehr aufhören zu husten … ich bekam kaum noch Luft … und spürte von dem Moment an, als wir dort ankamen, heftige Schmerzen in meiner Lunge.

Alle diese Symptome traten ohne jede Vorwarnung auf.

Nachdem ich mir die Mühe der Anreise gemacht hatte, wollte ich nicht zulassen, dass meine Lunge meiner Erkundung des Ortes im Weg stand. So zwang ich mich, zumindest eines der vielen Gräber zu besichtigen. Trotz des extremen Unwohlseins schleppte ich mich eine lange und ziemlich steile Treppe hinauf zu einem der ältesten Grabmäler in dem Tal – jenem von Thutmosis III., das, so hatte man mir gesagt, eines der schönsten unter den für die Öffentlichkeit zugänglichen sei.

Der unerklärliche Husten und meine Atemnot verschlimmerten sich noch und machten es zur schieren Qual, die Außentreppe zum Grabeingang zu bewältigen. Ich schaffte es nur knapp – und dann hieß es, zu dem Gang hinabzusteigen, der zur Hauptkammer führt, wofür man mit dem Anblick fantastischer Hieroglyphenkunst an den Wänden belohnt wird.

Die Gruft war mit Touristen überfüllt. Es herrschte dort eine stickige, heiße, schier unerträgliche Atmosphäre, und der wenige Sauerstoff, der in dem engen Raum zirkulierte, reichte nicht für die hungrigen Lungen von uns allen – den respektlosen Schaulustigen. Ich bekam keine Luft, hielt es nicht mehr aus und stürmte ins Freie, wobei ich buchstäblich über die Leute klettern musste, um mir den Weg zu bahnen. Blindlings rannte ich hinaus ins Licht.

Ich stand draußen vor dem Eingang, schnappte nach Luft und bekam zwischen den heftigen Hustenanfällen asthmaähnliche Symptome. Ich würde es nicht unbedingt einen Anfall von Klaustrophobie nennen. Es war eher absolutes Entsetzen.

Ein paar Leute schauten mich an, aber niemand half mir.

Überwältigt von rasenden, unerklärlichen Emotionen und dem Gefühl, mich irgendwo zwischen den Dimensionen zu befinden, fühlte ich mich einerseits weit weg und unnahbar, andererseits nah und »erinnernd«.

Wenn ich an dieses Erlebnis zurückdenke, ist fast das Einzige, was mir von diesem Tag im Gedächtnis blieb, die Verzweiflung, die ich im Inneren des Grabes von Thutmosis III. spürte, als die Mauern mich zu erdrücken drohten. Ich weiß noch, dass ich mich an den vielen Touristen vorbeidrängte, um mich zu befreien, und wie ich verzweifelt durch den Gang nach draußen rannte … als hinge mein Leben davon ab, was zweifellos auch der Fall war.

Glücklicherweise erinnere ich mich heute weniger an die Qual dieser Erfahrung als an die Süße des ersten sauerstoffreichen Atemzugs, den ich machte, nachdem ich es aus **diesem** Grab ins Freie geschafft hatte – lebend.

Ich verzichtete auf den Besuch des Hatschepsut-Tempels und eilte zurück in mein komfortables Hotel in Luxor, wo ich mich ins Bett warf und versuchte, das Chaos in meinem Kopf und die Disharmonie in meinem Körper zu lindern. Ich überließ mich der modernen Medizin, indem ich einen Arzt rief, der eine Dosis lebensrettender Antibiotika und für die nächsten Tage, was mir gar nicht passte, absolute Bettruhe verordnete.

Die zwei fiebrigen Nächte, die ich dort verbrachte, möchte ich am liebsten aus meinem Gedächtnis streichen. Sie waren eine brutale Mixtur aus Albträumen und unaufhörlichen Hustenanfällen – beides symptomatisch für meine höllischen Erfahrungen im Grab des Thutmosis. Der reinste Fluch des Pharao.

Danach fühlte ich mich erholt und war fest entschlossen, mein geplantes Besichtigungsprogramm fortzusetzen. Also heuerte ich einen Fahrer an und organisierte einen privaten Besuch des beeindruckenden Hatschepsut-Tempels in Deir el-Bahari.

Dieser bemerkenswerte Tempel, eines der berühmtesten archäologischen Meisterwerke Ägyptens, war als »Djeser-Djeseru« bekannt, prächtigster der prächtigen Tempel, und ist in der Tat ein atemberaubendes Denkmal für die Frau, die Historiker als »ersten weiblichen Pharao« bezeichnen. Er wurde von Senenmut entworfen, dem königlichen Wesir, von dem es heißt, er sei Hatschepsuts heimlicher Geliebter gewesen. Die Herrschaft Hatschepsuts war geprägt von der Rivalität mit ihrem Stiefsohn Thutmosis III., der sie, wie ich glaube, zweiundzwanzig Jahre nach Beginn ihrer Herrschaft ermordete. Sie muss eine unter den Pharaonen Ägyptens besonders herausragende Regentin gewesen sein.

Was für eine erstaunliche Synchronizität war es, dass ich mich gerade von seinem Grab so sehr angezogen gefühlt hatte und dann

Abb. 8. Der Tempel der Hatschepsut

dort diese schreckliche Erfahrung machte, fast zu ersticken? Ich denke nicht, dass dies zufällig geschah. Ich glaube vielmehr, dass es mir bestimmt war, diese Wut zu spüren, ein Trauma zu erleben, von dem ich später herausfinden würde, dass es mit ihm zusammenhing. Es erwies sich als integraler Bestandteil meiner verstreuten Erinnerungen an diese bemerkenswerte Zeit, die ich wie ein Puzzle zusammensetzte.

Ich bin überzeugt, dass er Hatschepsut ermordete und fast alle ihre Symbole und Bildnisse von den Tempelwänden in ganz Ägypten entfernen ließ.

Er spuckte auf ihren toten Körper, bevor er den Priestern nachgab, die darauf bestanden, dass sie als Pharaonin vor der Bestattung zumindest mumifiziert werden müsse.

In Deir el-Bahari liegt sein Hass regelrecht in der Luft. Man kann ihn vor dem inneren Auge sehen und sogar auf der Haut spüren. Und die Zerstörung des Andenkens an Hatschepsut ist überall deutlich erkennbar.

Damals, im März 1998, besuchten noch sehr wenige Touristen diese Stätte, denn der Anschlag vier Monate zuvor war allen noch frisch im Gedächtnis. Deshalb konnte ich, während ich von Säule zu Säule ging und mich medial einstimmte, diese geliebte, ungestörte Stille finden, die ich an heiligen Orten immer suche.

Während ich auf den verwitterten Steinen aus alten Zeiten wandelte und darum bat, dass mir das Verborgene offenbart würde, dachte ich immer wieder daran, dass die brennende Sonne mein inneres Auge verdeckte. Das war wohl der Grund, weshalb ich mich in meiner Haut so unwohl fühlte.

Am liebsten wäre ich bis zum Einbruch der Dunkelheit dort geblieben: um in der Kühle der Nacht, im Mondlicht, durch den Tempel zu gehen, vielleicht dem Flüstern der alten Geister zu lauschen und so meine eigenen alten Erinnerungen zu wecken.

Jemand oder etwas schien diesen Gedanken zu hören und beschloss, darauf zu reagieren.

Als ich die heiligen Hallen der Hathor-Kapelle auf der linken Seite des Tempelkomplexes betrat, vernahm ich eine Stimme, die ich nur als »jenseitig« beschreiben kann – ähnlich wie die, die ich in Gizeh gehört hatte. Ich sah mich nach dem Sprecher um, aber zu meiner Überraschung war ich in diesem Moment allein in der Kapelle. Die wenigen übrigen Touristen waren an anderen Stellen der Tempelanlage unterwegs.

Klar und deutlich, für das sterbliche Ohr völlig real und wahrnehmbar, hallte die Stimme einer Frau von den Mauern wider: »*Hatetsescheti, du Ergebene, trauere nicht um mich* …«

Ich schnellte herum, erschrak und stieß dabei meine Kamera von dem Sims, auf den ich sie gelegt hatte. Als sie dumpf auf dem Boden aufschlug, schossen mir erneut uralte Erinnerungen durch den Kopf und überfluteten meine Seele. Ich brach in Tränen aus, schluchzte inmitten der heiligen Mauern von Ma'atkara und flehte zur Göttin Hathor … warum, wusste ich nicht.

Abb. 9. Hathor-Kopf auf einer Säule neben dem Tempel der Hatschepsut.

Wieder hallte die Stimme durch die Säulengänge: »*Du kannst mich zwischen den Sternen finden, denn hier wohne ich, wo Menschen sich wie Götter bewegen.*«

Ich schaute mich aufgeregt um, auf der Suche nach diesem »Etwas« … diesem »Jemand«, während über mir die durchdringenden Augen der Göttin Hathor die stille Luft des Tals durchbohrten.

Ich weiß noch, dass ich dachte, was für ein zweischneidiges Schwert die Gabe des Hellsehens doch sein kann: ein Schwert, das einem unglaubliche Erfahrungen ermöglicht, aber gleichzeitig dazu führt, dass man diese immer wieder in Frage stellt, im nie endenden Versuch, Fantasie und Realität voneinander zu trennen, während man sich auf dem schmalen Grat zwischen den beiden Welten bewegt.

Abb. 10. Der Große Pappelblattkäfer

Ich war dankbar, dass sich niemand in meiner Nähe befand, der mir zusah. Ich riss mich zusammen, so gut ich konnte, und hob meine zertrümmerte Kamera auf. Fasziniert sah ich, wie ein Wüstenkäfer, das ägyptische Symbol des Erwachens, aus einer kleinen Öffnung im Steinpflaster kroch.

Sie kommen normalerweise nicht während der Tageshitze heraus, überlegte ich und wusste, dass dieses Symbol auf jeden Fall wichtig war, denn es erschien mir nun schon zum zweiten Mal, tauchte vor meinen Augen aus der ägyptischen Erde auf.

Kühn krabbelte der Käfer hinaus in die brennend heiße Sonne, blieb genau vor meinem linken Fuß stehen, machte entschlossen kehrt und raste ebenso schnell, wie er aufgetaucht war, zurück in die Kühle seiner verborgenen Welt.

Wir sind von göttlichen Boten umgeben. Sie existieren zwischen den Schichten unserer materiellen Welt und dem feinstofflichen Gewebe anderer Realitäten: die Stimme, der Käfer und die Erinnerung – sie alle repräsentieren die Fäden eines unglaublichen, multidimensionalen Wandteppichs, der durch Zeit und Raum gewebt wird, fortwährend, über viele Leben hinweg. Wir spinnen die kosmische Geschichte unserer eigenen Existenz, und unsere Seele steigt dabei immer höher hinauf.

Im Rhythmus von Leben und Tod tanzen wir in ewiger Wiederkehr auf dem kosmischen Rad der Reinkarnation.

Es wird uns der Segen zuteil, ein Spiegelbild der größeren Intelligenz zu sein, von der wir wissen, dass sie auf irgendeiner Ebene den Kosmos lenkt. Wenn wir uns auf den Puls des Kosmos einstimmen (auf die Nuancen der Elemente, unseres Geistes, der Lebewesen um uns herum), beginnen wir, die Geheimnisse unserer eigenen großartigen Vergangenheit zu enträtseln: vom Samen zum Wesen, zur Ethnie, zur Spezies, zur Sternensaat von Welten weit jenseits unserer eigenen. Von dort aus stellen wir uns unser zukünftiges Selbst als Ausdehnung jenseits dieser Dichte vor, wenn wir zu den Sternen zurückkehren und schließlich unseren Weg zurück zum allumfassenden Licht finden.

Eine große Lektion, die ich gelernt habe, besteht darin, auf die scheinbar kleinen Dinge – wie zum Beispiel den Wüstenkäfer – zu achten, statt mich damit abzulenken, dass ich ständig großartige Erweckungserlebnisse und spirituelle Erleuchtungserfahrungen erwarte und herbeiwünsche.

Diese kommen früh genug, wenn wir bereit dafür sind – wenn wir wirklich unsere absolute Wahrheit leben und aussprechen.

Sie kommen, wenn wir sie uns verdient haben … und nur dann.

Alles andere, so scheint mir, ist die Illusion unseres Egos, das in unserem Kopf Banjo spielt und nicht Harfe.

4

Omm Sety

Nach der Besichtigung des Hatschepsut-Tempels gab ich der Schwäche und Müdigkeit nach, die mir mein Körper signalisierte, und buchte einen vorzeitigen Rückflug von Luxor nach Kairo. Ich brach meinen Ägyptenaufenthalt ab, weil ich einfach nicht die Kraft für weitere Besichtigungen hatte. Während ich am Flughafen in Kairo auf meinen Anschlussflug nach Hause wartete, lenkte ich mich mit einem Schaufensterbummel in den wenigen Geschenkläden ab, die es damals gab – vor der Modernisierung des internationalen Terminals. Ich hoffte, am Bücherstand den Reiseführer über das Tal der Könige zu finden, aber er war vergriffen. Stattdessen entdeckte ich ein Buch, das meiner wachsenden ägyptischen Erfahrung eine neue Dimension verleihen sollte: *The Search for Omm Sety* (»Die Suche nach Omm Sety«) von Jonathan Cott.

Nach dem Cover zu urteilen machte das Buch zunächst den Eindruck, ein fesselnder Krimi und Liebesroman zu sein. Aber dann las ich die Beschreibung auf der Rückseite des Buches und erkannte, dass ich auf eine weitere erstaunliche Synchronizität in meinem sich entfaltenden ägyptischen Geheimnis gestoßen war.

Im Klappentext hieß es: »›Die Suche nach Omm Sety‹ ist ein fesselnder Bericht über mediale Phänomene, Astralreisen und Materialisierung – die beiden Welten der Dorothy Eady … einer bemerkenswerten Frau und ihrer Reinkarnation.«

Ich weiß noch, wie fehl am Platz mir ein Buch über die frühere Inkarnation einer Engländerin vorkam, das zwischen einem Haufen klassischer Reiseführer in einer Flughafen-Buchhandlung ausgerechnet in Kairo lag. Ich war fasziniert und sicher, dass dieses Buch für mich bestimmt war. Eine Frau, die entdeckt, dass sie eines ihrer vergangenen Leben im alten Ägypten verbrachte … Das passte so perfekt zu dem, was sich in meinem eigenen Leben abspielte.

Also zählte ich meine restlichen schmuddeligen ägyptischen Pfundnoten nach und stellte fest, dass sie gerade noch reichten, um das Buch zu kaufen, von dem ich ahnte, dass es sich als vereinigender Faden meiner goldenen Schnur nach Ägypten erweisen würde. Tatsächlich war es der Schlüssel zu einem weiteren Kapitel in meiner erwachenden Erinnerung an vergangene Leben im Land der Götter und Pharaonen. Es sollte bald darauf den Beginn einer Reise markieren, die mich tief in die größeren Geheimnisse des Landes Ur, des Ägyptens der Khemiter, führte – jener Stämme, die lange vor dem Erscheinen der ersten Pharaonen die Herrschaft über die Sahara beanspruchten.

Zwischen den Zeilen sprach Omm Sety zu mir, eine unglaubliche Frau mit einer höchst faszinierenden Lebensgeschichte.

Der Autor hatte folgendes Zitat als Einleitung gewählt:

Erinnere mich wieder daran – gemeinsam
verfolgen wir unsere seltsame Reise,
finden einander, ziehen lachend weiter.
Irgendwann werden wir dorthin wechseln,
wo das Leben endet. Wir werden zurückblicken
bis in die Ewigkeit, an jenen ersten Tag.
Ich werde dich berühren – eine neue Welt.
Sterne werden sich anders bewegen.
Wir werden beide enden. Beide beginnen.
Erinnere mich wieder daran.

– William Stafford, »Unsere Geschichte« –

Als ich von Sternen hörte, die sich »anders« bewegen, wusste ich sofort, dass ich an die Botschaft erinnert wurde, die ich in der Hathor-Kapelle in Deir el-Bahari gehört hatte: »Du kannst mich zwischen den Sternen finden, denn hier wohne ich, wo Menschen sich wie Götter bewegen.« Und prophetischerweise stammte das Zitat aus einem Buch, das *Stories That Could be True* heißt – »Geschichten, die wahr sein könnten«.

Die Geschichte von Omm Sety handelt von einer exzentrischen Engländerin, der charmanten Dorothy Eady, und ihrer absolut bemerkenswerten Biografie, die endet, als sie 1981 ihr irdisches Leben als Hüterin des Tempels von Abydos verlässt, um im Jenseits wieder mit ihrer großen Liebe vereint zu sein, Pharao Sethos I. Auf wunderbare Weise wird geschildert, wie die junge Dorothy, konservativ britisch erzogen, ausgelöst durch die Besuche des gutaussehenden Geistes von Pharao Sethos I. und ihrer Leidenschaft zu ihm eines ihrer früheren Leben wiederentdeckt. Es ist ein Leben, das Jahrtausende zurückliegt, und wir erfahren, dass sie schon früh zu der Überzeugung gelangte, mit diesem Pharao ein tragisches Leben im Tempel von Abydos in Ägypten geteilt zu haben.

Abb. 11. Ein seltenes Foto von Dorothy Eady, besser bekannt als Omm Sety, Geliebte von Sethos I.

Abb 12. Omm Setys klassische Abhandlung mit zwei wichtigen Büchern zum Thema von Jonathan Cott und Hanny el Zeini.

Seit den ersten Geisterbesuchen konnte Dorothy sich während ihres ganzen Lebens, das von vielen Begegnungen mit dem Geist des Pharaos erfüllt war, sehr detailreich an ihr Leben als junge, jungfräuliche Priesterin Bentreshyt von Abydos erinnern. Als Pharao Sethos I. die Baustelle des Tempels besuchte, so die Geschichtsschreibung, entflammte sie in verbotener Liebe zu ihm. Sethos hatte beschlossen, für seine Seele die größte aller Schatzkammern zu erbauen, um darin die Götter des Pantheons zu verehren. Einigen Quellen nach stand der Tempel allerdings schon lange, bevor Sethos kam und ihn renovierte.

In seinem Buch schildert Jonathan Cott zwei unsterblich Verliebte, die, von Leidenschaft geblendet, die Sünde vollkommener Liebe begehen. Das beschämte sie vor der Priesterschaft und verdammte sie zu dem, was Bentreshyt für den »Zorn der Götter« hielt. Ihr gemeinsamer Akt der Leidenschaft führte dazu, dass Bentreshyt schwanger wurde – ein unvorstellbares Sakrileg. Sie wurde aus dem Tempel verstoßen und beging Selbstmord, was ihre und Sethos' Seele zu ewiger Trennung im Jenseits verdammte. Viele Jahrtausende später kehrte der Pharao als Geist zu ihr zurück und rief sie in den

Tempel von Abydos, um das Karma ihrer Taten zu heilen und den Weg für die Wiedervereinigung ihrer Seelen zu bereiten.

Es würde sich eigentlich wie eine Aschenputtel-Geschichte aus der Neuzeit lesen, wäre da nicht die Tatsache, dass Dorothy Eady tatsächlich nach Ägypten ging, dort heiratete und einen Sohn bekam. Sie nannte ihn Sety (Sethos), weshalb ihr ägyptischer Name Omm Sety lautete: »Mutter des Sethos«. Nach jahrelanger Arbeit für die Altertumsbehörde in Kairo gelang es ihr, sich in das abgelegene Dorf Abydos versetzen zu lassen.

Sie besaß ein beispielloses angeborenes Wissen über Ägypten und seine Geschichte, und selbst die renommiertesten Ägyptologen waren verblüfft, als sie feststellten, dass die fremde Frau mit erstaunlicher Leichtigkeit Hieroglyphen lesen konnte, die bisher niemand hatte entziffern können. Sie führte die Archäologen zu noch unentdeckten historischen Stätten, und wenn diese dann ausgegraben wurden, waren sie genau so, wie Dorothy sie beschrieben hatte. Kurzum, sie zeigte hervorragende Fähigkeiten als Ägyptologin und bewies immer wieder, dass sie den heiligen Tempel des Sethos I., dem sie ihr Leben widmete, in all seinem Zauber besser kannte als jeder moderne Historiker – ob tot oder lebendig.

Diese junge englische Forscherin war so unglaublich begabt und kannte sich in der ägyptischen Geschichte so gut aus, dass selbst die Männer an der Spitze der ägyptischen Altertumsbehörde vor Dorothys Wissen kapitulierten. Sie war die erste Frau, die jemals von der Behörde eingestellt wurde, um das Unentzifferbare zu entziffern, um Textfetzen zu entschlüsseln, deren Bedeutung Jahrtausende lang dunkel und rätselhaft geblieben war, bis Dorothy sie ins Licht der zeitgenössischen Interpretation rückte.

Diese blonde, unkonventionelle Frau lebte in einer bescheidenen Lehmhütte in Abydos, in der Nähe der Tempelanlage. Sie widmete ihr Leben der Aufzeichnung und Restaurierung des erlesenen heiligen Tempels von Sethos I., einem Ort, von dem sie glaubte, dass sie dort vor Jahrtausenden in Schande und Ungnade gestorben war, getrennt von den Göttern. Es war der Ort, an dem ihre Zwillingsflamme, Pharao Sethos I., aus der Unterwelt zurückgekehrt war, um sie durch die Hallen von Amenti und zurück zu den elysischen Feldern des ewigen Lebens zu führen, wobei er seinen Platz zwischen den Sternen für das Licht seiner Zwillingsflamme und Seelengefährtin Bentreshyt opferte.

Von dem, was ich über sie auf den ersten Seiten las, war ich so erstaunt, dass ich tatsächlich in Erwägung zog, meinen Heimflug zu stornieren, um nach Abydos zu fahren – aber mein Körper schrie danach, dass ich nach Hause fliegen und mich in ärztliche Behandlung begeben sollte. Also folgte ich dem Drängen meiner »inneren Erwachsenen« und reiste nach Hause, wobei Gedanken an Omm Sety und Abydos in meinem Kopf herumwirbelten wie die Galaxien, die mich während der Rückführungssitzung in Schwung gebracht hatten – Symbole des Rades der Wiederkehr, das mir schon so viele Leben beschert hat.

Erst im Frühjahr 2001 gelang es mir, Abydos zum ersten Mal zu besuchen. Bis dahin hatte ich mich zwischen meinen Besuchen in Ägypten auf eine ganz andere Reise begeben – eine Reise des Geistes und der Seele – und mich mit jener unglaublichen Hyperraum-Intelligenz verbunden, die sich selbst als »die Sprecher des Hohen Rates vom Sirius« bezeichnete. Der Prozess, ihre Botschaften in Büchern aufzuzeichnen und der Öffentlichkeit zugänglich zu machen, und zwar innerhalb eines ziemlich kurzen Zeitraums von vier Jahren, erforderte eine unglaubliche Konzentration und Hingabe. Daher entfernte ich mich in dieser Zeit nicht weit von der Computertastatur und meinem geschäftigen Leben in Rom.

Dann waren die Bücher geboren und auf dem Weg, und ich konnte mich wieder meiner Leidenschaft für Ägypten widmen. Ich wusste, dass in dessen heiligen Hallen so viel auf mich wartete – vor allem in den heiligen Mauern des Tempels von Abydos.

Bis heute ist Abydos, die heiligste Stadt altägyptischer Spiritualität, relativ unbekannt, wie ein verborgener Schatz eingebettet zwischen dem rauen Wüstensand der Sahara auf der einen und den reichen und fruchtbaren Nil-Ufern auf der anderen Seite. Abydos liegt in einer sonnenverwöhnten Oase, wo sich der Gebirgskamm wie eine Treppe öffnet, damit der Sonnengott Re in die Umarmung der Erde hinabsteigen kann.

Hier befinden sich der von Omm Sety so sehr geliebte Tempel von Sethos I. und das Osireion. Der ursprüngliche Zweck dieser weitaus älteren unteren Tempelanlage ist unbekannt. Es wird vermutet, dass es sich um die Grabstätte des Gottes Osiris handelt, des Herrn der Unterwelt. Weitere Tempelruinen säumen den Horizont, und es stellte sich heraus, dass die Wüste tatsächlich eine riesige Begräbnisstätte für die alten Verehrer des Osiris ist, deren Traum es war, in der Nähe des megalithischen Bauwerks begraben zu werden, das als tatsächliches Grabmal des Gottes gilt.

Dieser unglaubliche Ort hat seit jeher wahrhaft Suchende angelockt, denn er ist das Mekka aller Zeitalter – das Allerheiligste. Zum Glück für all die alten Seelen, die noch immer ungestört in den heiligen Feldern im wahren Land des Osiris ruhen, ist Abydos für den Massentourismus noch relativ »uninteressant«. Vielleicht wird es ja von den Göttern beschützt, abgelegen genug, dass nur entschlossene Pilger und eine begrenzte Anzahl von Suchenden die zusätzliche Zeit und die weite Anfahrt auf sich nehmen.

Und das ist gut so … sehr gut.

Aufgrund des Terroranschlags in Luxor im Jahr 1997 war es damals wie heute erforderlich, in einem Konvoi mit Polizei-Eskorte ins Landesinnere nach Abydos und dem in der Nähe befindlichen Hathor-Tempel von Dendera zu fahren. Mich dorthin zu begeben, stellte eine wahre Meisterleistung dar.

Ich musste erst nach Kairo fliegen, einen Anschlussflug nach Luxor nehmen, wo ich um Mitternacht ankam – dann eine Nacht in Luxor verbringen. Morgens um sechs ging der Wecker, damit ich die Abfahrt des Konvois um acht Uhr nicht versäumte – was mir gelang, wenn auch nur knapp.

Abb. 13. Das geheimnisvolle Osireion von Abydos

Als ich in dem Van, den ich für mich allein gemietet hatte, auf die Abfahrt des Konvois wartete, fragte ich mich, wie man unter Sicherheitsgesichtspunkten eigentlich auf die Idee kommen konnte, ganze Busladungen von Touristen, nur durch ein paar unzureichend ausgerüstete Polizeifahrzeuge geschützt, auf eine dreistündige Fahrt ins Herz der Sahara zu schicken – als leichte Beute für terroristische Killerkommandos!

Aber so ist eben Ägypten. Man lernt, es mit all seinen Eigenheiten zu lieben. Und wenn man unvergessliche Momente erleben möchte, muss man einfach ins kalte Wasser springen, ohne zu versuchen, alles, was man dort erlebt, begreifen zu wollen.

Ich schloss mich dem Konvoi an, um wenigstens einen kurzen und begrenzten Blick auf Abydos werfen zu können, wohl wissend, dass ich viel mehr Zeit und Freiheit brauchen würde, als es der kurze Besuch je zulassen würde. Doch ich fühlte mich trotzdem gezwungen, dorthin zu gehen. Es war, als würde eine alte Erinnerung mich nach Hause rufen. Ich weiß, dass ich für viele Menschen spreche, die heute einem Ruf zurück zu besonderen Orten auf dieser Welt folgen – Orten, von denen sie wissen, dass sie diese auf einer sehr tiefen Ebene früher schon einmal betreten haben.

Inmitten der Kakophonie von Vans und Bussen, Polizei und Maschinenpistolen ließ ich mich in stiller Kontemplation dessen, was ich in Abydos finden würde, durch die Wüste fahren und sah vor den Fenstern die wundervolle ägyptische Landschaft an mir vorbeiziehen. Wir fuhren an den schönen Gesichtern vieler Einheimischer vorbei, die von ihren Lehmhüttendörfern und Feldern aus unsere Blicke erwiderten. Ich sah vor den Pflug gespannte Ochsen und mit allerlei Erntegut beladene Esel.

Ich fühlte mich aufgewühlt, weil ich wusste, dass ich viel tiefer in meine ägyptische Erfahrung eindringen würde als zuvor, unterhalb des Radars der Konventionen.

Es war ein Ägypten, das von der Zeit unberührt blieb, das sich immer noch im Tempo der Pharaonen bewegte, während wir, die äußere Welt, an ihm vorbeirasten – und damit das nahtlose Gefüge aus Menschen, Orten und Geschichte störten.

Ich fragte mich, was mich wirklich zu dieser Reise veranlasst hatte und welche Geheimnisse in Omm Setys geliebtem Abydos darauf warteten, gelüftet zu werden.

Am Ende der langen Fahrt stiegen die Menschen aus ihren Bussen und eilten dicht gedrängt zu den öffentlichen Toiletten. Danach machten sie sich ebenso frenetisch und lärmend daran, den Weg zu den heiligen Hallen des majestätischen Tempels zu erklimmen, der sich gegen einen wolkenlosen Morgenhimmel abzeichnete. Was für ein Graus …

Von der Menschenmenge eingeschüchtert, zog ich es vor, in Kauf zu nehmen, dass mir weniger Zeit für den Besuch des Tempels blieb, wenn ich mich dafür nicht durch die Reisegesellschaften und ihre pausenlos redenden Fremdenführer kämpfen musste. Als sie den Weg zum äußeren Hof stürmten, verspürte ich nur wenig Lust, den Tempel überhaupt zu betreten, denn meine Seele sehnt sich immer nach Stille und Raum, wenn ich mich in heilige Landschaften begebe.

Ich fragte mich, was solche Besuche dieser Menschenmenge eigentlich gaben, die da so lautstark den Tempel erstürmte – als Vergewaltiger der reinen Ehrfurcht und Hingabe all derer, deren Liebe und Verehrung noch immer spürbar im Äther schwebte.

> ⁖ <

Unmittelbar vor den Toren des Tempelhofes führte mich mein Weg an der *Osiris Cafeteria* vorbei, einem Café mit entspannter Atmosphäre. Hier verbringen die wenigen Ausländer, die in Abydos leben, ihre Tage in der Glückseligkeit eines Lebens ohne Zeit, ohne den Lärm unserer hektischen Welt ... ohne Sorgen.

Ich beschloss, dort eine Tasse würzigen Pfefferminztee zu genießen, während die Touristenhorden weiter vorwärtsdrängten. Ich hoffte, dass sie den Tempel schnell genug wieder verlassen würden, um mir Gelegenheit zu geben, dort ein wenig Zeit für mich allein zu haben, bevor wir alle wieder in unsere Busse steigen und nach Luxor zurückfahren mussten.

Friedlich saß ich auf einer klapprigen alten Bambusbank und schaffte es, mich von der äußeren Szenerie zu lösen: den blitzenden Kameras, dem respektlosen Gelächter und Geplapper viel zu vieler Menschen, die versuchten, viel zu viel in zu wenig Zeit zu tun. Ich sah die Touristenschar im Dunst des ägyptischen Sommers verschwinden. Der Lärm ihrer Stimmen ließ nach und hörte schließlich auf, als alle im Portikus des Tempels verschwunden waren.

Ich ging in mich und feierte die Stille, die angenehm kühle Brise und die Trägheit des sonnenhellen Morgens.

Ich kann mich nicht erinnern, in meinem Leben jemals wieder so tief empfunden zu haben, dass meine Seele von der reinen Essenz des Friedens umspült wird.

Ich blickte auf die ruhige Schönheit des Tempels von Abydos und war überrascht, was dabei in mir vorging: Ich hatte jegliches

Interesse an dem Tempel selbst verloren – dem eigentlichen Grund meines Kommens! Eine Zeitlang kämpfte ich mit einer Art Schuldgefühl, weil ich diese weite Reise doch schließlich nicht unternommen hatte, um nun einfach in einem Café zu sitzen. Aber Abydos umarmte mich, und diese Gedanken verschwanden bald wieder. Das Dorf war genauso wichtig wie der Tempel, und die Zeit würde kommen – die richtige Zeit, um ihn zu betreten.

Vielleicht nicht dieses Mal, überlegte ich und beschloss, meinem Instinkt zu folgen und einfach die Schönheit der frühen Sonnenstrahlen über dem Dorf zu genießen.

Was für ein Zauber, wenn man zum ersten Mal einen Blick auf dieses surreale Panorama werfen darf: der Tempel vor dem blauen Himmel, dahinter die Wüste, eingerahmt vom Gebirge! Abydos ist so besonders, so abgelegen, dass man wirklich das Gefühl hat, in eine weit zurückliegende Zeit versetzt zu sein. Die Energie ist so rein und ungestört, dass man fast die Hymnen und Gebete der alten Ägypter an Isis und Osiris hören kann, als würden sie uns damit in ihre Kultstätte rufen.

Bei all der Größe und Unermesslichkeit der ägyptischen Architektur – den riesigen Statuen in Abu Simbel, der Perfektion der großen Pyramiden, der mächtigen Sphinx, dem Abbild der Pyramidenanlage im Oriongürtel – hat nichts jemals ein so tiefes Gefühl religiöser und spiritueller Ehrfurcht in mir hervorgerufen wie der Tempel von Sethos I. in Abydos.

Es geht hierbei um Erinnerungen, nehme ich an, um all das, was in dein Herz zurückfließt, wenn du den Jackpot deines Unterbewusstseins knackst und die Seele Flügel bekommt.

Da ich wusste, dass eine höhere Macht mir den Weg nach Abydos gezeigt hatte, tat ich, was ich in solchen Situationen immer tue: Ich öffnete mich, um zu empfangen, was dort auf mich wartete. Ich saß in der Stille des sanften Morgenlichts und wartete darauf, dass die Boten erschienen.

Das tun sie immer. Alles, was man tun muss, ist zuhören, das Herz öffnen und absolut empfänglich werden für das, was uns umgibt. Der Weg zur höchsten Manifestation besteht darin, ein perfekter Magnet zu werden und nur die Energien zu sich einzuladen, deren Absichten auf das höchste Wohl ausgerichtet sind.

Eingeschmiegt in die Wärme des magischen Dorfes, beobachtete ich seine Bewohner und ihre alten Rhythmen. Dabei dachte ich über Omm Sety nach, deren unglaubliche Lebensgeschichte mich offenbar hierher geführt hatte.

Seit ich Cotts Buch gelesen hatte, war mir klar, dass ich eines Tages nach Abydos kommen würde, um Omm Setys Spuren zu folgen, denn ich wusste, dass ihre Essenz für immer in den Herzen der Menschen, die sie gekannt hatten, lebendig sein würde. Und ebenso haftete sie gewiss auch an den Spuren jener Geister, die immer noch im Göttertempel des Pharaos Sethos wohnten.

Wegen dieser Suche war ich hierher gekommen – ich wollte wenigstens für einen Moment den Zauber von Omm Setys Übergang vom Geist zur Gestalt und zurück in die andere Welt erleben und die Welle von Weisheit und Geheimnissen spüren, die sie dabei in Abylos hinterlassen hatte.

Ich wusste, dass der Tempel mit all seiner Schönheit und Geschichte nur ein Teil des Geheimnisses war, das mich an diesen heiligen Ort gelockt hatte.

Omm Sety selbst hatte die Zauberflöte gespielt, und ich war ihr gefolgt, eine willige Gefangene, taub für alles andere außer dem Gesang der Zauberin.

Einer der einheimischen Jungen, der als Kellner in dem Café arbeitete, servierte mir schließlich den duftenden Minztee, und ich fragte ihn, ob es hier jemand gab, von dem ich mehr über Omm Sety erfahren konnte.

Der Junge verstand etwas Englisch und sagte mir, der Besitzer des Cafés hätte sie gekannt und würde mir sicher gerne von ihr erzählen – so lernte ich Amir kennen.

Als er sich mir näherte, dieser sanfte, elegante Mann, wusste ich sofort, dass er der wahre Hüter des Tempelgeländes war, der geistige Beschützer dieser alten Welt. Alles an ihm war priesterlich, edel und doch völlig unprätentiös – eine alte Seele, die immer noch an einem viel geliebten Ort in den Reichen der physischen Realität und der irdischen Zeit schwingt.

In seinem traditionellen Gewand, der fließenden Galabija, strahlte er das Licht einer Seele aus, die in ihrer Welt in Frieden lebt … und diese Welt war Abydos. Er war eine imposante Erscheinung und gleichzeitig auf reizvolle Weise unschuldig – das Bild Oberägyptens und eines Dorfes, das noch das Wesen der alten Traditionen bewahrt hat.

Ihn zu treffen war wirklich bemerkenswert. Ich empfand eine sehr starke, alte Seelenverbindung, und ich bin zuversichtlich zu sagen, dass wir beide es intuitiv wussten, von der ersten Minute an, als wir uns sahen.

Wir brauchten keine Worte, um es zu definieren. Es war einfach da. Die Erinnerung war begraben, aber ihre Essenz schien in der Luft um uns herum zu schweben.

Ohne dass wir jemals die Worte auszusprechen brauchten, wussten wir, dass wir einst in Abydos gemeinsam in der Priesterschaft gelebt hatten. Und hier waren wir – wieder vereint!

In diesen kostbaren ersten Momenten mit Amir sprachen wir fast ausschließlich über Omm Sety und ihr Leben in seinem Dorf. Er erzählte mir ausführlich, woran er sich erinnern konnte. Er war damals noch ein kleiner Junge gewesen. Er zeigte mir das letzte Haus, in dem sie vor ihrem Tod gewohnt hatte.

Es war in der Tat eine bescheidene Lehmhütte, die sie, wie Amir sich erinnerte, ständig mit einer unendlichen Zahl und Auswahl an dankbaren Geschöpfen bewohnt hatte.

Er zeigte mir einige Fotos und das zerfledderte Exemplar eines klassischen Werks, das Omm Sety gemeinsam mit Dr. Hanny El Zeini geschrieben hatte. Es war 1981, im Jahr ihres Todes, in Los Angeles erschienen: *Abydos – Holy City of Ancient Egypt* (»Aby-

Abb. 14. Amir und Patricia vor dem Café in Abydos

dos, heilige Stadt des alten Ägypten«). Er griff tief hinein in seine Schatzkiste der Erinnerungen und versuchte, Omm Sety für mich wieder lebendig werden zu lassen, wenn auch nur für einen Moment, in diesen flüchtigen Minuten vor meiner Abreise.

Amir sagte mir, dass es in Abydos »viele Geheimnisse« gäbe, die darauf warteten, von mir entdeckt zu werden.

Ich wusste, dass dies eine offene Einladung war, die ich auf jeden Fall annehmen würde – in naher Zukunft, auf dem Pfad zu den unglaublichen Offenbarungen, die mein Leben und das Streben nach Erwachen so sehr bestimmt haben.

Aber kaum hatte Amir sich zu mir gesetzt, da war es auch schon Zeit aufzubrechen. Der Konvoi wartete, die Busse stießen giftige Abgase in die sanfte Brise von Abydos aus. So schwer es mir fiel, mich von Amir zu trennen, und ohne einen einzigen Blick in den gewiss heiligsten Tempel Ägyptens geworfen zu haben, machte ich mich genauso schnell wieder auf den Rückweg, wie ich hierhergekommen war – im tiefsten Innern meiner Seele wissend, dass ich künftig noch viele Tage in der liebevollen Umarmung des heiligen Abydos verbringen würde.

Während ich nun einige Jahre später diese Geschichte erzähle, bin ich stolz darauf und fühle mich geehrt, sagen zu dürfen, dass Amir, der wahre Hüter des Tempels von Abydos, mir ein lieber Freund und Bruder geworden ist. Es ist unser bemerkenswertes Schicksal, den Weg zu den Mysterienschulen des Osiris erneut gemeinsam zu gehen, wie wir es zweifellos schon einmal taten: von den Hallen des Sethos-Tempels hinunter zum Osireion … und durch die unbekannten Zonen dazwischen.

Jeder von uns bringt dem anderen ein Stück einer ewigen Geschichte zurück, und so beginnen in unseren Köpfen die ersten Bilder eines fernen Puzzles Gestalt anzunehmen, dass wir nach und nach wieder zusammenfügen.

5

Abd'El Hakim Awyan

Der letzte Hüter der Weisheit von Khemit

Kurz nach meiner Rückkehr von diesem Besuch in Ägypten wurde ich von den spannenden Ereignissen mitgerissen, die meine Arbeit als Stimme des Hohen Rates vom Sirius mit sich brachte. Wir schrieben das Jahr 2001, und ich erwähnte bereits, dass meine Verbindung zu den sirianischen Lichtwesen, die eigentlich in meiner Kindheit begann, 1996 reaktiviert wurde, nachdem eine wirklich unglaubliche Erfahrung im Julia-Menge-Kornkreis in der Grafschaft Wiltshire entweder einen Teil meiner beeinträchtigten DNA neu gebündelt oder einige Neuronen in meinem Gehirn neu gebahnt hatte. Bis heute bin ich mir nicht ganz sicher, was dort genau geschah, aber ich weiß, dass ich damals begann, die Botschaften des Hohen Rates vom Sirius zu empfangen, und dass sie sich als prophetisch zutreffend erwiesen haben, was die Entfaltung der Ereignisse in dieser Zeit der Evolution Gaias betrifft.

Darüber hinaus helfen die Botschaften der Sirianer den Menschen offenbar, sich ihrer Angst vor dem Unbekannten zu stellen und sich für die Idee zu öffnen, dass wir uns zu einem neuen Bewusstsein weiterentwickeln. Bisher lag ein Schleier zwischen unserem illusorischen, dreidimensionalen Bewusstsein und den höheren »Ebenen«. Er weicht nun, in diesem neuen Bewusstsein, zunehmend dem durchdringenden Licht eines neuen Zeitalters des Erwachens – oder, wie die Sirianer sagen, »der Zeit der Erinnerung«.

Während meiner kontinuierlichen Verbindung zu dieser strahlenden Quelle von bedingungsloser Liebe und Mitgefühl wurde mir gezeigt, auf welche Weise das sirianische Sternensystem untrennbar mit dem evolutionären Prozess des Lebens auf unserem Planeten verbunden ist. Von den frühesten atlantischen Zivilisationen über die ägyptische Geschichte bis in die Gegenwart gab und gibt es den Einfluss der Sirianer – und heute, im Zeitalter des Erwachens, erinnern sich immer mehr Menschen an ihre sirianischen Wurzeln. Das wurde in meinen früheren Büchern dargelegt, die Werke der Liebe sind, Botschaften von Lichtwesen aus den höheren Dimensionen an die Sternensaat der Erde.

Es werden noch mehr solche Bücher entstehen, denn die Sprecher sind bestrebt, der Menschheit zu helfen, den Übergang aus dieser hohen Dichte in eine lichtere, weniger dichte Dimension so sanft und bewusst wie möglich zu gestalten.

Doch nun hatte ich neue Türen zu den Geheimnissen geöffnet, die sich mir in Ägypten zu offenbaren begannen. Das erforderte es, die Verbindung zwischen Ägypten und Sirius zu ergründen, die zur Komplexität der Magie und Mystik der Ägypter beigetragen hatte, wie sie sich uns im Pantheon der ägyptischen Götter offenbart.

Außerdem sehnte ich mich danach, die Geheimnisse der Pharaonen zu erfahren, und wusste, dass die meisterlichen Lehrer vom Sirius mir weitere Hinweise geben konnten, die mich durch meinen eigenen Geist zu den Erinnerungen an die alten Tage führen würden. Ich war fasziniert von der ägyptischen Prägung meines eigenen Bewusstseins auf der persönlichen Ebene und von der menschlichen Erfahrung insgesamt.

Allerdings konnte ich nicht weiter in meine ägyptischen Einweihungen eindringen, ohne die himmlische Dynamik des Sirius-Systems zu verstehen und seinen ständigen Austausch mit unserer Sonne Ra. In meiner jüngsten Trilogie mit *Lichtbotschaften vom Sirius* hat der Hohe Rat bereits Zusammenhänge beschrieben, die im Folgenden noch einmal näher ausgeführt werden, damit sie auf kompakte Weise all jenen eine Orientierung bieten, die noch keine genaue Vorstellung davon haben, wie die Welt der Sirianer aussieht. Dies ist eine Botschaft des Sirius-Systems, das unsere Sonne Ra an mich durchgab:

• • • • • • • • • •

»Wir sind eine komplexe Sternenfamilie, eine multidimensionale Trinität paralleler Universen, in denen unsere drei Sterne gegenwärtig miteinander in Resonanz stehen. Als solche ›prägt‹ diese sirianische Schwesternschaft den Kosmos durch die Schwingungssignatur eines nichtlinearen fraktalen Designs, was uns in einer atemberaubenden Vielfalt von stellaren und planetarischen Harmonien und kosmometrischen Proportionen zu ewigen Mitschöpferinnen des multidimensionalen Universums macht.

Ihr könnt verstehen, warum wir so gut auf das Konzept der Triangulation eingestimmt sind, auf die dynamischen Wechselbeziehungen von Aspekten, die das numerische Gepräge der Drei bilden … und warum das so grundlegend wichtig für das Wissen ist, das wir mit euch zu teilen versuchen, wenn wir durch unser Werkzeug kommunizieren, den Kanal, der euch unsere Botschaft *übermittelt*.

Das kombinierte Bewusstsein unserer drei stellaren Gottheiten definiert das Eine, und somit definiert das All den evolutionären Fortschritt eines jeden – die Schwesternschaft der Drei.

Wenn wir die Metapher der kombinierten Noten einer Sinfonie verwenden dürfen, lassen sich die drei Schwestersterne am besten als ein musikalischer Akkord aus drei harmonischen Noten auf der diatonischen Skala beschreiben, die jedoch jeweils in einer anderen Oktave erklingen.

Stellt euch bitte vor, dass dabei jedes eine Reflexion des anderen ist und dass der stellare Rahmen eine multidimensionale Merkaba aus Licht, Klang und Seele bildet. Diese Musik klingt ewig durch die Dimensionen und vereint alle Bewusstseinseinheiten dieser himmlischen Sphäre – ein Bassakkord in der Musik der Unendlichkeit.

Gemeinsam als Eins (denn wir sind Eins, trotz unserer Unterschiede) bilden alle bewussten Wesen dieses Reiches den Chor, der unsere darüberliegende Melodie erschafft, während das Orchester das Lied der Schöpfung spielt, großartig dirigiert vom obersten Schöpfer selbst … dem Großen Maestro …

Nun wollen wir euch die stellare Sirius-Komposition und den Planeten jeder stellaren Gottheit mit den jeweiligen Besonderheiten näher erläutern:

• • • • • • • • • •

Sothis (Sirius A) leuchtet in eurer dreidimensionalen holografischen Galaxis als das hellste Licht in eurer nördlichen Hemisphäre – weitaus heller als eure eigene Sonne Ra. In linearer Hinsicht ist Sothis von euch aus gesehen der fünftnächste Stern.

Gegenwärtig erhält er die Schwingung in der dritten Dimension aufrecht und schmückt euer Himmelszelt mit dem strahlenden Licht, das die Zivilisationen des *Homo sapiens* seit euren Anfängen inspiriert hat – und ebenso auch andere Zivilisationen auf den Schwesterplaneten eures Sonnensystems, die zusammen die physischen, geistigen und mentalen Körper von Ra, eurer Sonne, bilden.

Einst war Sothis der Gravitationsanker einer Reihe von Planeten, die eurer Erde ähnelten. Flüssiges Wasser gab es auf ihnen für alle Lebensformen in Hülle und Fülle, und das Klima war warm und feucht – ähnlich wie in den Äquatorialzonen eurer Erde.

Diese inneren Planeten von Sothis hatten eine extrem dichte Atmosphäre, die sie vor den sengenden ultravioletten Strahlen und den Gasen des Sterns schützte. Das ermöglichte es unzähligen Arten von Wasserlebewesen sowie einer unglaublich komplexen Fauna, auf der Oberfläche dieser Welten zu gedeihen: von winzigen einzelligen Amöben bis hin zu hoch komplexen, großartigen Wirbeltieren – von denen viele auch auf der Erde leben.

Unzählige Spezies, die dem biologischen Leben auf der Erde außerordentlich gleichen (diejenigen, mit denen ihr vertraut seid, und unendlich viele andere, die noch nicht identifiziert sind), existieren auf anderen Planeten, insbesondere auf der Familie der Himmelskörper, die euer eigenes Sonnensystem bilden.

Die Organisation der subatomaren Teilchen folgt immer dem intelligenten Plan der Schöpfung. Diese kosmometrischen Muster erscheinen in allen Zeiten, Räumen und Dimensionen.

Viele Geschöpfe, die in euren Ozeanen leben – von den dunklen Abgründen der tiefsten Meere bis zu den sonnenbeschienenen seichten Gewässern – pflanzen sich auch in den riesigen Ozeanen des Seelenkosmos fort.

Obwohl ihr schon zahllose Ozeanbewohner eurer Welt beobachtet und erforscht habt, müssen eure Meeresbiologen die Komplexität der Formen und der gegenseitigen Abhängigkeiten innerhalb der Meere erst noch in ihrer Gesamtheit verstehen. Bisher haben sie das Zusammenspiel zwischen den Schichten von Licht und Dunkelheit, Höhen und Tiefen, Absorption und Brechung sowie das Weben des Bewusstseins vom Meeresboden zur Oberfläche und wieder zurück nicht wirklich verstanden.

Bestimmte im Meer lebende Spezies bewohnen Zonen, die für euch so unzugänglich und abgelegen sind, dass ihr euch ihre Existenz noch nicht einmal vorstellen könnt – und doch gibt es sie, auf der Erde wie auch anderswo im Kosmos.

Bis hin zu den tiefsten Ozeanen gibt es also Leben, von dem man euch beigebracht hat, es könnte gar nicht existieren, weil es nicht in die Grenzen dessen passt, was eure Wissenschaft (bis jetzt) als ›wahrscheinliche Umgebungen‹ erachtet, in denen sie biologisches Leben für möglich hält.

Trotz der verschiedenen Glaubenssysteme, Spekulationen und Hypothesen eurer eher konservativen wissenschaftlichen Stimmen versichern wir euch, dass es Leben, wie es auf der Erde vorkommt, in vielfältigen und ähnlichen Formen auch an mehreren anderen Orten in eurem Sonnensystem gibt … und jenseits davon.

Das Leben ist im Universum der Materie die treibende Kraft. Es ist das Wesen des Universums, seine Natur! Alles ist Gedanke, alles ist Bewegung, alles ist Manifestation. Die Erde, die ihr in vielerlei Hinsicht immer noch als das Zentrum eures Universums wahrnehmt, ist nur ein Tropfen im größten Ozean – eine Sekunde in der Unendlichkeit zeitloser Schönheit.

Was Sirius A, unseren dreidimensionalen Stern, betrifft, so bestätigen wir euch, dass es an diesem Punkt des Raum-Zeit-Kontinuums kein intelligentes (wie ihr es versteht) biologisches Leben in seinem größeren Sternenkörper gibt.

Was dort heute existiert, lässt sich eher als ›subatomare Datenbank‹ früherer biologischer Lebensformen beschreiben, die auf die richtigen Koordinaten entlang dieser Zeitachse warten, um reaktiviert zu werden.

• • • • • • • • • •

Satais (Sirius B) war einst der Riese im Stern-Dreieck der sirianischen Familie der Sonnengottheiten. Während seiner gesamten Zeit im 3D-Bereich war er der Leviathan der solaren Sirius-Trinität, da er der Lebensträger für zwölf planetare Satelliten war, die alle in die höheren Dimensionen aufgestiegen sind.

Er hält derzeit die Frequenz der sechsten Dimension, und die Lichtkörper der Planeten, die Satais umkreisten, halten weiter die Himmelskoordinaten – die Harmonien –, in denen sich die dynamische Struktur dieses Sternensystems widerspiegelt.

Nicht alle aufgestiegenen Sirianer halten sich hier bei uns in der sechsten Dimension auf, aber wir, die Sirianer des Hohen Rates, kommen aus dieser Lichtfrequenz zu euch. Manche sind in höhere Reiche aufgestiegen. Manche sind in niedrigere Dichten zurückgegangen, um mit anderen Lebensformen zu arbeiten, ihr Bewusstsein zu fokussieren und ihnen dabei zu helfen, sich besser einzustimmen – ganz ähnlich, wie wir mit euch über unser spezielles Instrument, Trydjya, Verbindung aufnehmen.

Was ihr in euren dreidimensionalen Teleskopfeldern um Sothis kreisen seht, ist die Skelettform dieses stellaren Wesens, die als Markierung dessen zurückgelassen wurde, was einmal ein Teil eurer

Dichte war. Es ist vor langer Zeit in den Lichtkörper aufgestiegen, ebenso wie die Planeten und Lebewesen, die dort wohnten.

Von den vielen Wesen, die sich mit Satais weiterentwickelt haben, sind es jene von uns in dieser Dimension (der sechsten), die sich direkt mit den irdischen Angelegenheiten befassen, aus Gründen, die euch in früheren Werken ausführlich erklärt wurden … Aber wir möchten noch einmal betonen, dass es andere Lichtwesen aus der Prägung von Satais gibt, die in dieser Phase von Ras bevorstehendem Aufstieg ihre Liebe und Weisheit in die vielen anderen Welten bringen, die Hilfe benötigen.

Sie sind herzzentrierte, liebevolle Teilnehmer am Spiralstrom, zu dem wir alle mit einer enormen Energie und Erfahrung beitragen, denn es ist die Aufgabe aller Lichtwesen, anderen, die sich weiter unten in der Spirale befinden, auf ihrer Reise zurück zur Quelle zu helfen.

Welche Freude euch auf dieser Reise erwartet, könnt ihr euch vielleicht momentan noch nicht vorstellen … Das wird euch erst zugänglich, wenn ihr die nächste Ebene des Bewusstseins erreicht, wenn ihr wirklich in bedingungsloser Liebe für alle Menschen, Orte, Wesen und Lebensformen lebt – und selbst die Dunkelsten liebt, von denen ihr wisst, dass auch sie schließlich zur Quelle zurückkehren werden, genau wie ihr.

• • • • • • • • • •

Anu (Sirius C) ist die dritte unserer komplexen stellaren Schnittstellen. In der dreidimensionalen Phase seiner Entwicklung war er die Quelle des Lebens für fünf primäre planetarische Körper und eine beträchtliche Menge in biologischer Hinsicht lebloser Formationen, die am ehesten dem ähneln, was ihr in eurem eigenen Sonnensystem als ›Asteroiden‹ identifiziert habt.

Anu ging in die vierte Dimension über, schwingt noch immer mit dem Bewusstsein dieser Dichte und wird durch den evolutionären Fortschritt jenes Solaren Logos und die himmlischen Gottheiten ihres physischen Wesens definiert.

Wie ihr unseren Texten, den Offenbarungen des Hohen Rates vom Sirius, entnommen habt, war Nibiru ein Planet von Anu, der im 3D-Bereich verblieb. Von den intelligenten Lebensformen der anderen vier Planeten gab es Spezies, die in die Schwingung der irdischen Biosphäre hinabstiegen, zu verschiedenen Zeitpunkten in der Evolution eures Planeten, um der Menschheit zu helfen und zu dienen.

Zu ihnen gehörten die Vorgänger der Delfinwesen – unsterblich gemacht durch die Lehren der alten Dogon-Völker jener Landmasse, die ihr als Afrika kennt.«

• • • • • • • • • •

Die Frage der außerirdischen Einmischung in irdische Angelegenheiten wird von Skeptikern und Gläubigen diskutiert werden bis zu dem Tag, an dem wir einen globalen Kontakt haben – und dieser Tag ist nicht mehr fern. Aber selbst, wenn Außerirdische von anderen Welten kühn vor uns stehen und sich uns endlich offenbaren, werden die eingefleischten Materialisten höchstwahrscheinlich immer noch leugnen, was sie sehen. Solche Ereignisse würden außerhalb ihres Erfahrungshorizonts liegen, so wie die indigenen Amerikaner anfangs gar nicht begreifen konnten, welche Folgen die Ankunft europäischer Schiffe für sie haben würde.

Kommunikation der außerdimensionalen Art scheint auf noch größeren Widerstand zu stoßen als die Vorstellung von intelligentem Leben der dreidimensionalen Art, und das ist verständlich. Da gibt es die selbsternannten Channelmedien, mich eingeschlossen, die Botschaften aus dem Jenseits verkünden. Und die Leserinnen und Leser ihrer Bücher müssen durch einen Morast von einander widersprechenden Ideen und Konzepten waten, von denen einige völlig absurd und andere vielleicht eher nachvollziehbar sind. Nie war ein gutes Urteilsvermögen wichtiger als heute.

Ich glaube, es ist erforderlich, dass die Menschen die Informationen als das betrachten, was sie sind, und sich nicht darauf fixieren, woher sie kommen. Andernfalls liegt es nun einmal in der Natur des rationalen Verstandes, sich eher auf den Zweifel als auf die Möglichkeiten zu konzentrieren, was jegliche Weisheit zunichte macht, die aus der Botschaft selbst gewonnen werden kann, ungeachtet von deren Ursprung.

Abb. 15. Hakim und Patricia in Gizeh

Einstweilen wird die Vorstellung, dass Wesen aus anderen Reichen und Dimensionen unmittelbar mit den alten Zivilisationen unserer Erde zu tun gehabt haben könnten, von den meisten konventionellen Historikern und Archäologen immer noch als Fantasterei abgetan. Und nirgendwo, so scheint es, trifft dies mehr zu als in Ägypten, wo die Klassizisten immer noch an den banalen Erklärungen festhalten, die wir schon so lange hören: die vermeintlichen Zeitlinien der größten Zivilisationen der Vorgeschichte, der Verwendungszweck der Monumente, die noch erhalten sind, und die Interpretation der Glyphen und großartigen Skulpturen, die sie hinterlassen haben.

Glücklicherweise gibt es so bekannte Pioniere wie Murray Hope (1929-2012) und den 1945 geborenen Robert Temple, die auf den sirianischen Puls eingestimmt sind. Sie haben brillante wissenschaftliche Bücher verfasst, in denen ihre Studien über die Dogon-Stämme Afrikas und andere Hüter alten Wissens uns erstaunliche Beweise für das Eingreifen der Sirianer auf der Erde liefern. Ihre Bücher sind Schatztruhen möglicher Realitäten und zeigen absolut schlüssig auf, dass die gesamte ägyptische Mythologie und Magie sirianisch geprägt ist … und das lange vor der schriftlich überlieferten Geschichte, der Zeit der zweiundvierzig Stämme Afrikas, die zusammen das Land Khemit bildeten.

Aber zum Glück gab es ja Hakim.

Abd'El Hakim Awyan, der letzte der khemitischen Weisheitsbewahrer, wohnte im Dorf Nazlet el-Semman in Gizeh, direkt bei der Großen Sphinx und den Pyramiden. Viele Sonnentage habe ich mit ihm verbracht, auf seinem Balkon sitzend, wo die Große Pyramide den Hintergrund für Erinnerungsfotos an unsere gemeinsame gesegnete Zeit bildete.

Durch meine Begegnung mit Hakim öffnete sich wahrlich eine Tür in die Nicht-Zeit, in der die Wahrheit in ihrer ganzen Einfachheit und Unschuld vor dem Suchenden liegt.

Ich und andere, denen die Ehre und das große Geschenk zuteil wurde, von ihm zu lernen, erinnern sich an ihn als einen wahren Meister. Er war eine wandelnde Schatzkammer tiefen Wissens über die ägyptische und vorägyptische Geschichte – die Weisheit von Menschen und Zivilisationen, die Zehntausende von Jahren vor der Ära der Pharaonen existierten.

Ich hatte das Glück, viel Zeit mit Hakim zu verbringen, und war zutiefst beeindruckt von seinem scharfen Verstand. Großzügig teilte er seine genaue Kenntnis der mündlichen Überlieferungen jener Kulturen mit mir, die der aufgezeichneten ägyptischen Geschichte vorausgingen, und ich sog dieses Wissen förmlich auf.

Ich glaube, dass er die Schlüssel zur Enträtselung der Geheimnisse der unergründlichen Vergangenheit Ägyptens in Händen hielt. Außerdem war er Vorbild für das Potenzial, das in uns allen steckt – ein wahrer Renaissance-Mensch. Ihn gekannt zu haben empfinde ich als unermessliches Geschenk.

Hakim war kein bloßer Erzähler alter Überlieferungen und Mythen, obwohl er von den Ältesten seines Stammes in deren mündlicher Tradition ausgebildet wurde.

Er war schon vor langer Zeit dazu auserwählt worden, in diesem Zeitalter des Erwachens seinen rechtmäßigen Platz als Hüter der khemitischen Weisheit einzunehmen.

Soweit ich weiß, war er auch Absolvent der Universität Kairo mit einem Doppeldiplom in Ägyptologie und Archäologie und studierte im Ausland. Sein solides Wissen und seine Weisheit waren gleichermaßen von Logik und Intuition geprägt – ein wundervolles Beispiel für den in Harmonie gebrachten männlich/weiblichen Geist.

Im Mittelpunkt seiner Lehren steht die Erkenntnis, dass in Afrika lange vor der offiziell aufgezeichneten Geschichte eine hochentwickelte Zivilisation namens *Khemet* existierte. Ihr Goldenes Zeitalter im Land der Sahara liegt, anders als die offizielle Geschichtsschreibung uns glauben machen will, Jahrzehntausende zurück.

Das brachte es naturgemäß mit sich, dass Hakim nicht sonderlich angetan war von der Atlantis-Hypothese, wonach Menschen einer prähistorischen Hochkultur – Groß-Atlantis – nach jener Katastrophe, die in zahlreichen Überlieferungen als die Große Flut von 10.800 vor Christus beschrieben wird, nach Afrika zogen, um die Hochkultur des frühen Ägypten zu gründen.

Manche glauben, dass gerade diese Einwanderer – Priester und Priesterinnen der geheimnisvollen atlantischen Zivilisation – jene ikonischen Persönlichkeiten waren, die zu den unsterblichen Göttern der ersten pharaonischen Reiche wurden. Demnach waren die verehrten Götter Osiris und Isis in Wahrheit Menschen – bedeutende Herrscher aus dem Reich Atlantis.

Zu dem heiklen Thema Atlantis, das manche hitzige Diskussion zwischen uns auslöste, räumte Hakim ein, es könnte zeitgleich mit der geografisch großräumigen Zivilisation der *Khemiter* existiert haben. Und er hielt es durchaus für möglich, dass seine Vorfahren ihr Wissen und ihre Weisheit mit atlantischen Entdeckern und sogar Händlern austauschten, die damals die Küsten des Schwarzen Landes von Ägypten besuchten.

Aber er verteidigte die Ehre seiner Vorfahren, indem er unmissverständlich zurückwies, dass die Menschen im vordynastischen Ägypten bloße Hirten und Barbaren gewesen seien.

Nach Hakim steht außer Frage, dass der Schöpfergott Ptah aus dem Sternensystem des Sirius kam. Trotz der Komplexität der ägyptischen Mythologie und der Evolution der ägyptischen Götter während der vielen verschiedenen Systeme und Epochen existierte der verbindende Glaube, Ptah sei der Vater der gesamten Schöpfung. Er hätte »durch sein Wort« die Welt ins Sein gerufen.

Dieselbe Beschreibung der Schöpfung findet sich später auch in den jüdisch-christlichen Texten. Im Johannesevangelium heißt es »im Anfang war das Wort«.

Das Wort ist »beabsichtigter« Klang; dieser Klang ist fokussierte Schwingung; Schwingung ist Energie, die zur Manifestation gebracht wird.

In der ägyptischen Kunst wird Ptah als mumifizierter Mann mit einer blauen Kopfhaube dargestellt. Er hält das *Anch* (Symbol des ewigen Lebens), den *Djed* (Symbol der Stabilität) und den *Was*-Stab (Symbol der Macht) in den Händen.

Es war, so sagte Hakim, der Schöpfergott Ptah, der »aus dem Blauen, durch das Wasser, von den Sternen her auftauchte«. Das sei gemäß der khemitischen Tradition der Grund, warum Ptah immer mit blauer Hautfarbe dargestellt wird, obwohl manche behaupten, sie sei grün statt blau, wie ich es später im Tempel von Abydos deutlich sehen sollte – und auch der Grund, warum er immer mit einer leuchtend blauen Haube dargestellt werde, dem Symbol des blauweißen Sterns Sirius.

Stephen Mehler, der Mensch, der Hakim, abgesehen von seiner Familie, vielleicht am nächsten stand, Autor des umfassendsten Buches über Hakims Lehren, *The Land of Osiris* (»Osiris' Land«), war genauso verblüfft wie ich, als er diese Information zum ersten Mal hörte. Er berichtet, wie er mit Hakim das Museum besuchte und ihm eigenen Worten nach »die Kinnlade herunterfiel«, als ihm klar wurde, dass Ptah, nach Auffassung der Khemiter, offenbar aus dem Sternensystem des Sirius stammte.

Später fand Stephen heraus, dass die alten Khemiter tatsächlich vom Sirius besessen gewesen waren und dass ihre Bezeichnung für den Sirius *Sa-Ptah* lautete, was übersetzt »Geburtsort des Ptah« bedeutet. Zweifellos stammt er von dort.

Als Hakim dieses wichtige Teil des sirio-ägyptischen Puzzles an mich weitergab, war ich ebenso verblüfft, wie Stephen es gewesen war: nicht so sehr über die Information an sich, sondern über den Umstand, dass mir Hakim etwas bestätigte, was ich bereits von den sirianischen Sprechern erfahren und in meine früheren Bücher aufgenommen und integriert hatte.

Dabei war es so offensichtlich. Es gab eindeutige Hinweise: die Darstellung der Gottheit mit der leuchtend blauen Kappe, die blaue Farbe seiner Haut und die Erinnerungen der Khemit-Ältesten, erzählt durch ihren Weisheitsbewahrer Hakim. Kein anderer ägyptischer Gott trägt diese Züge. Der Schöpfergott Ptah war derjenige, der durch die Schwingungsfrequenzen des Wassers in diese Dimension »hineinsprang« und die bläulichen Farbtöne des hellsten Sterns am Himmel reflektierte.

Er war der große sirianische Gesandte des Altertums.

Es gibt hier sehr bedeutsame Hinweise, Hinweise auf die Ursprünge der Menschheit, welche die Mythen und mündlichen Überlieferungen vieler Kulturen miteinander verbinden und die Stimme der sirianischen Sprecher bestätigen, die immer wieder dieselbe Botschaft in meinem Kopf widerhallen lässt.

Stephen Mehler und Hakim haben sich sehr eindringlich mit der bildlichen Darstellung des Ptah beschäftigt. Hakim bat Stephen, dessen ethnische Merkmale zu identifizieren. Er kommt zu dem Schluss, dass Ptah mit seinen asiatischen Augen, der kaukasischen Nase und den negroiden Lippen als »der Vater oder Stammvater vom Sirius« eine Kombination vieler verschiedener Ethnien zu sein scheint. Stephen zufolge verweist Hakim »eindeutig auf die khemitische indigene Tradition der ›Sternensaat‹-Hypothese mit Sirius als Ursprung der Menschheit«.

Dies passt perfekt zu den Lehren, die in *Atlantis steigt auf* und meiner jüngsten Trilogie *Lichtbotschaften vom Sirius* geschildert werden. Dort beschreiben die Sprecher das Große Experiment der

Sirianer: Wesen aus jenem Sternensystem säten auf der Erde vier primäre ethnische Archetypen aus, damit die Spezies des *Homo sapiens* sich entwickeln und gedeihen konnte. Dem mir übermittelten Material zufolge wurde die Erde als »Garten Eden« auserwählt. Auf ihr sollte eine Goldene Rasse von Lichtwesen geboren werden, die als Hüter des materiellen Universums vorgesehen waren.

Es waren die sirianischen Ältesten, die uns durch artübergreifende, multidimensionale Gentechnik erschufen, nicht unähnlich den Experimenten, die unsere irdischen Wissenschaftler seit geraumer Zeit heimlich an uns durchführen, wenn auch ohne den wohlmeinenden Hintergrund, die Liebe und das Mitgefühl unserer Ahnen.

Die Erschaffung verschiedener Ethnien des *Homo sapiens*, wie sie laut Hakim in den Gesichtsmerkmalen auf den Darstellungen des Ptah zum Ausdruck kommt, wurde für die Langlebigkeit unserer Spezies als notwendig erachtet, wie in den Lehren des Hohen Rates beschrieben. Ich zitiere aus *Keine Lügen, keine Geheimnisse mehr*, dem abschließenden Buch meiner ersten Trilogie, zu der auch *Kosmos der Seele* und *Atlantis steigt auf* gehören:

• • • • • • • • • •

»Der Lebensraum des Planeten – seine besondere Pflanzen- und Tierwelt – wurde genaustens erforscht, und man untersuchte ebenfalls, inwieweit seine biologische Vielfalt eventuelle geophysikalische und klimatische Schwankungen erkennen ließ. Man befand den Artenreichtum als geradezu ideale Voraussetzung für die Entstehung außerirdischer Spezies, da sich ihr ursprüngliches Umfeld recht problemlos auf das Ökosystem der Erde übertragen ließ. Und, ach, das Wasser, dieses großartige Geschenk! Kein anderer Planet bot das lebensspendende Element – die wichtigste Lebensquelle überhaupt im Universum – in diesem Übermaß.

Um eine Schwächung des Gen-Pools dieser Spezies zu vermeiden, darin waren sich die Wissenschaftler des Großen Experiments einig, musste die DNA-Struktur um ihrer Balance willen eine breite Varietät aufweisen, die die genetischen Codes durch Kreuzung stärkte statt sie zu erschöpfen, wie es bei so vielen anderen isolierten Spezies der Fall ist. Die Erde bot genau die ökologische Grundlage und Vielfalt, die für die Einführung und Entwicklung der unterschiedlichen Gencodes nötig war.

Dies ist die wahre Identität der vier Hauptrassen der Erde … Sie sind von ›galaktischer‹ Grundnatur und Gesinnung und zugleich absolut einzigartig.

Bis heute können eure archäologisch ausgerichteten Evolutionstheorien weder das ›fehlende Bindglied‹ finden noch klären, wie euer Planet voneinander unabhängig vier verschiedene Rassen hervorbringen konnte. Dies waren die Archetypen der Hauptrassen, und ihr genetisches Material stellt die ›Ur-Substanz‹ eurer heutigen Art dar, wobei ebenfalls die Muster der Schwingungsfrequenzen extradimensionaler Wesenheiten (die der höheren Welten) in die komplexen Lichtkodierungen eurer unglaublichen zwölfsträngigen DNA verwoben wurden.

Das genetische Material dieser vier Ur-Rassen wurde zum Bauplan der Spezies *Homo sapiens* zusammengefasst. Beim Erstellen der DNA-Matrix verteilten die Gen-Spezialisten die Stränge so, dass die Hauptgene, die einer bestimmten planetarischen oder stellaren Frequenz entstammten, einer Klimazone Gaias zugeordnet wurde, die ihrer ursprünglichen Umgebung am ähnlichsten war, denn auf diese Weise glaubte man, die Entwicklung des Prototyps am erfolgreichsten voranzubringen. Dies, so möchten wir noch einmal betonen, sollte euren Gen-Pool stärken und durch Kreuzungen zwischen den verschiedenen Unterarten des *Homo sapiens* euren Fortbestand sichern.«

• • • • • • • • • •

Zu erkennen, dass wir von den Sternen kommen, oder besser gesagt, uns an unsere Sternensaat-Ursprünge zu erinnern, ist höchstwahrscheinlich die bedeutendste Entdeckung unserer individuellen und kollektiven Erfahrung als menschliche Wesen auf diesem sich immer rascher entwickelnden Planeten.

Langsam aber sicher lernen wir, das, was in uns schläft, zu aktivieren. Wir fügen die zerstückelten Teile unserer DNA wieder zusammen, von der neunzig Prozent laut der modernen Wissenschaft angeblich sinnloser »Müll« sein soll.

Ich glaube, dass diese Teile unserer unglaublichen genetischen Geschichte die Schlüssel zur Entdeckung unserer größeren Abstammung sind, unserer galaktischen Familie.

Jetzt beginnt die aufregende Zeit, in der wir diese Informationen endlich wieder zusammensetzen … und so unsere verlorenen Erinnerungen zurückgewinnen.

Selbst die eingefleischtesten Rationalisten unter uns bewegen sich langsam auf ein neues Paradigma zu – eines, das die Möglichkeit in Betracht zieht, dass wir tatsächlich Saatgut von anderen Sternensystemen sind. Aber ist das »neu«, oder holen wir uns einfach das Wissen unserer Urahnen zurück, die anscheinend (an vielen wichtigen Orten und in unendlichen Zeiträumen auf diesem Planeten) Unterstützung aus anderen Dimensionen hatten?

Spuren, die belegen, dass die Menschheit einst im Austausch mit anderen Welten stand, finden sich überall auf diesem Globus. Aber nirgendwo tritt meines Erachtens die Verbindung zu den Sirianern so deutlich zutage wie in Ägypten.

Die Ägypter und ihre großen Vorfahren aus atlantischer Zeit, die *Khemiter*, verehrten die sirianischen Lichtwesen, die in jenen weit zurückliegenden Tagen auf der Erde wandelten.

Das ist alles Teil unserer Geschichte und unserer Evolution und hat unmittelbar mit unserem bevorstehenden Erwachen aus dem Zeitalter der »Verschleierung« zu tun, das Hakim als die *Ära des Amen* bezeichnete. Das Zeitalter, das nun kommt, unser Erwachen, nannte er das Zeitalter des *Khepre,* des Lichts der Morgenröte.

Ist es da erstaunlich, dass die Pharaonen, die um ihre wahre Herkunft wussten, ihr ganzes Leben auf die Rückkehr zu den Sternen ausrichteten? Sie strebten danach, so zu leben wie ihre sirianischen Götter – eine Botschaft, die ich in den Tempelhallen von Deir el-Bahari gehört habe, wo sie im Wind der Zeit widerhallte.

6

Einweihung durch Feuer

Es wurde immer schwieriger, mich meinem aktiven Leben in Rom zu widmen, während Ägypten mich rief, verführte und zurücklockte. Etwas Undefinierbares war in mir aufgewühlt worden, und meine Gedanken spiegelten wider, wie sich mein Geist danach sehnte, dort zu sein, gut geerdet im Sand der Sahara … und im nächsten Moment durch Portale zu gehen.

Und wenige Monate nach meiner Rückkehr ins geliebte Rom machte ich eine besonders irrationale Erfahrung.

Ich war auf dem Weg zu meiner Bank und fand mich stattdessen wie hypnotisiert am Eingang des *Egypt-Air*-Büros wieder. Aus einem Impuls heraus kaufte ich mir ein Hin- und Rückflugticket mit Geld, das eigentlich auf mein Konto für die Begleichung meiner monatlichen Rechnungen fließen sollte (erwachsener Verstand) – nicht für Reisen ins Ungewisse (das Kind spricht!).

Inzwischen hatte ich meine ersten Eindrücke von Ägypten durch umfangreiche Lektüre ergänzt, die mir ein grundlegendes Verständnis der Geschichte und der verwirrenden Mythen der altägyptischen Kultur vermittelte. Nicht zuletzt wurde ich dabei in die komplexe Familie der ägyptischen Götter (*Neteru*) eingeführt, die Pharaonen und Bauern vom Beginn der Hochkultur an inspirierten und auch heute weiterhin Suchende verführen und faszinieren: Abenteuerlustige … wie mich.

Nachdem Sachmet mich bei der transformatorischen Einweihung in der unterirdischen Kammer der Großen Pyramide durch die Unterwelt geführt hatte, wollte ich alles über diese mächtige Göttin der feurigen Seele und Aktivatorin unseres Kraftchakras erfahren – des Energiewirbels am Solarplexus.

Auch der Wächter, der bei meinem in der Rückführung wiedererlebten Trauma vor dem Grab gestanden hatte, erwachte aus den Seiten eines Buches zum Leben, genau so, wie ich ihn in diesen Visionen gesehen hatte: Ra, von dem die alten Ägypter glaubten, dass er am Ende eines jeden Tages starb und während der Nacht durch die Unterwelt segelte … um am nächsten Tag wiedergeboren zu werden.

Besonders fasziniert war ich von der Göttin Hathor, Herrscherin über den »Tempel im Tempel« der Hatschepsut – eine so offensichtliche Darstellung eines fremden Wesens, mit ihren alles durchdringenden menschlichen Augen und seltsamen, kuhähnlichen Ohren. Später erfuhr ich fasziniert, dass man in ihr das Alter Ego von Sachmet sah – Isis als »Wechselbalg«.

Und was war mit Osiris, dem Herrn der Unterwelt, und Isis, seiner Gefährtin? Lebten sie wirklich, wie von Herodot, dem griechischen Weisen aus dem fünften Jahrhundert, berichtet, als menschliche Wesen unter den alten Ägyptern, Verbannte aus einer anderen, zur selben Zeit existierenden Zivilisation – vielleicht Atlantis? Welche unausgesprochenen Geheimnisse verbargen sich noch in den Mythen der frühesten Götter?

Ich musste mich mit diesen Archetypen auf eine tiefere, bedeutungsvollere Weise verbinden, und ich wusste, dass keine noch so umfangreiche Forschung mir jemals mehr als Theorien liefern würde. Historiker, Archäologen und die ganze Bandbreite der Ägyptologen haben mit ihren niemals endenden Interpretationen viel zur Entschlüsselung der alten Inschriften beigetragen, aber ich brauchte mehr als das. Sehr viel mehr.

Um ungehindert an die Quelle zu gelangen, musste ich ganz in die Energien eintauchen, die aus diesen Texten sprachen. Wer sich auf sie einstimmen kann, sich für die Musik des alten Gesangs öffnet, kann alles, was früher war, noch einmal erleben.

Wenn Sie mit einer bestimmten Frequenz in Resonanz gehen, können Sie den bewussten Gedanken, der diese Frequenz definierte, wiederfinden, und ebenso können Sie erkennen, wie er sich an den Horizonten des neuen Morgens unseres Bewusstseins entfalten wird.

Abb. 16. Karnak bei Sonnenaufgang

Ich brach erneut nach Ägypten auf, ließ meine Hunde und mein Zuhause sowie meinen Job zurück, getrieben von einer Kraft, die ich immer noch nicht verstand. Ich folgte jener Führung, von wem oder was auch immer, die mich dazu antrieb, die mystischen Seiten der ungeschriebenen Geschichte umzublättern.

Wieder einmal buchte ich mich direkt nach Luxor durch, um den Wahnsinn von Kairo zu vermeiden, denn ich wollte zum geheimnisvollen Hatschepsut-Tempel in der Nähe des Tals der Könige zurückkehren. Ich wusste, dass dort noch viel mehr darauf wartete, von mir entdeckt zu werden.

Zunächst aber wollte ich mich der Erkundung der berühmten Karnak-Tempel in Luxor – dem alten Theben – widmen, der kunstvollsten Tempelanlage in ganz Ägypten. Er ist eine Stadt für sich, angefüllt mit allen erdenklichen Spuren der Verehrung von Göttern und Königen ... mit seinen Säulen und Statuen, die bis hinauf in den Himmel zu ragen scheinen. Bis heute habe ich nur die Oberfläche all dessen angekratzt, was dort darauf wartet, von Suchenden erkundet zu werden.

Ich lasse mich immer so leicht ablenken.

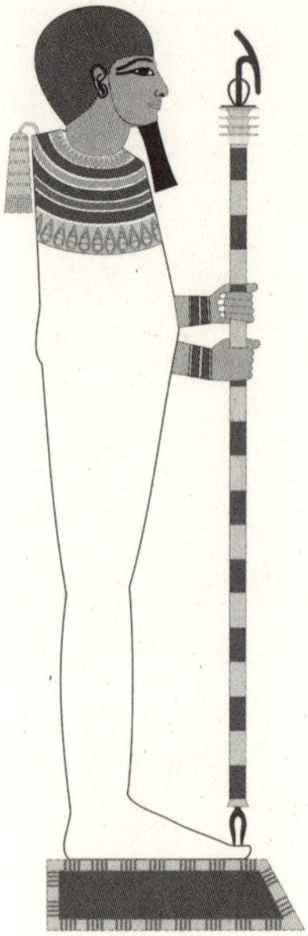

Abb. 17. Ptah

Neben dieser Tempelanlage befindet sich ein relativ gut verstecktes, unscheinbares kleines Gebäude, das ein Heiligtum für den Schöpfergott Ptah und seine Gefährtin, die Löwengöttin Sachmet, beherbergt. Sie war meine Kapitänin auf dem großen Schiff gewesen, mit dem ich Jahre (und wahrscheinlich viele Leben) zuvor vom Schacht der Großen Pyramide aus durch die zwölf Tore der Unterwelt gesegelt war.

Wenn Sie nicht wissen, wo Sie diesen bemerkenswerten Schatz suchen müssen, werden Sie ihn höchstwahrscheinlich auch nie finden. Er liegt an einem sandigen Pfad seitlich des Haupttempelkomplexes, und doch weisen innerhalb des Geländes, wo sich die meisten Touristen aufhalten, keine Schilder auf ihn hin.

Der Tempel von Ptah und Sachmet wird jedoch häufig in speziellen Programmen für Heilige Reisen erwähnt, die metaphysische Touren durch Ägypten anbieten, denn er ist sehr wichtig für Initiationserfahrungen. Wir Metaphysiker scheinen die unglaubliche Energie und das Geheimnis zu kennen, das er birgt.

Es ist, als ob nur diejenigen mit den höchsten Absichten diesen unglaublich mächtigen Raum betreten sollen, und so bleibt er bis heute relativ unbehelligt von blitzenden Kameras und Lärm. Die Touristenmassen bekommen auch ohne ihn mehr als genug von den archäologischen Wundern der imposanten Karnak-Tempelanlage zu sehen. Dabei ist er ein besonderer Gott.

Ich musste daran denken, wie Hakim Ptah beschrieben hatte: Er sei jener, der »aus dem Blauen, durch das Wasser, von den Sternen her auftauchte«. Als ich dieses Heiligtum zum ersten Mal betrat, spürte ich sofort die vertrauten Schwingungen, die ich in meinen Channeling-Sitzungen mit dem Hohen Rat vom Sirius kennengelernt hatte. Ich befand mich hier eindeutig in einem Tempel mit stark sirianischem Einfluss und erkannte, dass sowohl Ptah als auch seine Gefährtin Sachmet hier als Hüter vereint waren. Sie bewachten die Tore zu meinem Resonanzsternsystem, dem Sirius.

Leider ist die Statue des Ptah heute kopflos, zweifellos geschändet von einem respektlosen Plünderer, der den Kopf vor vielen Monden an einen privaten Sammler oder ein Museum verkaufte. Und doch … Nachdem ich zum ersten Mal vor der Statue des Ptah meditiert hatte, öffnete ich die Augen und sah erschrocken, dass mich tatsächlich ein Gesicht anstarrte.

Der Kopf der Statue schien nach wie vor vorhanden zu sein, wenn auch in der dritten Dimension nur noch ganz schwach wahrnehmbar, ein abgetrennter Körperteil, dessen Abdruck ätherisch fortbesteht, obwohl er nicht mehr Teil des lebenden Organismus ist und nicht mehr im physischen Bereich existiert.

Keiner meiner Mitreisenden bei späteren Karnak-Besuchen in den folgenden Jahren hat mir von einer solchen Erfahrung berichtet, und auch sonst habe ich dergleichen von niemandem gehört, aber ich sehe jedes Mal, wenn ich seinen Tempel betrete, den Kopf

Abb. 18. Ptah in einer Kapelle der Anlage von Karnak

des Ptah vor mir. Sein Gesicht mit diesen eindringlichen sirianischen Augen schaut mich an.

Dass es keine Aufzeichnungen über dieses Phänomen gibt, weckte meine Neugier. Daher fotografierte ich die Statue und spielte mit einigen Filtern der uns heute zur Verfügung stehenden digitalen Werkzeuge, um die Beleuchtung zu verändern – das Bild selbst wurde aber in keiner Weise manipuliert. Wie Sie sehen, erscheint sogar der ätherische Abdruck des Kopfes auf dem Foto, als eine Art Bestätigung für die ätherische Präsenz des Schöpfergottes, die sich in einem dreidimensionalen Rahmen manifestiert.

Die beschädigte Plastik des Ptah befindet sich unmittelbar am Eingang, in der ersten Kammer des Tempels, während Sachmet in einer zweiten Kammer rechts von Ptah steht und über ihren eigenen privaten Raum herrscht.

Nachdem ich als bescheidene Eingeweihte die Löwengöttin Sachmet schon einmal in der Großen Pyramide medial erlebt hatte, war ich erstaunt, sie hier in Karnak, in ihrem thebanischen Heiligtum, genau so wiederzuentdecken, wie sie mir damals erschienen war: als mächtiges Katzenbildnis.

Ich war überwältigt, eine so eindrucksvolle Bestätigung dafür zu erhalten, dass dieses Wesen, von dem mir eine Vision in der Pyramide erschienen war, in der ägyptischen Geschichte tatsächlich existiert hatte. Ich war zutiefst dankbar für die Gelegenheit, jetzt, in diesem entscheidenden Moment meiner Reise, ungestört und allein eine solche Erfahrung machen zu dürfen.

Ihre majestätische Gestalt zu betrachten und derartige Energiewellen zu spüren – das reine Bewusstsein des Geistes, das sich in der dichten Materie des Steins manifestiert … diese Erfahrung werde ich für den Rest meiner Tage in mir tragen.

Die mächtige Löwin, gemeißelt aus einem riesigen schwarzen Basaltblock, herrscht über diesen kleinen, stillen Raum in relativer Dunkelheit – ihr einziges Licht ist ein kleiner Sonnenstrahl, der durch einen Schlitz in der Decke auf ihre schwarzen, allwissenden Augen fällt. Es ist atemberaubend.

Abb. 19. Ptah in Abydos

Abb. 20. Sachmet

Ich glaube, wer auch immer diesen Raum erbaute, hatte die Absicht, dass die beiden Götter bis in alle Ewigkeit dort verbleiben und die feurige Sachmet durch den Raum selbst irgendwie »eingehegt« werden sollte. Doch weshalb? Es scheint fast, dass man sich davor fürchtete, sie dem vollen Sonnenlicht auszusetzen statt nur diesem schwachen Strahl – als könnte sie dann ein unbekanntes, gefährliches Quantum ihrer explosiven Essenz auf die Welt loslassen!

Ich habe inzwischen schon viele Male im Tempel der Sachmet Zeremonien durchgeführt, und sie wird immer in dem Moment aktiviert, in dem sie sich derer bewusst wird, die sie verehren und zu ihr zurückgekommen sind (denn wir glauben, dass wir schon einmal dort waren): in die Dunkelheit jenes Raumes, wo wir sie als Beschützerin, als die Große Mutter, feiern wollen. Fast alle, die ihre einsame, dunkle Zelle betreten, können das Feuer unbeschreiblicher Kraft und Schönheit spüren, wenn sie das Bewusstsein – die vitale Lebenskraft – dessen erfahren, was für die Uneingeweihten nur kalter, schwarzer Stein ist.

Nichts, was Sie lesen oder sich vorstellen können, bereitet Sie auf die enorme Intensität dieser Begegnung mit Sachmet vor, der sirianischen Löwin. Als schamanische Begleiterin derjenigen, die mit mir auf Reisen gehen, war ich Zeuge unglaublicher Energieausbrüche, die von der Statue ausgingen. Jedes Mal bin ich mit respektvoller Ehrfurcht zurückgekehrt und mit einem Gefühl noch tieferer Verbundenheit zu ihrer mächtigen Energie.

Es gibt inzwischen viele Eingeweihte und Besucher des Tempels der Sachmet, die von ihren eigenen lebensverändernden Begegnungen mit der Göttin des Feuers berichten können.

Wie der göttliche Geist Ptahs durch seine inzwischen leider kopflose Statue lebt auch der Geist Sachmets durch ihr altes aus dem Stein gemeißeltes Bildnis ewig weiter. Wenn sie aktiviert ist,

Abb. 21. Das Sachmet-Feuer

richtet sie den Strahl ihrer Essenz auf Sie, blickt tief in Ihre Seele und verändert Ihre DNA – wenn Sie so mutig sind, einzutreten und darum zu bitten, dass Ihnen die Geheimnisse offenbart werden, die Sachmet in ihrem heiligen Raum aufbewahrt.

Sachmet spricht durch die Augen ihrer Statue zu Ihnen und berührt Sie. Sie erreicht Sie auf den tiefsten Ebenen Ihres Bewusstseins und dringt dann in Ihr Unterbewusstsein vor, um das Feuer zu schüren, das in Ihnen brennt.

Es ist eine demütigende Erfahrung, vor Sachmet zu stehen, das versichere ich Ihnen, denn Sie können dann ihre immense Macht spüren und ebenso ihr leises Brüllen hören, das durch den Äther hallt … und ganz sicher können Sie das Potenzial von Sachmets feurigem Geist wahrnehmen, das in Ihnen auflodert.

Sie ist die Initiation durch Feuer.

Diese Statue hat einen dualen Charakter, der die zwei Seiten der Persönlichkeit dieser Göttin widerspiegelt. Einerseits erblickt man die zahme, sanftmütige Löwin, die mit der Mondscheibe geschmückt ist – das ist es, was die meisten Menschen sehen, wenn sie aus der Kammer kommen: Sachmets lunares, reflektierendes Selbst.

Auf der anderen Seite wird man mit einem mächtigen, geradezu fremd und überirdisch wirkenden Geschöpf konfrontiert, das immer wieder jenseits der dreidimensionalen Gestalt aufblitzt. Die Scheibe erscheint dann als unproportionierter Schädel, und die Ohren der Löwin werden zu Augen. Sie flammen in dem Lichtstrahl auf, der von oben auf den Kopf fällt. Das ist Sachmets feuriger, solarer Aspekt, ungezähmt und explosiv.

Es ist die Sachmet, die ich immer sehe.

Dass diese mächtige Statue gerade hier aufgestellt wurde, in dieser dunklen Kammer und auf eine Weise positioniert, dass durch eine kleine Öffnung ein Lichtstrahl genau in ihre Augen scheint, zeugt vom Wissen der Ägypter um die duale Natur der Realität, in der wir uns als Bewohner der dritten Dimension befinden … besonders jetzt, wo wir in der extremen Polarität unserer irdischen Transformation hin und her springen.

In fast völlige Dunkelheit gehüllt, steht die mächtige Sachmet dort bis in alle Ewigkeit. Sie ist eine Lehrerin der höheren Weisheit, die uns sehr konkret zeigt, wie die Götter die Auflösung dieser Polarität verkörpern: Dunkelheit und Licht, Böses und Gutes, Furcht und überschwängliche Liebe.

Abb. 22. Die Sachmet-Statue

Der nicht weniger mächtige Gott Ptah zeigt uns, wie das Bewusstsein und die Manifestation konzentrierter Absichten alle Schichten der Realität durchdringen – Zeugnis dafür, so sage ich mir, dass alles, was existiert, für immer in den Äthern eingeprägt bleibt, aufgezeichnet in der Akasha-Chronik: alles, was ist, was jemals war und ewig sein wird.

Die sirianischen Götter in Karnak sind äußerst »lebendig«, die molekulare Struktur ihrer steinernen »Inkarnationen« ist von ihrer Essenz förmlich gesättigt. Ihren felsgleichen Abbildern hat sich, seit so vielen Jahrtausenden bis zum heutigen Tag, das Bewusstsein zahlloser Anbeter aufgeprägt. Sie leben durch die Hoffnung, Angst und Hingabe der Pharaonen und Priester von Theben, und sie funkeln im Licht der Energien und Absichten jener, die vor ihnen niederknieten, vielleicht schon seit Anbeginn der Zeit.

Sie lehren uns, über den Schleier der Illusion hinauszugehen, dorthin, wo alles möglich ist, und fordern uns heraus, über die Beschränkungen unserer begrenzten dreidimensionalen Erfahrung hinauszublicken. So erkennen wir, dass alles, was existiert, lebendig ist und dass alles Leben eins ist. Die mächtige Gegenwart Ptahs und Sachmets erinnert uns daran, dass alles, was im Theater des physischen Universums dargestellt wird, Energie ist und dass Energie reines Bewusstsein ist.

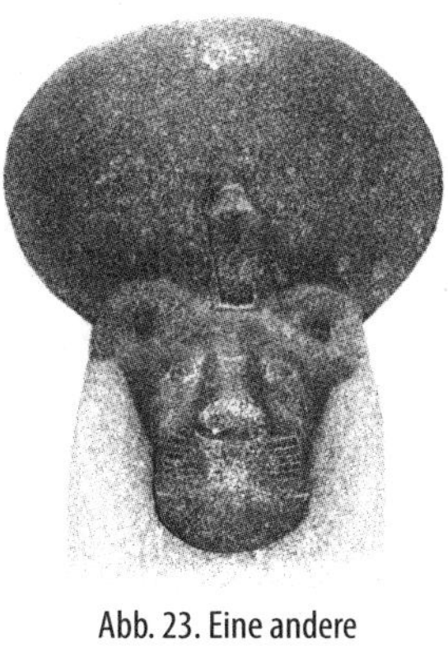

Abb. 23. Eine andere Darstellung Sachmets

Alles ist. Alles war. Alles bleibt.

Wie bei einem Kaleidoskop verändern sich die Formen, um immer neue Illusionen zu erschaffen …

Aber die Essenz der Form ist unvergänglich.

Die Erfahrung zu machen, voll bewusst mit lebendigen Gottheiten zu interagieren, wenn sich für uns ihre Tarnung aus dichtem Stein auflöst, ist wahrlich ein Meilenstein auf dem Weg zur eigenen Spiritualität. Auf diese Weise verwandeln wir das »Blei« der Unwissenheit in das »Gold« des erleuchteten Geistes.

Das Bewusstsein schon einer einzigen Gehirnzelle enthält die Erinnerung an die gesamte Existenz, und das gilt ebenso für ein einziges Molekül einer beliebigen mineralischen Matrix. Wir verbinden die Bewusstseinseinheiten einer Form, des menschlichen Geistes, mit einer anderen Form, dem Mineralreich. Der Austausch zwischen diesen »Bewusstseinsströmen« prägt sich beiden auf, wird in der Akasha-Chronik gespeichert und ist dort als Erinnerung jederzeit abrufbar.

Die Erfahrung ist lebensverändernd und ewig.

Interessanterweise hatten von den vielen Menschen, deren Reiseführerin ich auf meinen mystischen Reisen nach Ägypten sein durfte, fast alle diesen besonderen Moment mit Sachmet. Allein schon, in der Kapelle vor der Göttin zu stehen oder zu knien, bezeichneten sie als die kraftvollste all ihrer ägyptischen Erfahrungen – kraftvoller, als sich in der Königskammer der Großen Pyramide in den »Sarkophag« aus Granit zu legen … für manche sogar noch unglaublicher als das Erlebnis, die übermächtige Umarmung der Großen Sphinx zu spüren.

Das ist die unglaubliche Macht Sachmets, und im Jahr 2005, während einer meiner jährlichen Reisen nach Ägypten, gab sie uns eine Kostprobe dieser Macht in all ihrer transformatorischen Größe, die uns ungewöhnliche Einblicke schenkte.

Abb. 24. Unsere private Zeremonie an der Sphinx

In jenem Jahr verbrachten wir einige atemberaubende Stunden in Kairo. Ich arrangierte für unsere Gruppe einen exklusiven Besuch in der Großen Pyramide, so dass wir sie ganz für uns allein erleben konnten. Nach zwei unbeschreiblichen Stunden im Inneren der größten »Zeitmaschine« der Welt, um die es sich bei der Großen Pyramide tatsächlich handelt, betraten wir den verbotenen Bereich vor der Sphinx, unmittelbar vor ihren Löwenpranken … das größte sirianische Portal auf dieser Erde.

Nach diesen wahrhaft privilegierten und bemerkenswerten Erfahrungen in Gizeh brachen wir nach dem sechshundert Kilometer entfernten Luxor auf, um die historischen Stätten Oberägyptens zu erkunden, wo die Tempel entlang des Nils mit den Chakra-Strudeln des menschlichen Körpers korrespondieren.

Ich bringe Menschen dorthin, um sich auf die harmonischen Frequenzen einzustimmen, die in den heiligen Stätten kodiert sind, und um die chakrischen Energieräder in ihrem Inneren zu aktivieren (die selbst nur Noten auf der Klaviatur unserer musikalischen Biosysteme sind). Das ist ein wichtiger Teil unserer Reise der Ausrichtung, DNA-Aktivierung und Einweihung in die alchemistischen Geheimnisse der ägyptischen Mystik. Es ist stets eine tief bewegende, manchmal auch überwältigende Epiphanie für alle, die an der Pilgerreise teilnehmen.

Ich brachte meine Gruppe also zunächst einmal zu den Karnak-Tempeln, insbesondere zu den heiligen Kapellen Ptahs und Sachmets, als Teil der Feuer-Einweihung mit der sirianischen Göttin, der Aktivierung des Kraftchakras.

Wie immer näherte ich mich dem Tempel mit Ehrfurcht und Respekt. Ich betrat vor meiner Reisegruppe die Kapelle und brachte der Göttin Sachmet meine Demut und meinen Respekt entgegen, wie eine Girlande der Liebe. Ich bat sie, die Anwesenheit der hingebungsvollen Verehrerinnen und Verehrer anzuerkennen, die gekommen waren, um ihr zu huldigen und ihren Segen zu empfangen. Alles sollte den höchsten göttlichen Zwecken dienen.

Ich bat sie um die Erlaubnis, »den Schlüssel zu drehen«. Der Schlüssel, so zeigte sie mir, war das *Anch*, das sie in ihrer rechten Hand hält. Ich musste nur verstehen, wie ich ihn empfangen konnte, von ihren mächtigen interdimensionalen Energiefeldern in meine eifrigen medialen Hände. Als ich meine Hände der großen Göttin des Feuers entgegenstreckte, schoss mir eine völlig fremde Lautfolge durch den Kopf, und ich sprach sie laut aus.

Fast sofort spürte ich, wie die Statue energetisch zum Leben erwachte und der Raum durch das Bewusstsein, das in ihn eingewoben war, sich mit Spannung und Elektrizität auflud. Mir wurde die Erlaubnis erteilt, die Suchenden einzeln zu »begleiten«, damit jeder diesen Augenblick der Ehrfurcht ganz für sich allein erfahren konnte – die festgesetzte Stunde, auf die viele vielleicht schon seit Tausenden von Jahren gewartet hatten.

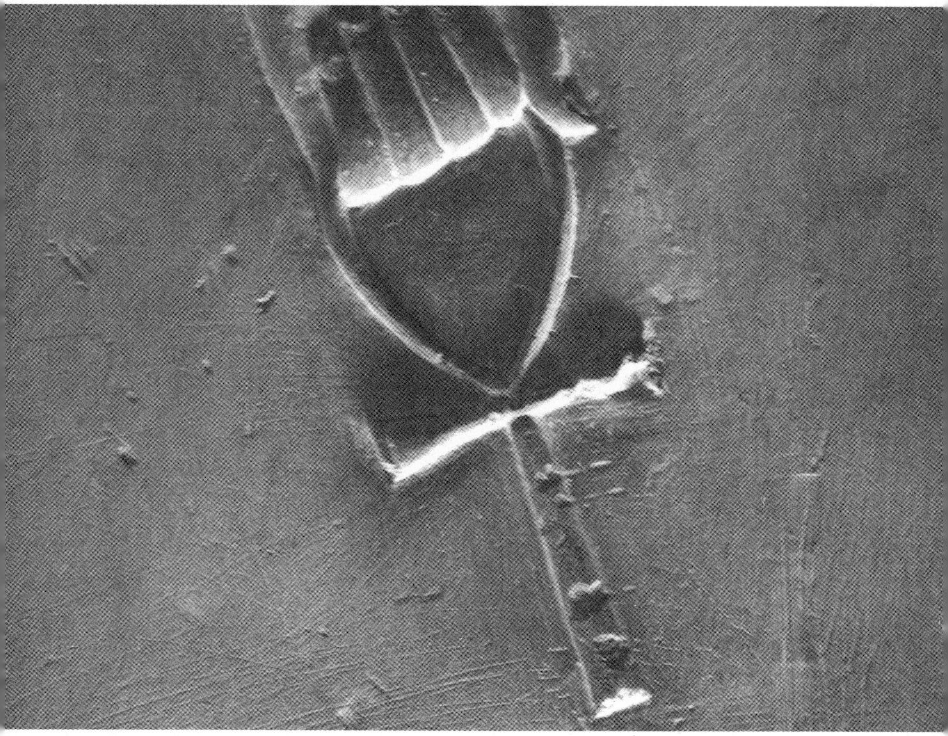

Abb. 25. Das Symbol für Unsterblichkeit und Weiterleben im Jenseits (Anch) ist der Schlüssel.

Ich stand also am Eingang der Kammer und hieß jeden in dem kleinen Raum willkommen. Ich fühlte mich privilegiert, Zeugin der ersten Begegnungen zu werden, wenn erwachende Seelen die Erinnerung an Sachmet in sich aufwecken.

Das befreit sie vom Ego und ihren Erwartungen, und sie erkennen die Größe von etwas so Mächtigem, dass es sich jeder Beschreibung entzieht. Sie erleben (wenn sie wirklich gesegnet sind) die Großartigkeit der Demut und lassen alles andere erworbene Wissen hinter sich, um ganz im gegenwärtigen Augenblick zu sein: empfänglich, unschuldig und, vor allem, demütig.

Einige waren sofort zu Tränen gerührt, andere fielen auf die Knie, wieder andere wurden von tieferen, für sie neuen Gefühlen bewegt. Bei allen stand ich im hinteren Teil des Raumes und erhielt die Energie aufrecht. Ich hatte das Privileg, diese Suchenden zu unterstützen, die nicht ahnten, welch ehrfurchtgebietende Kraft sie dort in der Höhle der großen Löwin erwartete. Es war eine Ehre, an ihren Erfahrungen teilzuhaben, ein Segen, der mein Herz berührte und meine Seele mit Dankbarkeit erfüllte.

Von den fünfzig Mitgliedern der Reisegruppe fühlte nur eine einzige Person nichts – gar nichts. Diese Frau trat ein, schaute sich unbeeindruckt im Raum um, ging auf die Statue zu und versetzte mit der flachen Hand dem Gesicht Sachmets so spöttisch einen Klaps, dass die Magie dessen, was bis zu diesem Moment geschaffen worden war, völlig zerbrach – Magie für alle, die vor ihr den heiligen Raum betreten hatten.

Sie schaute mich an, als wollte sie sagen: »Was ist denn schon dabei?« Dann griff sie nach ihrer Kamera.

Ich konnte tatsächlich sehen, wie sich die Energie veränderte. Der Raum wurde unerträglich heiß, das sanfte Licht in Sachmets Augen verwandelte sich in Feuer, und ein kalter Schauer lief mir vom Hals bis zu den Füßen.

»Du entweihst meinen Tempel?«, brüllte Sachmet durch den Äther. Ihre Augen starrten auf die Frau hinab und flammten auf wie glühende Kohlen. Es war eine immense, überwältigende Energie, eine Kraft, die so mächtig war, dass sie mich buchstäblich gegen die Wand hinter mir schleuderte, während die Wut der Göttin den Raum durchdrang.

Meine Assistentin Beata, die sich zu diesem Zeitpunkt in der Ptah-Kammer aufhielt, sagte, sie habe gesehen, wie mein Körper wahrhaftig vom Boden abhob, bevor ich gegen die Rückwand von Sachmets Kapelle prallte. Es war eine Erfahrung von solchem Ausmaß, dass weder ich noch irgendein anderer in der Gruppe, der diese riesige Energiewelle durch sich hindurch rollen fühlte, sie jemals vergessen würde.

Im nächsten Moment endete der Zauber wieder – wie eine Uhr, die plötzlich aufhört zu ticken. Draußen braute sich Unruhe zusammen, und sogar aus dem Inneren des Saals konnte ich ein hitziges arabisches Wortgefecht lautstarker Männerstimmen hören. Es zerstörte noch den letzten Rest dessen, was von dem Wunder und der Liebe übriggeblieben war, die wir während unserer Zeremonie empfunden hatten, die so abrupt unterbrochen und nicht vollendet worden war.

Ich fühlte mich berufen einzugreifen, die Wogen zu glätten, aber ich wusste, dass ich Sachmet nicht verlassen konnte, bevor diese Verletzung geheilt und das Gleichgewicht – die Liebe – in ihrem heiligen Raum wiederhergestellt war.

Meine zweite Assistentin, Laura, kam von draußen herein und flüsterte mir aufgeregt zu, es gäbe ein Problem. Ich sagte ihr, das Problem liege eher *im Inneren*, bei Sachmet, und bat sie, Ahmed, unserem Reiseleiter, zu sagen, er solle »die Angelegenheit draußen regeln«. Was auch immer aus den Feuern von Sachmets Seele ausbrach, es war seine Aufgabe, die äußere, dichtere Manifestation zu managen, während ich daran arbeitete, die brennenden Flammen auf der feinstofflicheren Ebene zu löschen.

Von diesem Moment an änderte sich alles.

Die Zeit der Anbetung war vorbei – ich wusste, dass die Ereignisse, die sich draußen abspielten, ein Spiegelbild und eine Manifestation von Sachmets Zorn waren. Ich beendete die Zeremonie und ging hinaus zu den Männern, wo der »Ärger« gerade dabei war, sich rasend schnell in eine »Gefahr« zu verwandeln.

Ahmed zog mich beiseite, um mir zu schildern, was sich ereignet hatte, während ich im Inneren des Tempels war. Ein anderer Reiseführer war mit seiner Gruppe vor dem Tempel eingetroffen und wütend darüber geworden, dass unsere Anwesenheit seine Touristen daran hinderte, hineinzugehen, denn wir hatten keine Genehmigung für einen exklusiven Besuch.

Laura hatte Zeit schinden wollen, damit ich das Ritual zu Ende führen konnte. Sie hatte versucht, dem Mann klarzumachen, dass wir kurz vor dem Ziel waren, und ihn gebeten, uns noch dreißig Minuten Zeit zu geben, damit jedes Mitglied unserer Gruppe allein in die Sachmet-Kapelle gehen konnte. Aber der Mann bestand auf seinen Rechten und verlangte, dass unser Führer die für exklusive

Gruppenbesuche erforderliche Sondergenehmigung vorzeigte. Andernfalls sollten wir den Tempel sofort verlassen.

Als Ahmed das Dokument nicht vorlegen konnte, sich aber dennoch beharrlich weigerte, die Zeremonie zu unterbrechen, stürmte der andere Fremdenführer wütend los, um die Touristenpolizei zu suchen und ihn anzuzeigen.

Ahmed flüsterte mir besorgt zu, dass er, da er einer Gruppe die Durchführung einer Zeremonie ohne Genehmigung ermöglicht hatte, in echte Schwierigkeiten geraten würde, wenn die Polizei käme, und dass er möglicherweise sogar verhaftet werden könnte.

Er war sehr aufgeregt, seine Augen voller Angst.

Der Fremdenführer kehrte nach kurzer Zeit mit einem Polizisten zurück. Ahmed hatte sich eine »offensive Verteidigung« ausgedacht, indem er Laura in einen Gegenangriff verwickelte, der aber auf einer Lüge beruhte. Laura sollte behaupten, der Fremdenführer der anderen Gruppe hätte sie »in unangemessener Weise« berührt. Dahinter steckte die Idee, den Mann so zu diskreditieren, dass er seine Anschuldigung gegen Ahmed fallen ließ – aber es blieb trotzdem eine Lüge, und das gefiel mir nicht.

Der Mann hatte Laura *nicht* unsittlich berührt. Sein Vorwurf uns gegenüber entsprach der Wahrheit, während Laura (die gezwungen war, mitzuspielen, um Ahmeds Haut zu retten) und Ahmed logen – schlicht und einfach.

Fünfzig Personen, die gerade in die ägyptischen Mysterien eingeweiht worden waren, standen staunend da und verfolgten das Drama: Laura, das verletzte »Opfer« der Straftat; der andere Fremdenführer, der verbissen um seine Ehre kämpft; Ahmed, der seine Rolle spielt; der Touristenpolizist. Wie in einer Szene aus einem Fellini-Film spielten alle Akteure ihre Rollen in dem menschlichen Drama, während ich zusah und erkannte, wie sich die wahre Initiation – Sachmet, die uns durch die Flammen der Reinigung führte – für uns alle entfaltete.

Ich wusste, dass ich die Reisegruppe aus dieser wutgeladenen Situation herausholen musste, um nicht zu zerstören, was wir in unserer großartigen Zeremonie mit Sachmet erlebt hatten. Deshalb bat ich den Polizisten um die Erlaubnis, die Gruppe zu unserem Schiff zurückkehren zu lassen (das in einer Stunde auslaufen sollte). Er sah sich die Gruppe an und stimmte zu, da er wusste, dass er keine andere Wahl hatte, als den Rest der Gruppe gehen zu lassen.

Ich überließ es Laura und Ahmed, sich um die Polizei zu kümmern, und begleitete die Gruppe zurück zum Bus.

Wir fuhren zu einem ruhigeren Ort, unserem Kreuzfahrtschiff, wo die Menschen Zeit hatten, das zu integrieren, was ihnen in ihrer Zeit mit Sachmet geschenkt worden war.

Als ich zum Schiff zurückkehrte, diskutierte der Vertreter der Reisegesellschaft gerade übers Handy hitzig mit Ahmed. Die Situation war inzwischen völlig aus dem Ruder gelaufen. Der empörte Reiseleiter der anderen Gruppe hatte gegen Ahmed Anzeige erstattet, und die Polizei drohte ernsthaft, Ahmed zu verhaften. Die Touristenpolizei hatte alle Beteiligten auf die Polizeiwache gebracht: den Reiseleiter, Laura, Ahmed und zwei aus meiner Gruppe, die als »Zeuginnen« ausgewählt wurden. Sie waren gebeten worden, dem Polizeichef dort zu berichten, was sie beobachtet hatten. Aber es ging, da war ich mir ziemlich sicher, wohl eher darum, dass sie die attraktivsten Frauen in der Gruppe waren.

Als ich vom Schiff geholt und zur Polizeiwache gebracht wurde, dachte ich darüber nach, wie es zu einer so hässlichen Manifestation fehlenden Mitgefühls und Respekts hatte kommen können.

Ahmeds Assistent erwartete mich am Eingang und führte mich in den Raum, wo das Drama bereits in vollem Gange war. Eine Explosion menschlicher Emotionen war außer Kontrolle geraten, als die beiden Fremdenführer ihre Fälle der Polizei vortrugen. Ich betrat den Raum, stellte mich neben den einzigen leeren Stuhl, ausdruckslos, und beobachtete ruhig, was sich abspielte. Ich setzte mich nicht, sondern versuchte mich ruhig zu orientieren.

Zu meiner Linken saß eine der beiden »Zeuginnen« aus meiner Reisegruppe … dann Laura, und neben ihr saß der Polizeichef. Sein Assistent saß links von ihm und machte sich eifrig Notizen.

Ich ließ den Blick durch den Raum schweifen, sah den Touristenpolizisten aus Karnak, einen weiteren bewaffneten Polizisten links neben ihm und dann eine imposante Gestalt, offenbar ein Offizier des Militärs, der hinter dem größten Schreibtisch im Raum saß. Als meine Augen an seinem Schreibtisch vorbeiwanderten, sah ich den empörten Reiseleiter, der neben ihm saß, schrie und um seine Würde kämpfte. Ein anderer Mann, der schweigend links neben ihm saß, schien eine Art Rechtsbeistand zu sein.

Rechts neben mir kämpfte Ahmed, mit rotem Gesicht auf einem Stuhl sitzend, für seine Rechte, verlor aber eindeutig an Boden. Die zweite »Zeugin« aus meiner Gruppe saß neben ihm und schloss den Kreis. Ich blickte wieder Laura an, die auf ihrem Stuhl bereits förmlich in sich zusammengesunken war. Sie sah aus, als versuchte sie, sich einen Reim auf das zu machen, was sie mit ihrem von Ahmed inszenierten falschen Spiel angerichtet hatte, jetzt, wo die Situation so sehr aus dem Ruder gelaufen war.

Sie erwiderte meinen Blick, als wollte sie sagen: »Das habe ich nun davon! Dabei wollte ich doch nur helfen!«

Obwohl ich kein Wort Arabisch spreche, war es nicht schwer, das Gespräch zu verstehen. Der Reiseleiter argumentierte, dass er Laura nie berührt habe und dass Ahmed dieses Ablenkungsmanöver inszeniert habe, um sich vor eventuellen Problemen mit der Touristenpolizei zu schützen. Er hatte die Wahrheit auf seiner Seite.

Ahmed schrie, dass der Mann eine ausländische Touristin sexuell belästigt hätte, in der Hoffnung, dadurch die Aufmerksamkeit vom eigentlichen Problem abzulenken.

Aber er wusste, dass das eine Lüge war. Laura wusste es, und der beschuldigte Reiseleiter wusste es auch.

Als ich dort in der Nähe des Eingangs stand und in den dunklen Raum blickte, spürte ich, wie eine mir unbekannte Kraft in mir aufstieg und danach schrie, das Kommando zu übernehmen – diese Kraft war das Feuer Sachmets. Ich ließ mich nicht beirren und bat darum, sprechen zu dürfen. Ahmed, der befürchtete, dass ich die Situation nur verschlimmern würde, versuchte, sich über meine

Bitte hinwegzusetzen, und redete weiter. Ruhig, aber bestimmt, bat ich erneut um das Wort. Er setzte sich wieder darüber hinweg und forderte mich auf, ihn die Angelegenheit regeln zu lassen, obwohl er die Lage eindeutig nicht gut im Griff hatte.

Als sich die Situation schließlich der physischen Gewalt näherte, durchbrach ich die verrückte Arena schreiender ägyptischer Männer und ging direkt quer durch den Raum zu dem am weitesten entfernten Polizisten, so dass ich den Kreis der polarisierten Energie ganz buchstäblich in zwei Hälften teilte. Inmitten dieses Wahnsinns besaß ich die Unverfrorenheit, das Geschehen zu unterbrechen, indem ich um eine Zigarette bat – eine für eine Frau in dieser Kultur undenkbare Handlung, die in einer solchen Situation noch unangebrachter war. Das unterbrach die Energie für einen Moment, denn alle reagierten auf das für sie eindeutig unangemessene – ich wage zu sagen »ausländische« – Verhalten.

Mit demonstrativer Gelassenheit zog ich die Zigarette aus der Schachtel. Ich ließ mir Zeit, damit alle ausatmen konnten, und spürte, dass jetzt sämtliche Blicke auf mich gerichtet waren.

Ich bat den Polizisten um Feuer. Dann nahm ich, die dramatische Pause ausdehnend, einen tiefen Zug und blickte in die vor brennender Wut knisternde Runde.

Können Sie sich vorstellen, welche Auswirkungen diese einfache Handlung in einem Raum hatte, der angefüllt war mit dieser intensiven arabischen männlichen Energie, einer Kakophonie von brodelndem Testosteron?

Langsam und bedächtig ging ich zu meinem Stuhl zurück, nachdem ich genug für Ablenkung gesorgt hatte. Es trat eine spürbare Verschiebung der intensiven Emotionen ein, die den Konflikt vorangetrieben hatten. Aber ich setzte mich nicht. Ich stand da, mit der Zigarette in der Hand, und verlangte (mit viel lauterer, autoritärerer Stimme), sprechen zu dürfen. Da erteilte man mir schließlich das Wort, wobei Ahmed als mein Übersetzer fungierte.

Ich nahm Blickkontakt mit den Anwesenden auf und würdigte sie alle, wobei ich mir bewusst war, dass es sich hier um eine Prüfung für mich handelte. Auf subtile Weise war diese Erfahrung Teil einer weiteren großen Initiation.

Nachdem ich mich als Reiseleiterin der Gruppe vorgestellt hatte, stellte ich mich demjenigen, den ich als Polizeichef identifiziert hatte, gegenüber, wohl wissend, dass Ahmeds Lage sich erheblich verschlimmern konnte, wenn ich nun einen Fehler machte.

Also spielte ich meine Rolle: »Sie, Sir«, sagte ich nachdrücklich, »befinden sich mitten in einem Konflikt, den ich ausgelöst habe.«

Ahmed übersetzte, und im Raum wurde es still, weil alle schockiert hörten, dass in einem Raum voller anklagender Männer eine Frau, eine Ausländerin, den Mut und die Präsenz hatte, sich furchtlos zur »Schuldigen« zu erklären.

Ich inhalierte erneut effektvoll Zigarettenrauch, sicher, dass das seine dramatische Wirkung nicht verfehlen würde.

»Ich bin hier die verantwortliche Person«, sagte ich. »Das ist *meine* Gruppe, und es wäre meine Aufgabe gewesen, dem Herrn dort zu erklären, warum wir den Eingang zum Tempel blockierten.« Ich zeigte auf den Reiseleiter. »Wenn Sie also jemanden ins Gefängnis stecken wollen«, sagte ich beinahe trotzig, »dann sollte ich diese Person sein.«

Der Chef schaute mich ungläubig an und nahm Blickkontakt mit allen Männern im Raum auf. Er paffte an seiner Zigarre und murmelte etwas auf Arabisch, was Ahmed übersetzte: »Haben Sie dort meditiert?«, fragte er, eindeutig missbilligend.

Die Ägypter, von denen die meisten strenge Muslime sind, heißen unsere Form der spirituellen Verehrung in ihren »heidnischen« Stätten nicht willkommen. Das gilt heute um so mehr, weil die Menschen islamischen Glaubens das Gefühl haben, von der westlichen Welt zu Unrecht stereotypisiert zu werden.

»Ja«, antwortete ich mit Entschiedenheit.

Mein Blick schweifte einen Moment lang zu Laura, die mich erleichtert ansah. Sie wusste, dass ich ganz in meiner Macht stand, dass Sachmet sich allmählich erhob … und schon fast im Begriff war, hier das Dach wegzusprengen!

»Hatten Sie eine Erlaubnis von der Altertumsbehörde?«, sagte der Polizeichef. Ich warf einen Blick auf den Reiseleiter, der bis über beide Ohren grinste, weil er wusste, dass er den richtigen Riecher gehabt hatte und gleich Recht bekommen würde.

»Nein, Sir«, meinte ich kurz und bündig, »wir haben keine Erlaubnis eingeholt.«

»Ist Ihnen klar, dass das verboten ist?«, fragte er streng.

Ahmed sah mich an, als wollte er sagen: »Dankeschön, du sorgst gerade dafür, dass ich im Gefängnis lande!«

In diesem Moment durchfuhr mich das Sachmet-Feuer wie ein Blitz. Ohne dem Polizeichef zu antworten … ohne seine Frage zu würdigen, wandte ich mich an den Reiseleiter und wollte wissen: »Was tun wir hier eigentlich?«

Er schaute mich misstrauisch an und versuchte, meinen nächsten Schritt zu berechnen.

Ich blieb unerschütterlich. »Wie kann es sein«, fragte ich und wandte mich an ihn und auch an Ahmed, »dass etwas so Schönes und Wichtiges, wie Sie beide es tun, nämlich Menschen zu helfen, die Herrlichkeit Ägyptens zu entdecken, gute Leute zu solch aggressivem und unmenschlichem Verhalten verleitet?«

Der Reiseleiter schaute mich fragend an, als wollte er sagen: »Wer in aller Welt sind Sie eigentlich?«

»Sie sind die Hüter dieser Bauwerke, das stimmt … aber Ägypten ist das Erbe der gesamten Menschheit«, fuhr ich fort und deutete auf alle Personen in der Polizeiwache. »Von uns allen.«

Ich richtete meine Aufmerksamkeit wieder auf den Reiseleiter. »Gewiss verstehen Sie, welche großen Emotionen in den Menschen freigesetzt werden, wenn sie endlich vor den Ikonen der größten Zivilisation der Welt stehen, nicht wahr?«

Er nickte widerstrebend.

»Sie, Sir«, sagte ich zu ihm, »haben das Recht, wütend und rachsüchtig zu sein. Man hat Ihnen unehrenhaftes Verhalten vorgeworfen, und ich verstehe, dass Sie diese Ehre verteidigen müssen.« Daraufhin lächelte er vorsichtig, aber selbstgefällig.

»Sie sind mein Lehrer«, sagte ich demütig. »Ich bitte Sie um Toleranz und Vergebung.«

Aus dem Augenwinkel konnte ich einen Blick auf Ahmed erhaschen, der sprachlos war.

»Du, Ahmed, hast diese Situation schlecht gehandhabt«, sagte ich. »Du hast dich mangelnden Urteilsvermögens schuldig gemacht.« Ich nahm einen letzten dramatischen Zug von dem giftigen Requisit, der Zigarette, und wandte meine Aufmerksamkeit wieder dem Polizeichef zu.

»Sie, Sir, müssen für die Einhaltung der Gesetze sorgen. Dass ich die Gebühren für die fragliche Genehmigung nicht bezahlt habe, war eindeutig ein Gesetzesverstoß. Sie haben also jedes Recht, mich zu verhaften und für diese Handlung anzuklagen«, sagte ich mit Nachdruck in der Stimme.

Die Männer warfen sich gegenseitig Blicke zu und wussten nicht so recht, was sie von dieser dramatischen Wendung der Ereignisse halten sollten.

Ich stand in der Tür und blockierte das einzige natürliche Licht von draußen, das einen langen Schatten in den Raum warf.

»Irgendjemand hier ist im Unrecht, und in diesem System wird jemand verletzt werden«, sagte ich. »Sehen Sie sich um. Es scheint, dass Sie alle wirklich wollen, dass jemand zu Schaden kommt – aber wozu? Welches furchtbare Unrecht wurde denn eigentlich begangen? Ist es nicht absurd, dass Sie sich über etwas so Unbedeutendes so aufregen?«

Ich nahm langsam und bedächtig Blickkontakt mit jedem der Polizeibeamten auf. »Nun frage ich Sie, meine Herren, können wir das nicht besser machen?«

Ich ging zu dem Reiseleiter und bat ihn, aufzustehen und mich zu umarmen. Allen stockte der Atem. Er stand auf, und trotz aller kulturellen Barrieren, trotz allem, was passiert war, umarmte er mich – und ich erwiderte die Umarmung.

Wieder sagte ich zu allen Anwesenden: »Können wir nicht bessere Menschen sein?«

Als wir dort standen und uns umarmten – einfach von Mensch zu Mensch –, flüsterte der Reiseleiter mir ins Ohr: »Niemals hätte ich diese Frau unsittlich berührt! Das ist eine Lüge – ich möchte, dass Sie das wissen.« Er hatte Tränen in den Augen und versuchte nicht, sie vor mir zu verbergen.

Ich umarmte ihn fester und flüsterte zurück: »Können Sie ihr ihr Verhalten denn verzeihen?«

Während die Polizisten ungläubig zusahen, bat ich Laura, ihn zu umarmen und ihm ebenfalls zu verzeihen.

Zunächst widerstrebend, umarmten sie einander schließlich und brachen alle Regeln, alle Tabus. Gemeinsam, in diesem unglaublich ehrlichen Moment, gelangten wir alle zu einer neuen Vision dessen, was wir erreichen können, wenn wir einfach nur Menschen sind. Wenn wir in Wahrheit und Vergebung die Dunkelheit von Rache, Ego und Wut überwinden.

Nun schaute ich wieder den Polizeichef an.

»Wir können es besser machen«, wiederholte ich. »Wir müssen nur miteinander reden, statt uns ständig zu streiten. Wir können uns an diesen höheren Ort begeben, zu dem Guten, zu dem wir alle fähig sind, und wir können diese niederen Gefühle überwinden. Wir können uns an einen Ort des Mitgefühls und des Verständnisses begeben und bessere Menschen sein … viel bessere Menschen … viel besser als das hier.«

Ich schaute dem Chef direkt in die Augen, und er erwiderte meinen Blick. »Können wir das nicht?«, fragte ich, jetzt leise und flehend. Sichtlich bewegt stand er auf. »Ja! Ja, das können wir!«, sagte er triumphierend. »Wir *können* bessere Menschen sein, Madam. Wir können besser sein als das!«

Spontan standen alle auf und fingen an, sich gegenseitig zu umarmen. Etwas Großes war für uns alle geschehen – etwas Monumentales und doch so Einfaches. Ahmed schaute mich erstaunt an, unfähig, das Geschehen vollständig zu verarbeiten, aber in seinen Augen konnte ich die Erkenntnis sehen – die Lektion, die er aus dem, was er gerade erlebt hatte, mitnahm: die Wahrheit.

Ich bat Ahmed und den Reiseleiter, einander zu verzeihen, und zur Überraschung aller umarmten auch sie sich und klopften sich gegenseitig auf den Rücken, wie es Männer in ihren männlichen Sicherheitszonen tun, und damit war der Krieg beendet.

Ich drehte mich zum Eingang um, und die Sonne tauchte den trüben, verräucherten Raum in ihre unvergleichliche Energie. Ich bin mir sicher, dass ich Sachmets mächtige Präsenz sah. Ihre starken Schultern und ihre wie die Mondscheibe geformte Krone reflektierten die Sonnenstrahlen.

Dieser strahlende Glanz berührte jeden im Raum, als wären wir alle zu Rittern geschlagen worden, und führte uns zurück in das reine Licht, wo die Seelen neue Höhen erreichen.

Als wir vom Polizeipräsidium in Luxor zurück zu unserem Kreuzfahrtschiff fuhren, fragte ich mich: »Sind die Götter des ägyptischen Pantheons möglicherweise gar nicht so sehr die uralten Archetypen für die Kräfte des Universums, sondern vor allem Darstellungen des Menschen in seinem höheren Zustand, wenn er sich über die Dualität der dritten Dimension hinausentwickelt hat – aufgestiegene Wesen von unserer Erde?«

7

Pantheon der Götter

Wenn ich an meinen früheren Besuch in Luxor im Jahr 2001 zurückdenke, erinnere ich mich noch genau daran, wie ich die Stadt mit einem privaten Führer und Fahrer verließ und mich auf den Weg zum Hatschepsut-Tempel in Deir el-Bahari machte. Ich beabsichtigte, meinen Kontakt mit jener Wesenheit zu vertiefen, die mir damals aus dem Wind, der zwischen den mächtigen Säulen wehte, eine Botschaft zugeflüstert hatte, im heiligen Raum des Hathor-Schreins, der sich dort auf dem Tempelgelände befindet.

Ich hatte ein Gefühl der Vorahnung und war mir sicher, dass etwas Bemerkenswertes für mich geschehen würde – etwas, das mehr Licht in meine verschütteten Erinnerungen an Hatetsescheti bringen konnte. Doch gleichzeitig spürte ich einen unterschwelligen Widerstand, diese Büchse der Pandora mit den verdrängten Erinnerungen noch weiter zu öffnen, als ich es bei der Rückführung in Boston bereits getan hatte.

Es gibt einen Trick, um den Besuch heiliger Stätten besonders lohnend zu gestalten: Stehen Sie einfach sehr früh auf und gehen Sie zu den Tempeln, wenn die Touristenmassen noch fest schlafen.

Falls Ihr Besuch dort spirituellen Zwecken dient, einer echten inneren Suche, werden Sie die Nuancen der feinstofflichen Energie erfahren wollen, die den Abgelenkten entgehen. Diese

Energien sind nur schwer wahrnehmbar, wenn Ihr Fokus durch die dichteren, verlangsamten Schwingungen anderer Besucher getrübt wird, die ihrem eigenen Pfad folgen: Diese anderen Pfade sind nicht unwichtiger als Ihrer, unterscheiden sich aber, was Fokus und Absicht angeht.

Um die subtilen, ätherischen Energien des alten Ägypten zu erfahren, müssen Sie dem Lärm der anderen entkommen, während Sie Ablenkungen vermeiden und Ihren eigenen plappernden Verstand zum Schweigen bringen. Seien Sie bereit, sich auf jede Schicht und alle Elemente einzustimmen – auf die Essenz des Bewusstseins, die alle Dinge umgibt und durchdringt.

Wie wollen Sie sonst den Käfer bemerken, der für Auferstehung und Wiedergeburt steht, den Boten des neuen Bewusstseins?

Lassen Sie sich darauf ein, den Sand unter Ihren Füßen knirschen zu hören, um sich zu erden; die Sanftheit einer Wüstenbrise zu spüren, die Ihre Wangen streichelt; die Gischt des Nilwassers zu fühlen, wenn Sie in andere Welten segeln; das Feuer der Sonne in Ihr Innerstes hineinzuziehen.

Stimmen Sie sich ein auf das Erhabene.

Diese frühmorgendliche Herangehensweise an die heilige Reise erfordert zugegebenermaßen Disziplin, aber zu dieser Tageszeit, wenn Ra gerade von seiner Reise durch die Unterwelt zurückkehrt, kann man die Magie Ägyptens wirklich erfahren. In der Morgendämmerung, wenn der Himmel rosa leuchtet, kann das Dritte Auge am leichtesten aktiviert werden, um als Kaleidoskop zwischen der dreidimensionalen Wahrnehmung (wo man Grenzen und Umrisse als die Parameter des Sehens wahrnimmt – die Trennung) und dem Ätherischen zu wirken. Dabei werden die Neuronen des Gehirns durch die feinstofflichen Energien aktiviert, die die Dimensionen durchdringen und mit allem – dem Großen Ganzen – interagieren.

Ändern Sie den Fokus, dann sehen Sie andere Formen, Reflexionen der Fähigkeit des Gehirns, die multidimensionalen Resonanzfrequenzen, die alle Schichten durchdringen, zu empfangen und zu verarbeiten. Sie sehen Muster von Astralwesen und Gedanken und können sogar in andere Zeiten blicken. Es handelt sich dabei um Punkte im Raumzeit-Kontinuum, die in jeder Hinsicht damit harmonieren, wo Sie sich gerade in diesem Kontinuum aufhalten, beziehungsweise worauf Sie fokussiert sind.

Es ist, als ob das schräge Licht, das in einem ganz bestimmten Winkel auf die Erde trifft, sich in der göttlichen Linse des inneren Auges bricht, wodurch man in die Lage versetzt wird, über die Grenzen der dreidimensionalen Perspektiven von Farbsättigung, Dichte und Form hinaus zu sehen.

Wir sind immer erfreut (manchmal sogar wie besessen!), wenn unsere Kameras Bilder einfangen, die wir mit unseren physischen (oder sogar medialen) Augen nicht sehen können. Das Internet ist voll von digitalen Bildern aller Art, die scheinbar Geister und Kugeln eingefangen haben und uns genau im Moment der Aufnahme andere Welten spiegeln. Diese Bilder werden oft als optische Täuschungen erklärt und abgetan, und so sehr wir uns auch darüber freuen, wenn wir sie auf unseren Fotos entdecken, müssen wir doch kritisch sein und bei unseren Entdeckungen Objektivität wahren, also zunächst andere mögliche Erklärungen prüfen.

Auf vielen dieser digitalen Bilder sind in der Tat lediglich Lichtreflexe zu sehen. Viele andere dieser Phänomene lassen sich jedoch nicht so einfach wegdiskutieren.

Letztlich geht es darum, dass wir heute *sehen*, wie wir noch nie zuvor gesehen haben, und vielleicht ist dieser Wunsch, den Geist zu entdecken, an sich der wichtigste Schlüssel zur *Materialisierung* von Geistern – sowohl als psychische Phänomene wie auch als eingefangene Lichtformen in der Digitalfotografie.

Es steht außer Frage, dass wir in unserem Wunsch, uns mit der Geistigen Welt zu verbinden, starke Unterstützung finden, wenn wir uns an die hochenergetischen, heiligen Orte dieses wunderbaren Planeten begeben.

Hakim spricht vom Land der Sahara als dem primären und zentralen Ort auf dem Planeten, an dem die mächtigsten Ströme kosmischer Energie eintreten, und er sagt, dass sie direkt gegenüber von Ägypten, auf Hawaii, wieder austreten. Dies, so erklärt er, zeigt sich in den immerwährenden Magmaströmen, die vom Kilauea-Vulkan über die sich ständig bildenden Landmassen ins Meer fließen, wo die Inselkette immer wieder neu geboren wird.

Interessanterweise deckt sich dieses Verständnis mit den Lehren der Sirianer, wonach Ägypten und Big Island, die Hauptinsel von Hawaii, zwei primäre Energiewirbel Gaias sind.

Meiner persönlichen Erfahrung nach kann man nirgendwo anders als in Ägypten die Manifestation des Geistes so gut und in so vielfältiger Form erleben. Wer für das, was uns umgibt, empfänglich ist, spürt ständig, wie dort die Vergangenheit in unsere Zeitlinie »durchsickert«, die Wahrnehmung der Realität verändert und sich auf eine für uns kaum zu begreifende Weise auswirkt.

Irgendwie weiß man, wenn man sich hier aufhält, dass man sich an einem unbekannten Ort zwischen dem heiligen Raum und den höheren Dimensionen befindet und in der Lage ist, das alte Wissen »herunterzuladen«. Man ist hier nur zu gerne bereit, Eindrücke aus anderen Dimensionen und Realitäten zu empfangen, vielleicht sogar aus Paralleluniversen, in denen wir ebenfalls existieren, gleichzeitig – als Spiegelungen auf der kosmischen Linse.

> ⁘ <

Denken Sie daran, dass die Motivation, kurz vor Sonnenaufgang aufzustehen, oft nicht ausreicht – denn es bringt Sie nur *zu* den Toren der heiligen Stätten. Taschen voller Bakschisch und die Bereitschaft, mehr zu zahlen, als Sie ursprünglich erwarteten, sowie das Wissen, wie man den Ägyptern hilft, die Regeln zu beugen, sind oft das, was Sie *durch* die Tore bringt – also ist es am besten, auf diese Eventualität vorbereitet zu sein. Wenn der Geist es von selbst schafft und Ihnen der Weg mühelos geebnet wird … um so besser!

Nachdem ich die »Trinkgeld-Zeremonie« (wie ich sie gerne nenne) vollzogen hatte, betrat ich das Tempelgelände und stand einfach still in der Nähe des Eingangs, um die immense Schönheit dieses unglaublichen Ortes zu genießen.

Es gab keinen Laut ... nichts, was die ruhige Gelassenheit dieses göttlichen Augenblicks unterbrochen hätte.

Bis auf die gelegentlichen Rufe der Vögel, die über mir flogen. Sie störten hin und wieder die Stille und kräuselten sie wie die sanftesten Wellen in den stillen Gewässern meines Geistes. Als ich die Vögel beobachtete, wie sie in perfekter geometrischer Formation über dem Tempel schwebten, veränderte sich meine Sicht wie in einem Kaleidoskop, und zu meinem Erstaunen verwandelten sich die vorspringenden Felsen überraschend in mächtige Bilder ägyptischer Götter. Ich blinzelte ein paar Mal, um mich zu vergewissern, dass ich nicht halluzinierte.

Ganz oben auf einem scheinbar dreieckigen Felshügel sah ich ein perfektes Abbild von Horus, dem Falkengott, dem Gott des Himmels – »Er, der oben ist«. Seine Gestalt war auf dem felsigen Vorsprung deutlich zu erkennen, hoch oben, mit Blick auf das Tal, das Hatschepsut für den Übergang ins Jenseits wählte.

Im Licht der Morgendämmerung herrschte Ma'at, die Göttin der universellen Wahrheit, majestätisch über den illuminierten Tempel der Hatschepsut. Ihr Bild dort ist die perfekte Darstellung, die man in den Hieroglyphentexten sieht, wenn sie das letzte Urteil über die Seelen der früheren Pharaonen fällt. Dort, an prominenter Stelle über dem Grabkomplex, scheint sie für alle Zeiten über die Seele der Hatschepsut zu wachen.

Als die Klippen im rosafarbenen Licht der Morgendämmerung erröteten, schienen weitere Gestalten aus dem Sandstein zu springen, und die Götter Ägyptens offenbarten sich mir. Ich sehe sie mit dem physischen Auge ebenso wie mit dem inneren oder »medialen« Auge – aber ich habe mich noch nie öffentlich dazu geäußert. Bevor ich es hier gerade schrieb, hatte ich diese Visionen einzig Hakim gegenüber erwähnt, schon vor Jahren und nur kurz. Da-

Abb. 26. Der Falkengott im Felsen

mals fragte ich ihn, ob ich es mir lediglich einbilde oder ob es tatsächlich ein riesiges Abbild des Falkengottes gibt, das in die Felsen hinter dem Tempel der Hatschepsut gemeißelt ist.

Er schaute mich überrascht an, wirkte aber erfreut über meine Beobachtung und nickte anerkennend.

»Ausgezeichnet«, war alles, was er dazu sagte.

Mir stellte sich dabei die Frage: Könnten tatsächlich einst Riesen gewaltige Skulpturen in diesen unglaublichen Berg gemeißelt haben – Bildnisse von Superwesen oder Göttern, die ehemals in diesem Sand wandelten, vielleicht sogar noch vor den Atlantern, Khemitern und Pharaonen? Könnte es sich um Darstellungen außerirdischer Wesen handeln, die vor Zehntausenden oder sogar Hunderttausenden von Jahren hinterlassen wurden?

Oder könnten die hochentwickelten Wesen, die in den Symbolen dargestellt sind, aus anderen Dimensionen heraus die Bilder ma-

Abb. 27. Ma'at erscheint in der Dunkelheit

nifestiert und sich in das Bewusstsein des Betrachters hinein- und wieder hinausbewegt haben, indem sie dafür diese Felsen des großen Tals der Vergänglichkeit als Projektionsfläche nutzten?

Die zerstreuten Blicke der Besucher und Touristen kommen vielleicht auf dem prächtigen Hatschepsut-Tempel, den Skulpturen und der ganzen Zurschaustellung pharaonischer Größe zur Ruhe, während die Majestät der Natur selbst und die großen Felsskulpturen scheinbar von der Zeit hinweggespült werden.

Dabei bin ich mir sicher, dass es sich für jeden Besucher oder Touristen unbedingt zu entdecken lohnt, was hinter dem Tempelkomplex liegt: das Pantheon der Götter. Es ist die wahrhaftigste Erinnerung an einen spirituellen Schatz von so immensen Ausmaßen, dass es fast unmöglich ist, den eigenen Geist weit genug zu befreien, um die nur noch schwach an den Felsen haftenden Abbilder dieses Schatzes wahrnehmen zu können.

Für mich bleibt es ein großes Rätsel, wie dieser unglaubliche, seine Gestalt verändernde Berg den Augen der anderen Reisenden entgehen kann. Dafür, dass das Pantheon der Götter von Deir el-Bahari mehr ist als ein bloßes Hirngespinst (einige eingefleischte Skeptiker schreiben es meiner »lebhaften Fantasie« zu), gab es bis vor wenigen Tagen nur eine einzige Bestätigung menschlicher Art: das wissende Lächeln Hakims, des Hüters der Weisheit.

Als der große Lehrmeister, der er ist, ermutigte er mich, diesen Entdeckungen nachzugehen, als würde ich damit eine neue Halle des Lernens eröffnen. Und so kehre ich seit Jahren immer wieder zum geheimnisvollen Tempel der Hatschepsut zurück, um dieses Feld der sich verändernden Dimensionen zu erforschen, wobei ich den Berg als das Tor erkenne, durch das die Götter und vielleicht auch erleuchtete Sterbliche aus der Geistigen Welt in die materielle Welt flüchteten und zurückkehrten … und umgekehrt.

Manchmal überkommt mich der fast unwiderstehliche Drang, an den Rand des Berges zu gehen, den Wächtern zu trotzen und einfach durch den Felsen eine andere Welt zu betreten. Auf einer sehr tiefen, uralten Ebene scheine ich zu wissen: Ich *kann* das.

Und wie es der Zufall oder die Synchronizität will, je nachdem, was Sie bevorzugen, stieß ich vor einigen Jahren auf die Webseite einer anderen Mystikerin namens Debbie Johnson. Sie hat beim Anblick dessen, was sie die »Simulakren« von Deir el-Bahari nennt, die gleichen Visionen gehabt, die gleichen Beobachtungen gemacht und das gleiche Staunen empfunden wie ich.

Als ich Kontakt zu ihr aufnahm, war es eine große Freude, in ihr einen verwandten Geist zu finden, deren Erfahrungen an diesem Ort so sehr mit meinen eigenen übereinstimmten.

Ihre Website war damals reich an Informationen und Bildern. Anhand von Skizzen in den Fotos der Sandsteinfelsen hinter Hatschepsuts Tempel, die dort gesehene Formen veranschaulichten, konnte man das Phänomen leicht erkunden. Leider ist ihre Webseite nicht mehr aktiv. Über die Götter und Göttinnen in den ägyptischen Felsen schrieb sie:

Abb. 28. Ma'at in Abydos

....

»Dies ist buchstäblich das Land der Götter, und viele der Götterformen, die in den Texten und der Kunst der alten ägyptischen Mythen zum Ausdruck kommen, finden sich in den Felsformationen an den Talwänden wieder. Die Berge und Täler des Westufers von Luxor laden dazu ein, gemeinsam mit der Natur eine Vision zu erschaffen, die schon in uralter Zeit existierte.

Vielleicht ist das Geheimnis, das in den Texten und der Kunst enthalten ist, schon länger für uns verfügbar und wartet darauf, mit höherem Bewusstsein und Weitblick wahrgenommen zu werden. Die visuelle Perspektive ist leicht zugänglich und für Menschen mit einer kreativen Vorstellungskraft offensichtlich.

Wenn man innerlich ganz mit den von außen vorgegebenen Details überladen ist und ehrfürchtig vor Tempeln, Statuen und Gräbern steht, kann es schnell geschehen, dass man die Schönheit der Natur in diesem Gebiet überhaupt nicht bemerkt.

Es ist möglich, dass die Felsformationen von West-Theben sowie die Konturen der Horizonte den Schlüssel zu einem alten spirituellen und philosophischen System enthalten, das allem voranging. Diese vergessenen Götter sind vielleicht sogar der ursprüngliche Schöpfungsfunke, der in der Zeit von Zep Tepi, der ›ersten Zeit‹, die Mythen der lokalen ägyptischen Gottheiten hervorbrachte. Diese Bilder geben uns eine neue Perspektive und ein neues Verständnis dafür, wo die kreative Traumwelt in unserem Geist Flügel bekommt.

Wenn man den Kalkstein von Deir el-Bahari genau betrachtet, nimmt dieses Amphitheater aus verwitterten und abgerundeten Formen die Gestalt der ägyptischen Götter an. Das Amphitheater von Deir el-Bahari war seit Beginn der Besiedlung Oberägyptens der bevorzugte Standort für Tempel und Gräber. Diese Hügelbilder waren höchstwahrscheinlich der Grund dafür, dass man sich entschied, sowohl am Westufer als auch gegenüber von diesem Berg am Ostufer zu bauen. Der Wunsch [der Ägypter], ihre Götterbilder zu schützen und ihnen zu dienen, sie jeden Tag zu sehen und ihnen im Tod nahe zu sein, spielte bei der Wahl der Tempelstandorte eine Rolle.

Diese göttlichen Bilder auf dem Berg stehen in Bezug zu bekannten ägyptischen Göttern, Göttinnen und vertrauter altägyptischer Symbolik in den schriftlich überlieferten Mythen. Die Identifizierung bestimmter *Duat*-Charaktere ist insofern erstaunlich, als die betreffenden Gottheiten gemeinsam auf dem Berg vorkommen und ihre Charaktere in den mythischen Texten miteinander interagieren.«

• • • • • • • • • •

Das war eine wahrhaft monumentale Entdeckung, die einige sehr anregende Diskussionen zwischen Debbie und mir darüber auslöste, welche Bedeutung dies zum jetzigen Zeitpunkt in unserer persönlichen Entwicklung und der kollektiven Transformation der Menschheit hat. Wir sehen und erfahren anscheinend gerade die spirituelle Natur dessen, was unsere industrialisierten Gesellschaften, die dem Zeitalter der Vernunft unterworfen sind, lange als »unbelebt« betrachtet haben. Um der Wahrheit die Ehre zu geben: Uns kamen auch die Köpfe der vier amerikanischen Präsidenten in den Sinn, die in den Felsen von Mount Rushmore eingemeißelt sind. Sie haben einen freimaurerischen Hintergrund, denn manche nicht sehr positive Blutlinien greifen gerne auf die Zeiten der Pharaonen zurück.

Aber bei den Statuen von Ptah und Sachmet herrscht Reinheit. Hier, getragen von ihrer Essenz, verbindet sich die Seherin oder der Seher mit der schwingenden Essenz der gesamten Schöpfung – von der Dichte von Stein und Mineral bis hin zu den höchsten Bereichen des Bewusstseins.

Während wir in das neue Licht von *Khepre*, dem Zeitalter des Erwachens, eintreten, das unsere globale Transformation herbeiführt, verbinden wir uns wieder mit dem Bewusstsein von Mutter Erde und erkennen sie als lebendige Wesenheit, ebenso wie wir uns daran erinnern, dass die Sterne bewusste Wesen sind, die Intelligenz besitzen. Wir gewinnen die Fähigkeit zurück, über die Schleier der Illusion hinauszublicken und uns auf zellulärer, ja sogar subatomarer Ebene mit der Essenz des allgegenwärtigen Geistes zu verbinden, die jegliche Erfahrung durchdringt.

Die Ägypter und andere altehrwürdige Kulturen hatten Zugang zur Weisheit des Kosmos. Sie kannten die körperlichen Übergänge von der Materie zum Geist – und damit, vielleicht, auch die Möglichkeit, vom Staub zum Sternenstaub zurückzukehren …

Dort, in Deir el-Bahari, offenbart uns ein aktiver Wirbel zwischen den Dimensionen bis heute die Natur des Geistes – auch wenn das den Menschen, die sich von anderen Dingen ablenken lassen, immer noch entgeht. Den ersten Pharaonen ist es, da bin ich mir sicher, nicht entgangen. Deshalb wählten sie die Täler an diesem Berg als perfekte Ruhestätten für ihre physischen Körper, in Vorbereitung auf die Auferstehung der Seele in das ewige Leben.

8

Die Neunheit der Schöpfung

Ob *Neteru*, die lebendigen Energien jener höchsten Gottheit, die im Altertum *Atum* genannt wurde, »der sich selbst erschaffen hat«, und ihre Nachkommen sich mir tatsächlich als veränderliche Formen zeigten, die auf den Felsen über dem Tal der toten Pharaonen Ägyptens auftauchten, oder ob das, was ich sah, ein Ausdruck meines eigenen Geistes war, der sich in verschiedenen Zonen des Bewusstseins und aus ihnen heraus bewegte – ich wusste, dass es geschah, weil die Götter bestimmte Lektionen für mich bereithielten. Es war klar, dass das, was es für mich zu lernen galt, von unglaublicher Bedeutung für mein Streben nach der geheimen Weisheit sein würde, die in den ägyptischen Feldern der multidimensionalen Realität wartet, verborgen vor den Uneingeweihten.

Die ägyptischen *Neteru*, die mir aus diesem Anlass erschienen, sprangen fast aus dem riesigen Sandsteingrund heraus und sagten: »Uns zu sehen, heißt, uns zu erkennen. Uns zu erkennen, heißt, sich selbst zu erkennen.«

Dort, hoch über der unglaublichen Tempelanlage der Hatschepsut, wiederholten sie die uralte Botschaft der Mysterien von Eleusis, jenes Staatskultes der Athener, dem die Gottheiten Demeter und Kore in Form von Einweihungsriten dienten, damit man an der göttlichen Macht teilhaben und im Leben nach dem Tod davon profitieren konnte.

Meine Erforschung der Götter des alten Ägyptens begann mit dem Versuch, die Schöpfungsmythen unserer bekannten Menschheitsgeschichte und darüber hinaus zu enträtseln. Ausgangspunkt war die Frage, wie all die tiefgreifenden Glaubensvorstellungen früherer Zivilisationen sich in unserer heutigen Erfahrung widerspiegeln. Und damit meine ich die khemitischen Stämme Afrikas ebenso wie die mythischen – oder sagen wir, nach wie vor »unbewiesenen« – Kulturen Lemurien und Atlantis, die immer noch vor dem inneren Auge der vergessenen Erinnerung schweben.

Abgesehen von meinen eigenen erwachenden Erinnerungen an Atlantis war ich begierig darauf, zusätzlich einen Blick auf dieses mystische Land unter dem Aspekt zu werfen, wie es in die Zeitlinien der frühesten ägyptischen Zivilisationen eingewoben ist und sich dort offenbart. Ich hoffte, auf diese Weise dazu beizutragen, Atlantis aus den Tiefsee-Friedhöfen unseres schlummernden kollektiven Gedächtnisses hervorzuholen und es auf den festen Boden einer weitaus klarer zutage tretenden »möglichen« Realität zu heben.

Von den Eingeborenenstämmen Alaskas bis zum indigenen Volk von Sansibar ist jede Zivilisation auf diesem Planeten in einem ursprünglichen Glauben darüber verwurzelt, wie diese Welt entstanden ist: sei es in Form religiöser Texte, in Stein gemeißelt oder durch mündliche Überlieferung. Unvermeidlich enthält unser unterbewusstes kollektives Gedächtnis, das uns die Akasha-Aufzeichnung sämtlicher Erfahrungen (sogar unseres eigenen Speziesbewusstseins) zurückspiegelt, Erinnerungen an einen kosmischen Ozean – an ein Chaos, aus dem ein ursprünglicher, nie zuvor existenter Berg auftaucht.

Aus diesem Urwasser, einem Ort der absoluten Finsternis, der universell als kosmisches Meer beschrieben und als »Nichts« bezeichnet wird, entsteht die Schöpfung.

Ich staune immer wieder, wie völlig unvereinbar das mit unseren unaufhörlichen Versuchen ist, einen Anfang – einen Urknall – zu beschreiben, der alles, was existiert, hervorgebracht haben soll. Denn was ist das für ein Meer, aus dem die gesamte Schöpfung hervorgeht? Ist nicht das Meer selbst bereits eine Manifestation der Schöpfung … und eine wunderschöne noch dazu?

Wie können wir uns da mit der Vorstellung anfreunden, es hätte bereits *vor* Gott, dem Urschöpfer, ein Meer des Nichts, eine Leere, existiert? Die Vorstellung eines Zustands der Nichtexistenz ist für jemanden wie mich, der glaubt, dass es im Kosmos keinen Anfang und kein Ende gibt, ein vollkommen unmögliches, ganz und gar inakzeptables Konzept!

Und es verwundert mich nicht, dass es anscheinend nicht nur mir so geht. Im Laufe der aufgezeichneten Geschichte, und sicher auch schon davor, hatten die Menschen große Mühe, mit diesem existenziellen Rätsel zurechtzukommen.

Das Urwasser des kosmischen Meeres. Die alten Ägypter hinterließen uns einige der frühesten schriftlichen Betrachtungen zu diesem verwirrenden philosophischen Rätsel. Ihre am meisten akzeptierten Schöpfungsmythen werden durch die göttliche Enneade oder »Neunheit« von Heliopolis offenbart. Sie ist in der ältesten bisher von den Archäologen entdeckten Sammlung ägyptischer religiöser Texte enthalten, den in der Tempelanlage von Sakkara aufgefundenen Inschriften. Diese sogenannten *Pyramidentexte* wurden dort in die Sarkophage und Wände der Pyramiden aus der fünften und sechsten Dynastie gemeißelt.

Die göttliche Neunheit beruht auf dem Prinzip der neun ursprünglichen Götter (Aspekte des einen Schöpfers) und ihrer Entstehung aus dem Urzustand, den die prädynastischen Ägypter als eine wässrige Leere … als Chaos wahrnahmen: *Nun*.

Diese alten hieroglyphischen Aufzeichnungen, datiert auf eine Zeit mehr als zweitausend Jahre vor Christus, beschreiben die frühe ägyptische Vision der Schöpfung ebenso sorgfältig wie den Prozess der Auferstehung, der genauestens eingehalten werden muss, damit der Pharao in seine Heimat zwischen den Sternen zurückkehren kann … wozu, wenn erforderlich, sogar die Hilfe der Götter eingefordert wird.

Die Vorstellung, dass Sterbliche die Götter bitten, den Pharaonen bei ihrer Reise »zurück zu den Sternen« zu helfen, lässt die Möglichkeit zu, dass die frühen Pharaonen tatsächlich von anderen

Sternensystemen stammten und dass der Ruf an die Götter eher ein Ruf an ihre Sternengeschwister war – damit diese die Rückkehr aus dem irdischen Reich von jenseits ihrer dreidimensionalen Beobachtungsstationen überwachten und unterstützten.

Bei meinen Nachforschungen über die Enneade stieß ich auf den Pyramidentext Nummer 1655 (auch als »Spruch 1655« bezeichnet), der die Götter/Neteru der Großen Enneade auflistet und Atum, der Ptahs Schöpfung gewesen sein soll, als »Vater« der anderen acht Götter anerkennt, die ihm folgen. Sie lautet:

....

»O große Enneade, die Heliopolis ist:
Atum, Shu, Tefnut, Geb, Nut, Osiris, Isis, Seth, Nephthys,
die Kinder des Atum, gewähren seinem Kind, dem König,
im Namen der Neun Bögen einen Platz in Atums Herz.«

....

Nachdem ich so viele Jahre zuvor eine Stimme in Gizeh gehört hatte, die aus dem Himmel rief: »O Helios, öffne deinen Bogen!«, bildete dieser Text für mich eine mächtige Bestätigung. Er ermöglichte es mir endlich, die Bedeutung der himmlischen Botschaft zu verstehen. Ich erkannte, dass sie mir als Schlüssel gegeben worden war, um die Tore zu einer bislang nicht entzifferbaren Ebene der Wirklichkeit zu öffnen, zu der ich, wie es schien, einen vorläufigen Zugang erhalten hatte.

Beschreibt also diese »wässrige Leere«, dieses Urwasser oder kosmische Meer, den Zustand des Universums *vor* Gottes Schöpfung, wie er sich in fast allen zeitgenössischen religiösen Lehren widerspiegelt? »Am Anfang … war die Erde wüst und leer, und Finsternis lag über der Tiefe.« (1. Mose 1,1-2)

Oder könnte die universelle Erzählung die Große Flut beschreiben, als Atlantis tief im Meer versank und der größte Teil der Landmasse der Erde mit Wasser bedeckt war – etwa 10.800 vor Christus? Nach den Lehren der Enneade von Heliopolis, der »Neunheit«,

Abb. 29. Der Gott Nun hält ein Schiff hoch, auf dem über einem Skarabäus – Symbol der Flut – die Sonne aufgeht.

bezieht sich dies tatsächlich auf das *Vorher* der Existenz, und aus diesen Gewässern erhebt sich ein Erdhügel – der Urberg. In den ägyptischen Texten ist dieser Hügel als *Benben* bekannt.

Von hier aus, aus diesem Wirbel gewaltiger Energien, erhebt sich der Vater aller Götter, *Atum,* und verleiht dem Chaos Gestalt …

Er erschafft die Welt!

Am Vorabend des neuen Jahrtausends, der nun auch schon wieder so lange zurückliegt, plante die ägyptische Regierung im Beisein »wichtiger« Staatsoberhäupter der Welt, eine repräsentative goldene Haube, den *Benben*-Stein, auf dem Scheitelpunkt der Großen Pyramide anzubringen. Der Plan wurde in letzter Minute vereitelt, weil es angeblich viel Widerstand von Seiten der ägyptischen Bevölkerung gab, die glaubte, es handele sich um ein freimaurerisches Ritual, was wohl auch zutraf. Ob es der Aufschrei der Menschen in Gizeh war oder vielleicht etwas mit dem Licht des Sirius zu tun hatte, der zu dieser Stunde direkt über dem Meridian von Gizeh stand, werden wir wohl nie mit Sicherheit erfahren. Was zählt, ist, dass der Plan vereitelt wurde – und das Licht siegte.

Wenn die Große Pyramide tatsächlich die Nachbildung des Schöpfungshügels ist, kann man sich nur fragen: Hätte die Geheime Regierung, die wir heute als Deep State oder Tiefen Staat kennen, damals Erfolg gehabt, als Sirius direkt über Gizeh stand, welche unermessliche Kraft wäre dann auf unsere heutige, polarisierte Welt losgelassen worden?

Auch das werden wir vielleicht nie erfahren, doch wir wissen, dass es der dunklen Elite trotz ihrer erklärten Absicht *nicht* gelang, den *Benben*-Stein auf der Großen Pyramide zu platzieren. Punktum. Vergiss das nie, wenn dein Herz müde wird und du dich verloren fühlst, weil es *scheinbar* keine Hoffnung gibt und du denkst, die Dunkelheit könne das Licht auslöschen. Sie kann es nicht, und sie wird es nicht. Niemals.

Atum, die explosive schöpferische Kraft, ist der Erste in der Enneade der ägyptischen Götter und erscheint noch vor der Geburt oder Erschaffung der Erde. Er wird mit der Sonne Ra in Verbindung gebracht und in der Mythologie später als »Atum-Ra« bekannt.

Atum, der ägyptische Neter, der dem jüdisch-christlichen Gottesbegriff am nächsten kommt, wurde als »Vollkommenheit« verstanden – als Gott der gesamten Schöpfung: die Höchste Gottheit. In späteren Mythen wird Ptah diese Stellung zuerkannt, und die beiden Aspekte verschmelzen schließlich zu einem einzigen. Nach einer der vielen altägyptischen Interpretationen erhob sich Atum aus *Nun* und spuckte die ersten Zwillingsgötter aus. Sie wurden als »Zwillinge« bezeichnet, weil sie duale Aspekte des Elements Luft waren: Shu (die Luft) und Tefnut (die Feuchtigkeit).

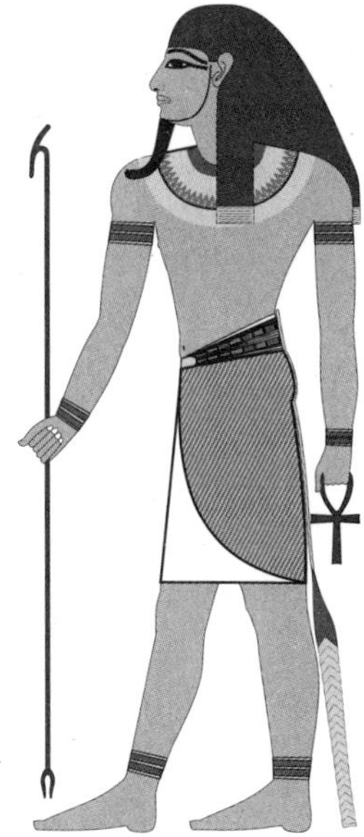

Abb. 30. Atum oder Atum-Ra

Wenn man die Metapher, dass Atum »spuckte«, als feurige Eruption interpretiert (denn er wird mit dem Element Feuer assoziiert), fällt es leicht, die mythologische Darstellung der Geburt des Universums aus einem Funken ursprünglicher Intelligenz zu erkennen – die Explosion von Energie: *Schöpfung*.

Im Grunde ist das die gleiche Erklärung, mit der Physiker den Urknall beschreiben: Das Universum entstand aus dem ersten Atom (Atum?), das bei seiner Explosion alle seine Teilchen und Frequenzen in den Empfangsfeldern des Kosmos verteilte. Dieses Konzept passt auch perfekt zu den Lehren des Hohen Rates vom Sirius, den ich channele, denn in ihnen wird beschreiben, wie wir uns, als Funken göttlichen Lichts, von der Quelle lösen, um das »Ich bin«-Bewusstsein zu erfahren.

Wie Lava aus einem mächtigen Vulkan strömt unser Geist in Wellen von unermesslicher, brillanter Leuchtkraft aus dem kosmischen Meer des »Alles-Was-Ist« hinein in die Gewässer unserer irdischen Welten – unsere Körper!

Denkt man an Hakim Awyans Beschreibung von Hawaii als dem Gebiet auf der Erde, wo die kosmische Energie austritt (»ausgespuckt« wird), erkennt man sofort, wie sich der Schöpfungsmythos in unserer dreidimensionalen Realität unaufhörlich abspielt: Aus dem Wasser entstehen die vulkanischen Berge der Erde. Die Lava explodiert als immerwährendes Feuer und erschafft neue Landformen, während die geschmolzene Masse ihren Weg zurück ins Meer findet. Dies erinnert uns in großer Deutlichkeit daran, dass die Schöpfung unendlich ist (ohne Anfang, ohne Ende) und dass sich die gesamte Existenz in einem Zustand ständiger Evolution … und Revolution befindet.

Denken Sie an die Große Pyramide (beachten Sie dabei, dass »Pyramide« im Griechischen »Feuer in der Mitte« bedeutet). Ist sie nicht eine perfekte Darstellung des urzeitlichen Hügels, aus dem Atum aufstieg, um die Feuer der Schöpfung auszuspucken und die dreidimensionale Realität zu manifestieren, in der wir uns heute befinden? Aus einer solchen Perspektive fällt es nicht schwer, sich vorzustellen, dass die Ägypter bei ihrem Bauwerk ein irdisches Modell des Hügels von Atum vor Augen gehabt haben könnten, von dem aus die höchsten Eingeweihten, beginnend mit den Pharaonen, auf ähnliche Weise in das spirituelle Reich – zu den Sternen – zurückkatapultiert werden konnten!

Sicherlich hatten die griechischen Philosophen das im Sinn, als sie dem Bauwerk den Namen »Pyramide« gaben.

Im Laufe der Zeit wurde Atum nicht nur als Vater der Götter, sondern auch als Vater der Pharaonen verehrt – als Schutzgott ihrer alten Abstammungslinien, die meines Erachtens, und Hakim sah das genauso, stellaren Ursprungs waren. Es ist faszinierend zu erfahren, dass die Götter wirklich von den Sternen kamen. In den Pyramidentexten wird dargestellt, wie Atum den toten Pharao aus seiner Pyramide in den Himmel hebt, um ihn in einen Sternengott zu verwandeln. So kehrt er in seine stellare Heimat zurück – zu den Sternensystemen von Sirius und Orion.

Haben die alten Ägypter Aufzeichnungen darüber hinterlassen, wie wir zu anderen Sternensystemen zurückkehren können? Oder könnte es sein, dass wir tatsächlich zu Sternen *werden*, an einem geheimnisvollen Baldachin, einer Illusion aus wirbelnden Lichtern und Energiemassen, die nur *scheinbar* ein Universum ist – ein Ort, in dem Raum und Zeit undefinierbar sind?

Was wäre, wenn das Licht, das wir als Stern am Himmel wahrnehmen, in Wirklichkeit das Licht einer Zelle – der Urzelle – eines jeden Lebewesens ist? Lässt der Schleier der Illusion uns vergessen, dass

Abb. 31. Der Gott Seb stützt Nut am Himmel. Nach einer Hieroglyphe gestaltetes Bild von E. A. Wallis Budge (1857-1934)

das Universum, das außerhalb des Raumes unserer Möglichkeiten zu existieren scheint, sich in Wahrheit im Inneren befindet?

> ⁘ <

Was die Zwillingsgötter Shu und Tefnut betrifft, so brachten sie durch ihre Vereinigung den Erdgott Geb und die Himmelsgöttin Nut hervor, unsere Welt und das ganze Universum.

Der Ägyptologe Sir Wallis Budge hat ein Gemälde geschaffen, das alle bis auf Tefnut vereint: Nut, die Göttin des Himmels, oben; Shu, die Luftgottheit, die den Himmel hält; und Geb, der Erdgott, unten. So stellten die Ägypter die »Anfänge« der Schöpfung durch die Elemente dar: Zuerst war da das Wasser, Nun, aus dem heraus das Feuer, Atum-Ra, die Luft spuckte. Aus der Luft, Shu-Tefnut, wurden die Erde, Geb, und der Himmel, Nut, geboren.

Abb. 32. Osiris

Nachdem Repräsentationen für alle Elemente – Erde, Meer, Himmel und Sonne (in Gestalt von Atum-Ra) – geschaffen waren, erscheint Osiris als Gott des Todes und der Auferstehung. Er ist der Herr der Unterwelt.

Die Legende von Osiris ist ausgesprochen komplex, und es gibt unzählige, oft einander widersprechende Interpretationen seiner Geschichte. Sehr interessant finde ich die Vermutung, er könnte einmal ein leibhaftiger Herrscher auf Erden gewesen sein, der dem alten Volk Ägyptens Harmonie und Wohlergehen brachte und mit seiner Schwester/Gattin Isis, der Göttin der Fruchtbarkeit und Liebe, regierte.

In der gesamten ägyptischen Geschichte zeigen die Darstellungen des Osiris ihn mit einer ungewöhnlichen grünen Hautfarbe, was Ägyptologen als Symbol interpretieren, weil das die Farbe der Wiedergeburt und der Fruchtbarkeit ist. Dazu trägt er die weiße Pharaonenkrone Oberägyptens, die auf beiden Seiten von einer Feder geziert wird, und hält den Krummstab und die Geißel der göttlichen Autorität der Pharaonen. Diese Symbolik nahm mit Osisiris offenbar ihren Anfang, was als Versuch der alten Ägypter gedeutet werden könnte, Osiris als ein leibhaftiges Wesen darzustellen, als den König einer früheren, vordynastischen ägyptischen Zivilisation.

Unsere mühsam ermittelte Geschichtsschreibung berichtet davon, dass die große Beliebtheit und die erfolgreiche Herrschaft des Osiris (zusammen mit seiner geliebten Königin Isis) seinen Bruder Seth erzürnte, der sich daraufhin gegen ihn verschwor. Und die bekannte Mythologie beschreibt, wie Seth heimlich die Maße von Osiris nimmt und einen kunstvoll geschmückten Sarg anfertigen lässt, in den sein Körper perfekt hineinpasst.

Der Sarg sieht aus wie eine wunderschöne, reich verzierte große Schatztruhe. Während eines großen Festmahls überredet Seth Osiris, sich in diese Truhe zu legen, die angeblich als Geschenk für denjenigen gedacht ist, der genau hineinpasst – ähnlich wie Aschenputtels Schuh. Sobald Osiris in der Truhe liegt, versiegelt Seth sie mit geschmolzenem Blei und wirft sie in den Nil, wo sie treibt, bis sie sich in einem Zedernbaum verfängt. So ist Osiris zu einem schrecklichen Erstickungstod verurteilt … und dazu, in Vergessenheit zu geraten.

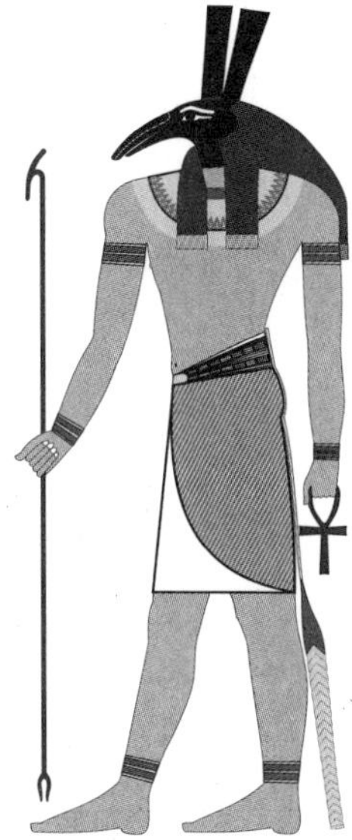

Abb. 33. Set oder Seth

Später findet Seth den Sarg und zerstückelt den Körper des Osiris, wobei er die Körperteile verstreut, um zu verhindern, dass er jemals wieder ins physische Leben zurückkehren kann: eine wahrhaft grausame Mordgeschichte voller metaphysischer Allegorien.

Dem Mythos zufolge verwandelt sich die Göttin Isis daraufhin in einen Vogel, um über Ägypten zu fliegen und alle Teile ihres toten Mannes zu suchen. Sie findet dreizehn der vierzehn Teile, die sie in Form einer Mumie wieder zusammensetzt. Das fehlende Teil, der Penis, soll von einem Fisch verschluckt worden sein, also formt sie einen Phallus aus dem Schlamm (Erde) des Nils (Wasser) und legt ihn auf die Mumie von Osiris, um die magische Wiederbelebung ihres toten Mannes vorzubereiten.

Diese magische Auferstehung des Osiris soll in Abydos stattgefunden haben.

Isis breitet ihre Schwingen aus und fächert (Luft) das Leben in ihn zurück, schürt die innere Flamme (Feuer), bis der Phallus sich aufrichtet – dann legt sie sich auf Osiris und empfängt auf magische Weise Horus, ihren Sohn, der später den Tod seines Vaters rächt.

Abb. 34. Isis

Dieser heilige Moment ist in den Reliefen an der Südwand der Sokar-Osiris-Kapelle in Abydos wunderschön dargestellt.

Um dieses Wunder zu vollbringen, wird Isis von ihrer Schwester Nephthys (vom ägyptischen Namen *Nebt-het*, der nach klassischer Definition »Hausherrin« bedeutet), der Frau des Seth, unterstützt. Trotz ihrer ehelichen Verbindung mit dem bösen Seth ist sie ihrer Schwester Isis und ihrem Bruder Osiris treu ergeben und hilft Isis bei der Magie, die Osiris für den Moment der Kopulation wieder zum Leben erweckt, um Isis ihren Sohn Horus zu gebären.

Danach findet jeder seinen Platz: Osiris, in seiner mumifizierten Form, lebt als Herr der Unterwelt weiter. Horus, sein Rächer, wird zum Herrscher der Lebenden, der böse Seth ist zu einem Leben in Chaos und Dunkelheit verdammt, und Isis, die Mutter des Horus, wacht über die Herrschaft ihres Sohnes.

Unter Gelehrten und Metaphysikern tobt die Debatte: Waren Osiris und Isis Könige des atlantischen Reiches, die ihr Licht und ihre Weisheit nach Ägypten brachten, um dort ihre sterbende Zivilisation wiederzubeleben? War Osiris ein Sterblicher, der Ruhm als großer König und Menschenfreund erwarb? Starb er durch die Hand seines Bruders, eines geistesgestörten Mörders, und wurde er nach seinem Tod als »Herr der Unterwelt« religiös verehrt?

Oder ist er die Vergöttlichung des Übergangs, des Prozesses, durch den wir im Tod zur Unsterblichkeit gelangen? Ist Osiris die metaphorische Verkörperung des wichtigsten Aspekts der sterblichen Existenz – des Übergangs aus der Dichte durch den Dunst zwischen den Welten, die *Duat*, in das Licht höherer Dimensionen?

Die Ägypter assoziierten Isis mit dem sirianischen Stern Sothis – dem blauweißen Stern, der kühn am Winterhorizont der nördlichen Hemisphäre leuchtet. Osiris verknüpften sie mit Sirius B, Satais, dem aufgestiegenen Stern, der jetzt die Frequenz in der sechsten Dimension hält, der Quelle der Botschaften, die ich von den Sprechern des sirianischen Rates empfange.

Ich glaube, dass der Osiris-Mythos keine Erzählung über besondere, königliche Menschen aus Atlantis darstellt, sondern

Abb. 35. Isis empfängt Horus

reale kosmische Ereignisse beschreibt – die gleichen Ereignisse, die auch in den drei Bänden der *Lichtbotschaften vom Sirius* beschrieben werden. Die Khemiter verfügten als Vorgänger der altägyptischen Kultur bereits über genaue Kenntnisse des sirianischen Sternensystems und kleideten diese anschließend in Begriffe, die das Volk verstehen konnte.

Der Mythos erzählt, dass Osiris (Sirius B) in einem mit geschmolzenem Blei versiegelten Sarg begraben und später in Stücke geschnitten wird. Könnte es sich bei diesem »geschmolzenen Blei« um eine Art Plasma handeln, das von Sirius C während seines Aufstiegs ausgestoßen und in den Körper von Sirius B geschleudert wird? Wenn wir uns vorstellen, dass dieses Ereignis die physische Materie von Sirius B zur Explosion bringt, während der Stern aufsteigt, hätten wir eine Übereinstimmung mit der Beschreibung, dass Osiris »in Stücke geschnitten« wird.

Isis (Sirius A) sammelt die Teile ein, um mit neuem Leben besät zu werden und aus dieser Vereinigung einen Sohn zu gebären. Soll uns damit gesagt werden, dass Sirius A von Sirius B ausgesät wurde, bevor dieser Stern aufstieg, so dass innerhalb des Sternensystems von Sirius A ein neues Bewusstsein geboren werden konnte?

Ist »Isis« unser Eines Herz?

Formen wir mit Hilfe dieser vereinten Herzkraft aus dem schwarzen Schlamm des Amun, dem Zeitalter der Finsternis, das wir hinter uns lassen, den Aktivator (den Phallus des Osiris), der die Menschheit aus der Finsternis ins Licht erheben wird, so dass wir eine Neue Morgendämmerung hervorbringen?

Und was ist mit Sirius C, der mal mit Nephthys und mal mit ihrem Sohn Anubis in Verbindung gebracht wird? Die Ägypter verbannten diese beiden Götter ebenfalls in die Unterwelt – wie bei Sirius B (Osiris) ein Hinweis darauf, dass sie in eine andere Bewusstseinsebene überwechselten.

Dem berühmten Mythos zufolge war Seth zu einem Leben in Dunkelheit und Chaos verdammt. Könnte es sein, dass er das Abbild des Planeten Nibiru ist, der in einem verzweifelten Ringen zwischen Sirius und unserer Zentralsonne Ra aus der Aufstiegsbahn von Sirius C herausgeschleudert wurde und dadurch in eine Art ewige Verbannung geriet?

Nephthys, zu deren Symbolen die Krähe und *Totenköpfe* gehören, wird mit dem Tod assoziiert und dient dem Mythos nach als Beschützerin der Toten, wobei das aber offenbar eine stark vereinfachende Interpretation ist.

In einem englischen Wikipedia-Artikel zu Nephthys wird diese Göttin in sehr geheimnisvollen Worten beschrieben. Es sei allerdings darauf hingewiesen, dass dies der Eintrag aus dem Jahr 2010 ist. Der aktuelle Eintrag unterscheidet sich hiervon erheblich:

....

»Nephthys ist eine Göttin unbestimmten Ursprungs, aber im Gegensatz zu vielen irrtümlichen Behauptungen bedeutete ihr altägyptischer Name keineswegs ›Dame des Hauses‹, als bezöge er sich auf ein gewöhnliches menschliches Heim. Sie wurde in keiner Weise mit der Vorstellung einer ›Hausfrau‹ assoziiert, auch nicht mit der ersten Dame, die dem üblichen altägyptischen Haushalt vorstand. Dies ist ein weit verbreiteter und schwerwiegender Irrtum, der in sehr vielen Kommentaren zu dieser Gottheit immer wieder auftaucht. Vielmehr bedeutet ihr Name ganz konkret: Herrin der [Tempel-]Umfriedung.

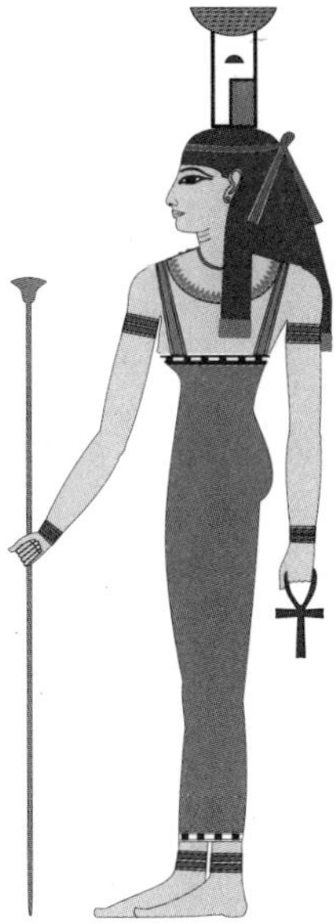

Abb. 36. Nephthys

Dieser Titel (der eher ein Beiname als ein Göttinnenname zu sein scheint) deutet wahrscheinlich auf die Verbindung von Nephthys mit einem bestimmten Tempel oder einem spezifischen Aspekt des ägyptischen Tempels hin, deren Bedeutung sich heute teilweise nicht mehr entschlüsseln lässt. Wir wissen jedoch aus zahlreichen Quellen, dass Nephthys (zusammen mit ihrer Schwester Isis) den Tempelpylon oder großen Fahnenmast repräsentierte, mit dem die Behausungen der Götter kenntlich gemacht wurden. Aufgrund ihrer sehr stromlinienförmigen Rolle als Schutzgottheit können wir sogar die einfachste mögliche Erklärung in Betracht ziehen, wonach Nephthys ihrem einzigartigen Beinamen wirklich gerecht wird und mit der grundlegenden Tempel-Schutzmauer gleichzusetzen ist. Alle anderen Versuche, den genauen Ursprung dieser Göttin zu bestimmen, bleiben spekulativ. Ihr Name scheint jedenfalls ein Beiname zu sein, der den ursprünglichen, heiligen Namen dieser Gottheit (wie auch immer er lautete) verbirgt, denn heilige Namen wurden geheim gehalten.«

• • • • • • • • • •

In meinem Buch *Atlantis steigt auf* bezeichnen die Sirianer den Ort in Atlantis, wo das Komitee der Dreizehn Kristallschädel aufbewahrt wurde, als den Tempel der Nephthys – die »grundlegende Tempel-Schutzmauer«, wie es bei Wikipedia damals hieß. Wenn man über die verborgenen Botschaften des Mythos nachdenkt, verwundert es da, dass ihr Name ein Beiname ist, der die wahre Identität dessen verschleiert, was die Menschen jener fernen Zeit mit Hilfe von Lichtwesen aus anderen Welten geheim hielten ... in Erwartung des Erwachens der Menschheit?

In einigen Geschichten wird die Zahl der verstreuten Teile von Osiris' zerstückeltem Körper mit vierzehn angegeben, in anderen mit dreizehn. Dieser Widerspruch rührt von zwei verschiedenen Aspekten derselben Geschichte her und bedarf der Klärung. Der Mythologie zufolge zerschneidet Seth den Körper des Osiris in vierzehn Teile und verstreut die Teile dann über das Land Khemit, Isis findet aber nur dreizehn Teile.

Dass Isis tatsächlich nur dreizehn Körperteile findet und dann einen vierzehnten, den Phallus des Osiris, erschafft, lässt bei metaphysisch Suchenden viele Glocken läuten. Es schwingt die Geschichte von den dreizehn Kristallschädeln aus Atlantis mit, die uns in zahlreichen Mythen begegnet, überliefert durch verschiedene mündliche Traditionen, und die jetzt in den Vordergrund unseres Bewusstseins rückt.

In *Atlantis steigt auf* beschreiben die Sprecher des Hohen Rates vom Sirius, wie zwölf der dreizehn Kristallschädel aus Atlantis (ein komplexes multidimensionales »Computersystem«, das der Menschheit von den sirianischen Ältesten geschenkt wurde) einzeln an verschiedene Orte auf der Erde gebracht wurden, damit die ultimative Macht, die sich aus ihrer Vereinigung ergibt, nicht in die Hände der dunklen Krieger jener Zeit fiel: der Dunklen Bruderschaft von Atlantis.

Diesem Text zufolge wurde der dreizehnte Schädel, der »Meister«, absichtlich dematerialisiert und seine Schwingungsessenz in eine Art multidimensionales holografisches Feld (vielleicht die Bundeslade?) gebracht, um dort auf die erfolgreiche Wiedervereinigung der anderen zwölf zu warten.

Wenn wir den Osiris-Mythos mit Blick auf unsere moderne Technologie neu lesen, erkennen wir, dass darin die Erschaffung eines Hologramms beschrieben wird. Laut Wikipedia, zitiert aus einem Artikel vor 2010, handelt es sich dabei um Folgendes:

• • • • • • • • • •

»Holografie (von griechisch *-hólos* ganz + *-graf?* schreiben, zeichnen) ist eine Technik, mit der das von einem Objekt gestreute Licht aufgezeichnet und später rekonstruiert werden kann, so dass es aussieht, als befände sich das Objekt in derselben Position relativ zum Aufzeichnungsmedium wie zum Zeitpunkt der Aufnahme. Verändern sich Position und Ausrichtung des Betrachtungssystems, verändert sich entsprechend auch das Bild, als wäre das Objekt noch vorhanden. Damit entsteht der Eindruck, das aufgezeichnete Bild (Hologramm) wäre dreidimensional.«

• • • • • • • • • •

Diese moderne Entdeckung der Lichttechnologie beschreibt in technischen Begriffen, wie die Wiedervereinigung der zwölf sirio-atlantischen Kristallschädel das Schwingungsfeld erzeugt, in dem der dreizehnte Schädel in der Lage sein wird, sich in dreidimensionaler Dichte zu rematerialisieren und erneut ein riesiges Portal in die Nicht-Zeit zu öffnen. Damit werden wir in eine Neue Morgendämmerung eintreten – in das, was Hakim das *Khepre* nannte.

So lässt sich viel umfassender als mit der ägyptischen Legende erklären, wie es Isis gelang, den Körper von Osiris »wiederzubeleben«. Offenbar soll uns hier gezeigt werden, dass im »verstreuten Licht« des Osiris die Erinnerung an die gesamte Form gespeichert war.

Es würde auch erklären, und zwar auf wunderschöne kosmische Weise, warum die Sirianer die Kristallschädel schufen und der Erde schenkten. Das Schädelkomitee soll der Superspezies *Homo sapiens*, die Saat aus anderen Sternensystemen ist, helfen. Diese unglaublichen Artefakte, Aspekte vom Licht des Osiris (Erleuchtung), wurden später über die Welt »verstreut«, so wie die dreizehn Teile von Osiris' Körper (Stern von Satais) das höhere Bewusstsein von Sirius B in den erwachenden Körper seines Schwestersterns Sirius A (Isis) einpflanzten.

Das Licht der Gesamtheit aller dreizehn Schädel, das multidimensionale »Computersystem«, blieb in jeder der zwölf Einheiten enthalten, selbst als sie voneinander getrennt und verstreut wurden. Der dreizehnte Schädel, der Schädel des Osiris, ist das Hologramm, das aktiviert wird, wenn diese zwölf wieder vereint sind und die gesamte Erinnerung abgerufen wird. Und, bei den Göttern, es ist eine perfekte Allegorie dafür, wie die Lichtcodes unserer ursprünglichen zwölf DNA-Stränge in uns verstreut wurden und nun durch die Schaffung neu entstehender bewusster Lichtströme zu ihren ursprünglichen Funktionen zurückgerufen werden. Dadurch werden wir in die Lage versetzt, unser wahres Erbe als eine Superspezies von Lichtwesen und Hütern des physischen Universums zu erkennen.

Die Sirianer sagen uns, dass die Anunnaki von Nibiru für die Erzeugung der elektromagnetischen Störung verantwortlich waren, durch die unsere DNA zerstreut und in uns sogenannte »Müll-DNA« erzeugt wurde. Wenn wir Seth als den Planeten Nibiru interpretieren, dann passt das alles zusammen.

Wir haben die Geschichte der Aussaat, der Trennung und der Wiedervereinigung, durch die wir erkennen, dass, wenn die zwölf Kristallschädel wieder vereint sind, der dreizehnte erscheinen wird und der Menschheit Erleuchtung bringt … und wenn die zwölf Stränge unserer lichtkodierten DNA aktiviert und wieder vereint sind, erlangen wir Erleuchtung: Osiris, die Christusenergie, die göttliche Gegenwart.

9

Zwölf Pforten zur Unsterblichkeit

Das *Ägyptische Totenbuch* beschreibt die *Duat* oder »Unterwelt«, in der sich die Sonnenscheibe Ra in der Dunkelheit durch zwölf Tore oder Pforten bewegt. Ägyptologen interpretieren das als »die zwölf Stunden der Nacht«, wobei solche Interpretationen allerdings ständig diskutiert werden. Es ist die gleiche Reise, wie sie die Seele des Pharaos beim Übergang vom Leben in irdischer Form zum göttlichen Leben als himmlisches Lichtwesen – einem Stern am Himmel – zurücklegen wird.

An jeder Pforte wird Ra auf seiner Reise zurück nach oben zum Himmel mit mächtigen Kräften konfrontiert, die als »Dämonen der Dunkelheit« dargestellt werden. Doch letztlich erscheint er wieder, um die Welt zu erhellen – eine Demonstration der unbezwingbaren Kraft und des unendlichen Lichts der Götter.

Interessanterweise wird die *Duat* in Hieroglyphen, wie hier gezeigt, als fünfzackiger Stern in einem Kreis dargestellt. Kein Metaphysiker, der etwas auf sich hält, kann die Tatsache übersehen, dass dieses Symbol genau mit dem Wicca-Symbol des Pentagramms übereinstimmt, und ich war sofort von seiner magischen Bedeutung beeindruckt.

Wenn man die menschliche Form auf den fünfzackigen Stern überträgt, wobei jedes der vier Glieder zu den Spitzen hin ausgestreckt und der Kopf mit der oberen Spitze verbunden ist, wird uns der Mensch als Stern gezeigt – der Mensch als Mikrokosmos des makrokosmischen Universums. Das ist das in der berühmten Sma-

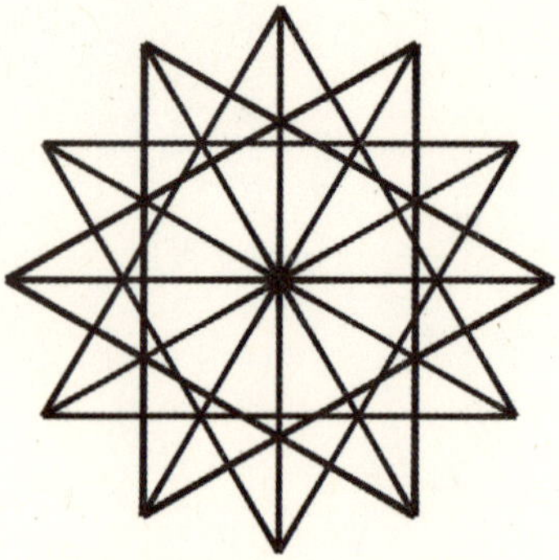

Abb. 37. Die zwölf Stunden der Nacht

ragdtafel des Hermes Trismegistos beschriebene Prinzip: »Wie oben so unten, und wie unten so oben.«

Warum besteht die Glyphe, welche die *Duat* darstellt, aus einem fünfzackigen Stern, der von einem Kreis umgeben ist – und welche verborgene Bedeutung hat das für uns?

Die Eingeweihten der Mysterienschule des Pythagoras betrachteten das Pentagramm als Symbol der Vollkommenheit, und zwar aufgrund seiner heiligen geometrischen Aspekte: Seine Form repräsentiert den Goldenen Schnitt und verkörpert das Dodekaeder (den fünften platonischen Körper, der mit dem »Äther« gleichgesetzt wurde). Das Dodekaeder besteht aus zwölf identischen Fünfecken.

Offenbar stößt man, egal wo man in den mystischen Traditionen nachschaut, immer wieder auf die »Zwölf«.

Wenn man bedenkt, dass das Symbol der *Duat* die Informationen der Pythagoräer und anderer spiritueller Traditionen enthält (der »Mensch« als Stern, umgeben von dem, was in der Wicca-Bewegung als »schützendes Feld« bezeichnet wird – die erhabene Form des geistigen Menschen), wird klar, dass geheime Bedeutungen in die Geschichte der *Duat* eingewoben sind und höchstwahrscheinlich erst noch enthüllt werden müssen.

Die Pharaonen glaubten, dass die Seele, der *Ba*, nach dem Tod durch die *Duat* reisen muss, um zu den Sternen zurückkehren zu können, von wo sie ursprünglich auf die Erde herabgestiegen war. Sie nahm dann am Nachthimmel ihren Platz als Stern ein. Auf ihrem Weg durch die Läuterung und schließlich zur Auferstehung musste die Seele zwölf Tore durchschreiten. An jedem erwarteten sie Herausforderungen und Gefahren, die sie zu überwinden hatte.

Die Klassizisten sagen uns, dass *Dua* »Morgendämmerung« heißt und dass dieses Wort, wenn man das »t« am Ende anhängt, eigentlich »dämmerndes Auge« bedeutet. Sie erklären, der Stern in dem

Symbol sei eine Darstellung der Sonne nach Vollendung ihrer Reise durch die zwölf Pforten – aber auch hier glaube ich, dass in dem Symbol und der Geschichte dieser mystischen Reise weitaus tiefere Bedeutungen verborgen sind. In der magischen, verschlüsselten Sprache des Textes gibt es Hinweise auf ganz andere Bedeutungen des *Totenbuchs* als die, die von alten und neuen Ägyptologen festgeschrieben wurden.

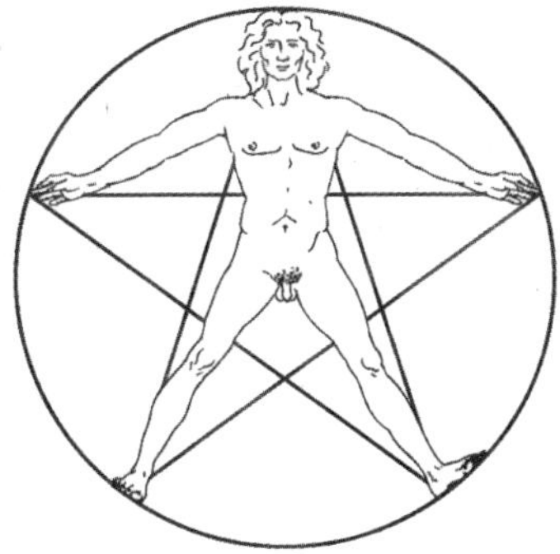

Abb. 38. Der Vitruvianische Mensch

Beginnen wir mit einem Rückblick auf die heilige Zahl Zwölf, um herauszufinden, welche Gemeinsamkeiten zwischen den Mythen und den Lehren des Hohen Rates vom Sirius zu finden sind:

• • • • • • • • • • •

- Es gibt in uns zwölf DNA-Stränge, nicht nur zwei, und das dreizehnte Element ist die aktivierte Zirbeldrüse. Die zehn Stränge unseres genetischen Materials, die wir durch die Wiederzusammensetzung der verstreuten DNA-Bestandteile zu reaktivieren beginnen, schlummern seit der Zeit der Anunnaki-Intervention auf unserem Planeten in uns. Diese Intervention wird in den *Lichtbotschaften vom Sirius* und in *Atlantis steigt auf* ausführlich beschrieben.
- Es gibt zwölf Kristallschädel – der dreizehnte ist der Meisterschädel, der derzeit nicht in physischer Form manifestiert ist, sondern in einem Hologramm verborgen gehalten wird, bis die zwölf Schädel wieder vereint wurden.
- Es gab zwölf Apostel – Jesus Christus war das Licht, der dreizehnte, der Aufgestiegene Meister.

Abb. 39. Der Seestern im Kreis

- Zwölf Ritter saßen mit König Artus an der Tafelrunde.
- Den Theosophen zufolge gibt es zwölf heilige Planeten, die um unsere Zentralsonne kreisen: den dreizehnten Himmelskörper.
- In der *Duat* gibt es zwölf Pforten, die von der Seele durchschritten werden müssen, bevor sie aufsteigen und ihren Platz bei den Sternen einnehmen kann – als »dämmerndes Auge«.
- Zwölf Schlangengöttinnen erhellen den Weg durch die tiefe Dunkelheit der *Duat*. Da wir wissen, dass die Schlange mit ihrer Wellenform oft als Symbol für Energie verwendet wird – könnte das nicht eine verschlüsselte Beschreibung des Lichts oder der piezoelektrischen Energie sein, die von Schädel zu Schädel wandert?
- Das zwölfte und letzte Tor wird von zwei Kobras bewacht, den Göttinnen Isis und Nephthys. Es öffnet sich für das aufsteigende Licht.

• • • • • • • • • •

Dieses Konstrukt von zwölf Elementen um ein dreizehntes herum taucht in vielen Aspekten unseres Lebens auf, die zu einem großen Teil auf alten, überlieferten Glaubenssätzen und Schilderungen beruhen.

Unser Jahr hat zwölf Monate; die Uhr ist in einem Kreis von zwölf Stunden um ein zentrales Zifferblatt angeordnet. Auch die Pyramide, vier Seiten eines dreiseitigen dreieckigen Zifferblatts (insgesamt zwölf Seiten), wird von einer zentralen Basis – der dreizehnten – getragen.

Ich entdeckte diese Synchronizität zwischen dem Text, der die *Duat* (das »dämmernde Auge«) beschreibt, und den Informationen, die ich anderen Texten entnommen habe, bei meiner Suche nach einer Entschlüsselung der verborgenen Botschaften, die uns die altägyptischen Schreiber hinterließen.

Im *Papyrus des Ani*, einem Abschnitt des *Totenbuchs*, las ich fasziniert die folgende Transkription:

. . . .

»Die geheimen Wege des Amentet und die Art und Weise, wie dieser große Gott in seinem Boot über das Wasser gerudert wird, um die Pläne der Götter der Tuat [*Duat*] auszuführen, deren Versammlung, die durch das Aufrufen (ihrer) Namen erfolgt, die Manifestation ihrer Gestalten (oder Formen) und geheimen Stunden, das sind Dinge einer geheimen Darstellung der Tuat, die den Männern und Frauen nicht bekannt ist.

Wer immer dieses Bild in eine schriftliche Form bringt, entsprechend der Darstellung dessen, was die verborgenen Dinge der Tuat am südlichen Ende des Verborgenen Palastes enthalten, und wer immer diese kennt, wird im Zustand von jemandem sein, der in der Tuat üppig Opfergaben vergibt, und er wird vereint sein mit den Gaben der Götter, die in der Nachkommenschaft von Osiris stehen, und seine Eltern werden die Opfer darbringen, die auf der Erde obligatorisch sind.

Die Majestät dieses großen Gottes sendet Worte aus, und er bringt (den Göttern) der Tuat göttliche Gaben dar, und er steht bei ihnen, und sie sehen ihn, und sie haben die Herrschaft über ihre Felder und über die ihnen dargereichten Gaben, und sie bewirken ihre Verwandlungen aufgrund der Worte, die dieser große Gott zu ihnen gesprochen hat.«

. . . .

Als ich diesen Text las, ersetzte ich den Begriff »Götter« durch ein Bild der antiken sirio-atlantischen Kristallschädel, und schon vernahm ich eine ganz andere Geschichte, die sich von den unklaren Interpretationen, die wir bisher hatten, abhob.

Ist es möglich, dass die Ägypter tatsächlich verschlüsselt von den zwölf Kristallschädeln gesprochen haben, die den Atlantern von Lichtwesen vom Sirius geschenkt worden waren?

Führt der geheime Weg des Amentet zu einem Übergang aus der dritten Dimension, an ein Tor des Kristallschädelkomitees innerhalb der »Umfriedung« – im Tempel der Nephthys?

Der Text spricht von der »Versammlung der Götter der Tuat, die durch das Aufrufen ihrer Namen erfolgt«, von der Manifestation ihrer Gestalten und ihren geheimen Stunden.

Bezieht sich das vielleicht darauf, dass jeder Schädel einen spezifischen Namen oder eine Klangschwingung hat, die mit seiner physischen Manifestation in der dritten Dimension in Resonanz steht – und verweist die »geheime Stunde« auf den Zeitpunkt ihrer Wiedervereinigung auf der Erde?

Das *Pfortenbuch* oder *Buch von den Unterweltlichen* nennt uns die Namen der einzelnen Tore, und diese könnten sehr wohl die Namen (oder – noch wichtiger – die Klangcodes) für jeden der Schädel sein. Der Text sagt uns in verschlüsselter Form, dass ihre »Versammlung, bei der sie mit ihrem Namen aufgerufen werden« zu den Dingen gehört, »deren geheime Darstellung der Tuat den Männern und Frauen nicht bekannt ist«.

Der Text sagt uns, dass es eine andere, geheime Interpretation der *Duat* gibt, die nicht aufgezeichnet wurde, »den Männer und Frauen nicht bekannt ist« – was die oberflächlicheren, offensichtlicheren Interpretationen, die wir von der historischen Ägyptologie übernommen haben, außer Kraft setzt.

Es kann sehr gut sein, dass das Erklingen dieser Namen oder Klangmuster der Schlüssel zur Aktivierung der zwölf Kristallschädel ist, die uns zum dreizehnten – dem Meister – führen werden.

Die Pforten sind wie folgt benannt …

• • • • • • • • • • •

Erstes Feld:	Net-Ra
Zweite Pforte:	Saa-Seth
Dritte Pforte:	Aquebi
Vierte Pforte:	Tchetbi
Fünfe Pforte:	Teka-Hra
Sechste Pforte:	Seth-em-Ma'at-f
Siebte Pforte:	Akha-En-Ma'at
Achte Pforte:	Seth-hra

Neunte Pforte: Ab-ta
Zehnte Pforte: Sethu
Elfte Pforte: Am-netu-f
Zwölfte Pforte: Sebi Reri

Das *Pfortenbuch* ist in die Wand des Totentempels von Sethos I. eingemeißelt, und zwar in den Gang, der heute zum Osireion hinausführt, einer kleinen Tempelanlage, die unmittelbar hinter dem Tempel von Sethos I. zu Ehren von Osiris errichtet wurde. Bei diesem Gang handelt es sich aber eindeutig nicht um den ursprünglichen Eingang zu dem antiken Bauwerk; der wurde nie gefunden – auch wenn Omm Sety in ihren medialen Visionen im Tempel nahe daran gewesen sein mag.

Dennoch ist es faszinierend, dass die zwölf Pforten auf dieser Wand abgebildet sind, als hätte Sethos I. selbst versucht, Hinweise zu hinterlassen, die zukünftige Adepten durch die Hallen von Amenti und ins Licht der Sterne führen sollten.

Das *Pfortenbuch* erzählt uns, dass Ra in der zwölften Stunde der *Duat* an einer Pforte, »einem geheimnisvollen Eingang«, ankommt. Beschreibt dieses Geheimnis das Osireion, das sogenannte »Grab des Osiris«, einen Ort von immenser Energie und noch größeren Geheimnissen? Ist dieser »geheimnisvolle Eingang«, auf den im *Pfortenbuch* angespielt wird, eine Darstellung des multidimensionalen Portals, welches das Hologramm des dreizehnten Kristallschädels enthält – des Meisterschädels … des transformierenden Osiris?

10

Das Nephthys-Portal

Angesichts solcher faszinierenden Gedanken über die im *Pfortenbuch* versteckten Geheimnisse erschien mir meine Entdeckung, dass in dem Mythos von der Ermordung des Osiris sein Kopf, der dreizehnte Teil seines Körpers, im Osireion von Abydos verortet wird, mehr als nur prophetisch.

Ich fand die folgende Überlegung überzeugend: Das geheimnisvolle Osireion in Abydos, ein megalithisches Rätsel, das die Khemiter auf ein Alter von fünfzigtausend Jahren datieren, könnte womöglich der Ort sein, der die holografischen Koordinaten des Meisterschädels (des »Kopfs des Osiris«) enthält. Ich fragte mich deshalb: Ist es vielleicht vorgesehen, dass – unter den immerwährenden Wassern, die in das Osireion sickern und dessen trübe Tümpel ein uraltes Geheimnis verbergen – der Meisterschädel dort in dem Moment Gestalt annimmt, wenn die zwölf Teile des galaktischen Computernetzwerks, des vollständigen Kristallschädelkomitees, von den Bewahrern der Kristallschädel auf der ganzen Welt wieder zusammengesetzt worden sind?

Wenn man davon ausgeht, dass Osiris eine Metapher für den tatsächlichen *Durchgang* zwischen den Welten und Dimensionen ist und dass Nephthys selbst das »verborgene« Tor oder Portal ist (schließlich ist sie ja seine Wächterin und Hüterin!), scheint es mir offensichtlich zu sein, dass Abydos und das Osireion (wo angeblich der »Kopf des Osiris« ruht) zumindest einen der Schlüssel zum Geheimnis der Kristallschädel enthalten.

Ist es nicht an der Zeit, den Schlüssel umzudrehen und die geheimen Gänge zu öffnen? Können wir dort durch die »Wurmlöcher« der Dimensionen in die Nicht-Zeit eintreten?

Dieser wichtige Mythos ist eine archetypische Darstellung unserer neu gebündelten DNA, in einer Zeit, in der wir die ruhenden DNA-Fragmente in uns reaktivieren, um wieder zu vollentwickelten zwölfsträngigen Lichtkörperwesen zu werden.

In diesem großen Mythos wird uns mitgeteilt, wie wir zu Osiris (dem Weg durch die dimensionalen Realitäten) gelangen können, wenn wir die verstreuten Bruchstücke unserer deaktivierten DNA (den Schlamm) – Metapher für unsere letzten Jahre der Dunkelheit hier auf der Erde – zurückholen und wieder vereinigen. Das verwirklichen wir, indem wir der Schablone (dem Phallus), dem elektrischen männlichen Prinzip, eine Form geben, um Isis (die Gebärmutter), die weiblichen magnetischen Kräfte Gaias, zu besamen, so dass wir Horus, die Neue Morgendämmerung der erleuchteten Menschheit, gebären können.

Das ist ganz wundervoll, denn wenn das der Fall ist, wohnt dann nicht der Pharao in jedem von uns?

Da uns die Geschichte zu diesem »al-khemischen« Augenblick hinführt, müssen wir den sprichwörtlichen verborgenen Schädel des Osiris (also die Koordinaten dieses multidimensionalen Hologramms) finden. Erst dann kann der Transformationsprozess unserer noch nicht aktivierten DNA beginnen.

> ⁘ <

In meinem Buch *Atlantis steigt auf* weisen die Sirianer, wie schon erwähnt, darauf hin, dass sich das Kristallschädelkomitee im »Tempel der Nephthys« befand. Dieser Ort, sagen sie, lag »in einer Amethystgrotte tief unter der Erde, die den Yzhnüni als Kultstätte diente« – jenen Bewohnern des aufgestiegenen Planeten Satais oder Sirius B, der als Yzhnü nicht mehr Teil des materiellen Universums war. Die Yzhnüni waren die ersten Sirianer, die sich als Sternensaat in humanoider Gestalt auf der Erde verdichteten. Das bereitete ihnen große Schwierigkeiten, weil sie es nicht mehr gewohnt waren, sich in der dritten Dimension zu manifestieren.

Wenn ich die sirianische Beschreibung dieses inneren Referenzpunktes auf der Erde richtig interpretiere, befindet sich der Tempel der Nephthys mit ziemlicher Sicherheit unter dem Bermuda-Dreieck – jenem als »Teufelsdreieck« bekannten Gebiet, in dem seit Jahrzehnten immer wieder Schiffe und Flugzeuge vom Kurs abkommen oder gar vom Radar verschwinden!

In dem Kapitel »Das Schädelkomitee« von *Atlantis steigt auf* heißt es ganz unmissverständlich:

....

»Obwohl der Tempel der Nephthys weit hinab in die Tiefen eurer Welt gezogen wurde, ist seine kristalline Form unter dem sandigen Meeresboden des Atlantischen Ozeans bis heute intakt. Er bleibt einer der mächtigsten Vortexpunkte auf eurem Planeten, und seit unzähligen Jahrzehnten verschwinden dort Schiffe und Flugzeuge buchstäblich im Nebel. Diese mysteriösen Ereignisse finden eindeutig statt, denn es existieren zahlreiche und sehr detaillierte offizielle Berichte über das Verschwinden von militärischer Ausrüstung, Seeschiffen und ganzen Besatzungen. Sie verschwanden von einer Sekunde zur anderen von den Radarschirmen: eine wissenschaftliche ›Unmöglichkeit‹.«

....

Ich wusste: Wenn die sirianischen Sprecher uns einen so spezifischen Hinweis übermitteln, dann muss es eine Verbindung geben, etwas Greifbares, mit dem ich arbeiten kann. Aber wo sollte ich mit meiner Suche danach beginnen? Ich gelangte zu dem Schluss, dass die Linien von Gaias Energiegitter – eine Aufzeichnung der primären Kraftfelder dieses wunderbaren Planeten – jener Leitfaden sind, der modernen Suchenden ebenso dienen kann, wie er früher eindeutig auch schon von den Menschen des Altertums genutzt wurde.

Nun, folgerte ich, es gibt eine ganze Reihe faszinierender Diagramme und Gitternetzkarten, bei denen man die Heilige Geometrie der Platonischen Körper und andere geophysikalische Bezugspunkte sowie die harmonischen Resonanzspitzen der Erde verwendet, um die Energielinien und Kraftpunkte des Planeten genau zu bestimmen. Und bei der Beschäftigung mit diesen Ressourcen stieß ich auf eine von William Becker und Bethe Hagens im Jahr 1987 erstellte Karte des Gitternetzes unseres Planeten, die sich auf frühere Diagramme russischer Wissenschaftler stützt. Sie zentrierten diese Karte an der Großen Pyramide und richteten sie dann an den axialen Nord- und Südpolen des Planeten aus. So entstand ein sehr beeindruckendes Diagramm der bioelektromagnetischen Systeme der Erde.

Die Frage lautete nun: Wenn der Tempel der Nephthys bei den Bahamas unter dem Meeresboden liegt, in welcher Verbindung steht er dann zu Ägypten? Und ich fand die Verbindung: Das Bermudadreieck liegt auf derselben nördlichen Breitengrad-Gitterlinie wie ein Hauptpunkt des Atlantischen Rückens, der oberste nördliche Punkt des alten Dogon-Volkes in Westafrika, die Große Pyramide von Gizeh – und sogar Lhasa in Tibet!

Wenn Sie die horizontale Energiegitterlinie studieren, die durch Kairo verläuft (genauer gesagt, durch die Große Pyramide), können Sie die gerade genannten Orte genau bestimmen. Beachten Sie auch, dass diese Orte mit sekundären Energiepunkten auf dem Planeten im Dreieck liegen. Von diesen sind viele als »schreckliche Strudel« der Erdenergie bekannt, doch zugleich handelt es sich bei ihnen oft um die Standorte alter Kultstätten. Sie werden zum Beispiel feststellen, dass die Osterinsel einen Kardinalpunkt in einem dreieckigen Energiemuster bildet, das direkt mit dem »Teufelsdreieck« zwischen Bermuda und den Bahamas verbunden ist.

Ich höre schon die Skeptiker aufschreien, von den klassischen Archäologen bis zu den modernistischen Interpreten der ägyptischen Geschichte und des Mythos, aber ich präsentiere Ihnen hier trotzdem, was ich herausgefunden habe: Die folgenden primären

Energiezentren der nördlichen Breitengrad-Gitterlinien der Erde sind alle miteinander verbunden, ebenso wie mit dem Tempel der Nephthys, und zwar über Tunnel im Erdinneren, die alle nach Agartha führen, der inneren Welt der Erde, von der vermutet wird, dass sie die Heimat einer hochentwickelten, spirituell fortgeschrittenen Zivilisation ist.

....

- Das Bermudadreieck (wo sich unter Wasser die berühmte Bimini Road befindet, bei der es sich mutmaßlich um Reste einer uralten Straße der Atlantis-Zivilisation handelt).
- Ein Punkt auf dem Atlantischen Rücken, der als Atlantis-Fraktur bekannt ist und einem Schlüsselort in Atlantis entspricht.
- Nordwestafrika, die Heimat der Dogon.
- Die Große Pyramide in Ägypten.
- Das Himalaya-Gebirge zwischen Lhasa und den Pyramiden von Xi'an in China.

....

Für mich steht inzwischen fest: Der »Kopf« von Osiris, der angeblich im Osireion bestattet wurde, ist in Wahrheit eine Metapher für den Meister-Kristallschädel aus Atlantis, den dreizehnten, der, um ihn dort sicher aufzubewahren, in die sechste Dimension zurückgebracht wurde – in Erwartung der Wiedervereinigung der Zwölf, die, wie von den Maya prophezeit, an den vier Ecken der Welt in sicheren Verstecken verborgen wurden.

Sein holografischer Abdruck befindet sich in den Gewässern, die unter dem Tempel, dem Osireion, fließen, und wartet sozusagen darauf, dass der elektrische »Strom« aktiviert wird.

Dies geschieht, wenn die zwölf Kristallschädel von ihren Hütern wiedervereint werden. Zu diesem Zweck wird den Hütern offenbart werden, wie sie die Koordinaten lokalisieren und die Frequenzen des erleuchteten Geistes in die kristalline Matrix von Gaia und dem Größeren Universum senden können.

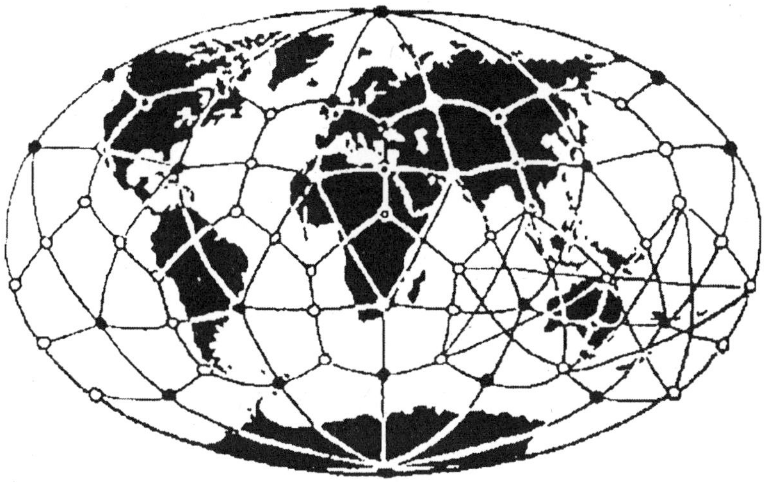

Abb. 40. Planetares Gitternetz

Allerdings kann das nur funktionieren, wenn es eine direkte Verbindung zwischen dem Osireion in Abydos und der Großen Pyramide gibt – und das ist tatsächlich der Fall!

Vor Jahren erzählte mir Hakim, dass es einen großen unterirdischen Fluss gibt, von dem die Khemiter glaubten, er fließe schon seit Jahrmillionen westlich des Nils. Er beschrieb, dass diese reiche Ressource verzweifelt benötigten Wassers der Grund ist, warum mitten in der Wüste immer wieder Oasen entstehen.

Das Phänomen wird in Stephens Buch *The Land of Osiris* (»Osiris' Land«) eingehend erläutert, wo sich auch zahlreiche Nachweise wie der folgende finden: »Ein Bericht, der auf einem internationalen Geologentreffen in Ägypten im Jahr 1963 erstellt wurde, enthielt Informationen über zahlreiche Beobachtungen und Untersuchungen verschiedener Geologen zu den Grundwasservorkommen in der westlichen ägyptischen Wüste. Darin wurde festgestellt, dass diese ausreichen, um den gesamten Nahen Osten viele Jahre lang mit Trinkwasser zu versorgen.«

Als ich mit Hakim über die Verbindung zwischen der Sphinx, der Großen Pyramide und dem Osireion sprach, lieferte er mir den Schlüssel zum Verständnis des fehlenden Bindeglieds. Die

Khemiter, so erklärte er, lebten während der letzten Eiszeit, die ungefähr vor 11.600 Jahren endete. Erst die seinerzeit ausgelösten Erdveränderungen führten zur Wüstenbildung in der Sahara. Dieses Volk erfreute sich noch an natürlichen und auch an von Menschenhand geschaffenen Umleitungen des alten Flusses, der teilweise über- und teilweise auch unterirdisch den gesamten Kontinent durchzog.

Die Sphinx und das Osireion befanden sich ganz in der Nähe des Flussufers, das Ober- und Unterägypten miteinander verband – und sie dienten als Tore zur mystischen Welt der Götter. Das war damals noch nicht der Nil. Die Khemiter kannten ihn als *Nir*. Er war an der Oberfläche ausgetrocknet, fließt aber bis in die heutige Zeit weiterhin unterirdisch.

Das erklärt übrigens auch den wahren Zweck der Sonnenbarke des Cheops, eines großen Sonnenschiffs, das 1954 von dem Archäologen Kamal el-Mallakh, der für die ägyptische Altertumsbehörde arbeitete, in einer tiefen Grube neben der Großen Pyramide entdeckt wurde. Als man dort Planierarbeiten für den Bau einer Straße durchführte, die Touristen über das Plateau transportieren sollte, stieß er zufällig erst auf riesige Kalksteinblöcke und später auf eine luftdichte Grube, in der ein altes Holzschiff lag. Es war vollständig erhalten, zerlegt in dreizehn Stapel aus Zedernholzplatten, Seilen und anderen Teilen.

Dieser großartige historische Fund wurde in mühevoller Kleinarbeit wieder zusammengesetzt.

Die meisten Ägyptologen beharren darauf, dass das Boot nie für den Einsatz auf dem Wasser gedacht war. Vielmehr habe es als Totenschiff die Reise des Pharaos durch die *Duat* darstellen sollen. Doch das ist kaum glaubwürdig, wenn man bedenkt, dass es überall auf dem Gizeh-Plateau ähnliche Gruben gibt und auch in ihnen Bootsteile entdeckt wurden. Mir scheint, das Plateau war ein großer Hafen, von dem aus in früheren Zeiten Schiffe den Fluss befuhren – höchstwahrscheinlich zu einem der damals besonders ehrwürdigen Häfen, nämlich Abydos.

Und tatsächlich entdeckte im Jahr 1991 ein amerikanisches Archäologenteam unter der Leitung von David O'Conner in Shunet el-Zebib, einer Grabanlage in Abydos, *zwölf* solcher Gruben. In jeder davon fand das Team Überreste von Holzbooten!

In Gesprächen, die ich mit Hakim geführt habe, stimmte er mir zu, dass der unterirdische Fluss, der seiner Meinung nach immer noch unter dem Sand Ägyptens fließt, die Erinnerung und die Frequenzen der khemitischen Aufzeichnungen enthält.

Es würde durchaus Sinn machen, dass der Körper von Osiris deshalb auf dem Nir trieb, weil der Fluss einen energetischen Leiter bildete und so die Erinnerung und das Licht bewahrte.

Ist das vielleicht der wahre Ursprung des Wassers, das im Tempelkomplex des Osireions immerzu steigt und fällt?

11

Rückkehr nach Abydos

Zur Vorbereitung auf eine spirituelle Reise, die ich ein Jahr später mit einer Gruppe auch durchführte, besuchte ich Abydos 2004 erneut. Bereitwillig trotzte ich noch einmal dem unangenehmen Konvoi, dem Drama der Polizeikontrollen und all dem Unsinn, den man durchmachen muss, um in das heilige Dorf zu gelangen. Ich hatte es kaum erwarten können, dorthin zurückzukehren, und ich kann diese Erfahrung nur als »Heimkehr« bezeichnen. Außerdem wusste ich, dass mich etwas Bemerkenswertes erwartete.

Zu diesem Zeitpunkt begriff ich viel mehr, und mir war klar geworden, warum ich den Tempel bei meinem ersten Besuch nicht betreten hatte. Es war offensichtlich, dass ich beim ersten Mal noch nicht wirklich empfänglich für den Zauber des Tempels gewesen wäre: Ich hatte noch keine tiefere Resonanz mit Ägypten erreicht. Mir fehlte die Basis, auf der man Erfahrungen aufbaut, und ich hatte die Neteru, die lebendigen Energien des Einen Gottes, noch nicht genug erforscht – die Aspekte unserer eigenen Göttlichkeit.

Ich hatte damals weder einen Fuß in den Tempel von Sethos I. gesetzt noch in das große Osireion, das mich schließlich zum Schreiben dieses Buches inspirieren sollte.

Einer gewissen Aufregung konnte ich mich nicht erwehren. Ich fragte mich, ob Amir noch da sein und ob er sich überhaupt an mich erinnern würde – ein Gedanke, der sich in der dünnen Wüstenluft verflüchtigte, sobald ich aus dem Bus stieg.

Dort stand er am Eingang zu seinem Café und begrüßte die Touristen, die aus den Bussen des Konvois strömten. Wir erkannten einander sofort. Die Jahre, die seit der ersten Begegnung vergangen waren, bloße Sandkörner im Stundenglas so vieler Leben, verschwanden, kapitulierten vor der Nicht-Zeit dieses erneuten Wiedersehens. Wir umarmten uns so eng, wie es für einen Mann und eine Frau in der Öffentlichkeit sittsam war, ohne gegen Religion und Tradition zu verstoßen, absichtslos, aufrichtig und freudig – und wieder einmal spürte ich unsere erstaunliche Verbindung, die heilsame Begegnung zweier alter Seelen.

»Warum hast du uns so lange warten lassen?«, fragte Amir, in dessen warmen Augen sich die Schönheit dieser mystischen Welt widerspiegelte. »Abydos hat auf dich gewartet …«

Er winkte einen der Kellner heran und lud mich ein, mit ihm einen Tee zu trinken. Da er sich daran erinnerte, wie sehr ich den wunderbaren Minztee liebte, bestellte er ihn für uns beide.

Es war, als wäre kein Jahr vergangen, als hätte unsere erste Begegnung erst Stunden zuvor stattgefunden …

Die Freude, wieder in Abydos zu sein, mit Amir, war unbeschreiblich. Ich glaube, wir wussten beide: Was uns verband, war so alt, wie der Tempel zeitlos war.

In solchen Momenten, wenn ich alten Seelen, die ein Stück des Weges mit mir gegangen sind, irgendwo auf dem Seelenpfad erneut begegne, bekomme ich immer ein Signal. Ein Schimmer von reinem rubinrotem Licht funkelt aus ihrem linken Auge und sagt mir: »Ja, ich bin es … erinnerst du dich?«

Bei Amir war es eher ein regenbogenfüllendes Spektrum.

Innerhalb weniger Minuten brachte einer der Jungen den Tee. Die meisten Touristen weigern sich, mit den Einheimischen zusammen Tee zu trinken, aus Angst vor weiß Gott welchen Bakterien oder Keimen. Für mich ist dieser Tee einfach wundervoll süß, so ägyptisch … so uralt: ein ganz besonderes Ritual.

Amir trank den kochend heißen Tee aus seinem Glas in einem einzigen Zug leer.

»Bist du jetzt bereit, den Tempel zu betreten?«, fragte er. Es lag etwas Geheimnisvolles in seinen Worten.

»Noch nicht«, antwortete ich.

Es wunderte mich, dass ich mich nun schon zum zweiten Mal in Abydos befand, nur wenige Schritte von dem Tempel entfernt, den ich erkunden wollte, und doch immer noch nicht seine heiligen Mauern betreten hatte. Es war fast, als könnte ich es nicht ertragen, ihn jetzt zu betreten, aus Angst, die schwärmerischen Gefühle einer alten Erinnerung in mir zu stören.

»Komm«, drängte er. »Es wird Zeit, dass ich dir einige der Geheimnisse von Abydos zeige.«

Ich sprang auf und folgte Amir, der einem seiner Helfer ein Zeichen gab, sich in seiner Abwesenheit um das Café zu kümmern. Wie ein Rattenfänger führte Amir mich zu dem Eingangstor, das auf das Tempelgelände führt.

Wir gingen ehrfürchtig und schweigend, als ob wir diesen zeremoniellen Gang hinauf zum Hof von Sethos I. genau auf diese Weise viele Leben zuvor schon einmal gegangen waren. Ich erinnere mich noch genau daran, wie die Polizisten und die Touristenwächter ihm mit großer Wertschätzung begegneten, als er durch den Eingang ging und mich hinter sich herwinkte.

Was wir jetzt taten, war mir sehr vertraut. Ich folgte ihm in einer fast zeremoniellen Prozession durch den äußeren Hof und in den Tempel hinein: Amir ging voran, den zahlreichen Wachen die entsprechenden Zeichen gebend, ich hinter ihm, in angemessenem Abstand – *die Priesterin und der Torwächter.*

Es war perfekt, zeitlos und so alt wie der Sand der Zeit.

Und es war schon einmal geschehen, genau so, nur dass wir zu jener Zeit in die weichsten, weißen ägyptischen Leinengewänder gekleidet gewesen waren … damals.

Am Eingang zündete Amir den Weihrauch an, den er für die Götter mitgebracht hatte. Ich zog meine Schuhe aus und betrat zum ersten Mal barfuß einen ägyptischen Tempel. Es fühlte sich wundervoll an. Die kühlen Marmorsteine waren glatt und nach der glühenden Hitze der Wüstensonne erfrischend kühl. Ich genoss es, sie unter meinen Füßen zu spüren.

Es fühlte sich ganz und gar richtig an, auf diese Weise einzutreten: eine barfüßige Pilgerin trat demütig vor die Götter.

Die Anwesenheit anderer Menschen im Tempel wurde unwichtig. Ich bemerkte sie kaum, als Amir mich durch die prächtigen Säulenhallen führte und dann langsam, eine nach der anderen, durch die ersten sechs Hauptkammern, von denen jede ein zeremonieller Tempel für eine der Neteru war. Die siebte hatte Sethos sich selbst gewidmet, ein Tempel für seine eigene Göttlichkeit, als ob er sich mit den Göttern auf eine Stufe stellen wollte.

Auf der Rückseite des Tempels befinden sich die heiligen Kapellen von Isis, Horus und Osiris. Sie beherbergen einige der mächtigsten Energien, die ich je in Abydos erlebt habe, und es sollte sich noch zeigen, dass sie die Schlüssel zu einigen meiner wichtigsten Entdeckungen bereithielten.

Auf Schritt und Tritt strömte das Sonnenlicht durch die Öffnungen über mir, wohin ich auch meinen Fuß setzte, als würde Ra selbst mich in die Magie der alten Tage einführen.

Es ist eine Prozession, für die man, um sie wirklich zu erleben, Tage, Wochen, ja sogar Monate brauchte – jedenfalls viel mehr Zeit, als ich damals zur Verfügung hatte. Ich wusste, dass ich in den kommenden Jahren immer wieder zurückkehren würde.

> ∴ <

Kein anderer Tempel in Ägypten, wie majestätisch oder imposant er auch sein mag, erfüllt das Herz mit der Liebe, die aus dem Tempel des Sethos in Abydos strömt. Hier verbrachte Omm Sety die wichtigsten Jahre ihres Lebens. Barfuß ging sie über die kühlen, glatten Steine dieses großartigen Tempels der Götter und erinnerte sich an ihr Leben als Priesterin Bentreshyt und ihre verzweifelte Liebe zu ihrem Pharao.

Überall, so schien es, lächelte sie uns durch den Äther zu, stupste uns sanft in besondere Räume und leitete uns dazu an, uns zu »erinnern«. Je größer die Stille in meinem Inneren wurde, desto deutlicher spürte ich Omm Setys Gegenwart.

Dort, im heiligen Abydos, konnte ich ihr fröhliches Lachen hören und ihr jubelndes Herz spüren.

Geschickt manövrierte ich mich weg von den Touristen und zu den Kraftorten des Tempels. Ich erlebte, wie Jahrtausende der Verehrung und Hingabe von den Wänden ausstrahlten, mächtige Energien, deren Wellen mich in wogende Schwingungen versetzten, wie der Winterwind neue Getreidefelder.

Die Süße der ersten Begegnung und die Segnungen, die ich damals erhielt, haben sich in meine Seele eingebrannt ... mit dem gleichen exquisiten Ausdruck wie die Gesichter und Körperhaltungen der Gottheiten, die in den großartigen Fresken und Reliefen an den Wänden verewigt sind.

Amir und ich bewegten uns in ehrfürchtiger Stille, losgelöst von der sinnlichen Welt, fast schwebend, getragen von den Zeitaltern. Atemberaubend war die Kunst der Anhänger dieser uralten Religion, der Priesterschaft und der Pharaonen. Sie sprachen zu meinem Herzen und enthüllten mir unzählige Geheimnisse.

Nichts hätte die Schönheit und das Wunder meines ersten Besuchs in den großen Hallen stören können, oder sollte ich sagen, meines ersten Besuchs im aktuellen Leben? Denn von dem Moment an, als meine Füße den Boden von Abydos berührten, stand für mich außer Frage, dass dies meine spirituelle Heimat war.

Zweifellos ist der Tempel von Sethos I. aus künstlerischer Sicht die aufwändigste und tiefgründigste aller archäologischen Stätten in Ägypten. Wir schulden Omm Sety Dank dafür, dass sie fast ihr ganzes Leben der Restaurierung dieses Tempels widmete – ausgehend von dem baufälligen Zustand, in dem sie ihn ohne Dach und verlassen vorfand, und sicher auch vieler seiner Schätze beraubt, als sie 1956 von der Altertumsbehörde dorthin versetzt wurde. Er ist L-förmig, was ihn einzigartig macht, doch am wichtigsten ist, dass sich in ihm die »Sieben Kapellen« befinden, wie Omm Sety sie nennt, sechs für die Neteru, und die siebte, die Sethos I. sich selbst widmete – in dieser Reihenfolge:

• • • • • • • • • •

1. *Kapelle des Horus:* Sohn von Isis und Osiris; gilt als Beschützer des lebenden Pharaos und Ägyptens.
2. *Kapelle der Isis:* Frau des Osiris, Mutter des Horus; sie war die Göttin der Liebe.
3. *Kapelle des Osiris:* Herr der Unterwelt.
4. *Kapelle des Amun-Ra:* Schöpfergott, erster der Enneade; gilt als König der Götter.
5. *Kapelle von Ra-Harachte:* Entwicklung und Vereinigung der beiden Götter Horus (Gott des Himmels) und Ra (Gott der Sonne).
6. *Kapelle des Ptah:* Er »sprach das Wort«, und die Welt entstand; gilt als der Schöpfergott schlechthin, der Urhügel selbst, aus dem Amun-Ra hervorging.
7. *Kapelle des Sethos:* Anbetungskammer des vergöttlichten Sethos.

• • • • • • • • • •

Im Inneren jeder dieser wunderschön verzierten Kapellen, die der täglichen Verehrung der Neteru durch die Priester und Priesterinnen gewidmet waren, befindet sich an der nach Westen gerichteten Wand eine »falsche« Sandsteintür, die das Portal zwischen der irdischen Realität und anderen Dimensionen darstellt.

Ich sollte schon bald herausfinden, dass diese Portale immer noch »voll funktionsfähig« waren!

Die Kapelle des Osiris ist die Ausnahme, da er in die Unterwelt verbannt wurde – oder er war, wie ich bereits andeutete, selbst der Durchgang, das Tor oder Portal!

Bei der Anbetung wurden den Geistern der Götter an diesen Türen Opfergaben dargebracht, damit sie durch die Mauern kommen und die irdischen Gaben von Früchten, Brot und Bier genießen konnten, die für sie vorbereitet worden waren. Das ist sehr bedeutsam für eine Erfahrung, die ich Jahre später machte, als es mir gelang, mich am Ende der Öffnungszeit im Tempel einschließen zu lassen, so dass ich stundenlang mit den Göttern allein sein konnte. Dabei erlebte ich … *die Macht der heiligen Dunkelheit.*

In jeder Kapelle zeigen die großartigen Wandreliefe, wie Sethos I. selbst die Riten der Anbetung der einzelnen Götter vollzieht. Wenn man das sieht, stellt sich einem die Frage: Werden hier Sethos' eigene Übergangsriten vom Sterblichen zur Gottheit gezeigt, oder handelt es sich lediglich um eine repräsentative Darstellung der Rolle des Pharaos als königlicher Hohepriester des Tempels?

Da Sieben die Zahl der primären Chakren ist, bin ich davon überzeugt, dass die Gestaltung dieser außergewöhnlichen Kapellen und die tägliche Anbetung in jeder von ihnen auch dazu dienen sollte, die Chakren des inkarnierten, also verkörperten, Menschen zu heilen und auszurichten. Das war Bestandteil einer immerwährenden Einweihung in die Mysterien, zu denen die sieben hermetischen Prinzipien zählten – und diese haben ihre Entsprechungen in den Neteru der Sieben Kapellen.

Sie repräsentieren außerdem eine musikalische Oktave.

Die als »hermetische Prinzipien« bekannten Mysterien des Hermes Trismegistos – im ägyptischen Pantheon Thoth, der Gott der Weisheit – sollten demnach als Quintessenz der Weisheit der alten Khemiter betrachtet werden:

• • • • • • • • • •

- **Geistigkeit:** Das All ist Geist – das Universum ist geistiger Natur (*Amun-Ra*).
- **Korrespondenz:** Wie oben, so unten, und wie unten, so oben (*Osiris*).
- **Vibration:** Nichts ruht, alles bewegt sich, alles schwingt (*Ptah*).

- **Polarität:** Alles ist dual, Gleiches und Ungleiches sind dasselbe (*Ra-Harachte*).
- **Rhythmus:** Alles fließt hinaus und herein; alles steigt und fällt (*Horus*).
- **Geschlecht:** Das Geschlecht ist in allem enthalten; alles hat sein männliches und weibliches Prinzip (*Isis*).
- **Ursache und Wirkung:** Es gibt viele Ebenen der Verursachung, aber nichts entgeht dem Gesetz (*Sethos I.*).

• • • • • • • • • •

Die hermetischen Lehren sind in die Tempel selbst eingebaut – sie können von den Schülern der esoterischen Weisheit »gelesen« werden. Es bedarf nur einer gewissen Übung …

Das ist die Magie Ägyptens.

Weil während so vieler Jahrtausende Bewusstsein in den Äther eingewoben wurde und weil so viele Gläubige und Metaphysiker mit den Energien der heiligen Stätten und Machtzentren all dieser Zivilisationen gearbeitet haben, ist vieles noch intakt und kann von Adepten wiederentdeckt werden.

Deshalb kann jeder bei einem Besuch Ägyptens im Frühling des eigenen spirituellen Aufstiegs die Kunstfertigkeit und Liebe schätzen lernen, die in den Bau des Tempels eingeflossen sind. Jeder kann sich auf all das einstimmen, was diese Sensibilität mit sich bringt. So holt man sich die kodierte Weisheit zurück und erhält Zugang zu anderen Dimensionen. Bei seinem Dahinscheiden, so die spirituelle Vorstellung, assimiliert man einfach ein Jegliches als das »Eine Herz« und erkennt, dass alles ein Spiegelbild von allem ist, was ist und was jemals war und was immer sein wird.

Ein einziger Besuch reicht bei Weitem nicht aus, um den gesamten Tempel auch nur ansatzweise zu erleben.

Man sollte immer wieder dorthin zurückkehren und sich die Zeit nehmen, jede Botschaft, jede hier vertretene Gestalt und die ganze Energie, die in diesen herrlichen Mauern steckt, zu entdecken und auf sich wirken zu lassen.

Es ist fast mehr, als das Auge verkraften kann, mehr, als die Seele erträgt – es ist unermesslich in seiner Tragweite und geistigen Bedeutung. Man spürt, wie der Verstand darum ringt, all das zu begreifen, während das Herz sich endlos weit öffnet.

Ich erlebe es immer wieder: In perfekter Synchronizität mit der mystischen Entdeckungsreise, die mich durch dieses Leben führt, schenkt das Universum mir an jeder Station der Reise ein ums andere Mal wunderschöne, freudige Bestätigungen.

Gerade befasse ich mich mit der spirituellen Bedeutung der Zahl Sieben und tippe diese Zahl ein, als ich eine eMail von einem lieben Freund und Kollegen erhalte, Philippe Ullens. Er hat ihr eine seiner Luftaufnahmen beigefügt, auf dem ein unglaublicher Kornkreis zu sehen ist, der an eben diesem Morgen in Eastfield im britischen Dorf Avebury entdeckt wurde.

Das geschieht auf wundersame Weise genau an dem Tag, als ich diese Zeilen schreibe, am 25. August 2008.

Ich bin ganz verblüfft über die Formgebung des siebenzackigen Sterns, eines Septagramms (das zentrale Symbol der Alchemie), eingebettet in sieben Spiralen aus immer kleiner werdenden Kreisen. Sie stellen die Fibonacci-Folge dar, die seit altersher in der Heiligen Geometrie beschrieben wird.

Wie groß ist die Zufallswahrscheinlichkeit eines solchen Ereignisses? Während ich das Wort »sieben« tippe, erreicht mich aus dem Cyberspace das Foto eines wunderschönen Kornkreises mit dem seltenen siebenzackigen Stern!

Diese sofortigen Manifestationen verblüffen mich doch immer wieder. Egal wie gut man alles auf der mentalen Ebene versteht, es ist nach wie vor ein Wunder, dass sich die Dinge so perfekt zusammenfügen wie ein göttlicher Wandteppich.

Wo taucht der siebenzackige Stern, das Septagramm, in der ägyptischen Mythologie auf?

Abb. 41. Der Julia-Menge-Kornkreis »Portal« in Wiltshire

Überall im Sethos-Tempel finden sich Darstellungen einer Göttin, die eine Krone mit einem siebenzackigen Stern und einer Mondsichel darüber trägt. Zutiefst erstaunt bemerkte ich, dass sie in ein Pantherfell gekleidet ist, was für mich wegen meiner schamanischen Reisen in den Traditionen der amerikanischen Ureinwohner und der Maya eine besonders starke Resonanz hat, denn der Panther ist mein Krafttier – und ich weiß seit langem, dass ich zum Jaguar-Clan gehöre.

Und nun, während ich über diese Göttin und ihre Krone mit dem siebenzackigen Stern schreibe, taucht in England ein Kornkreis auf, der dank Philippe Ullens rein zufällig auf meinem Schreibtisch landet – eine absolute Bestätigung für die Magie und das Wunderbare der Geistigen Welt!

Diese Göttin des siebenzackigen Sterns wird oft zusammen mit Thoth dargestellt, dem Gott, der als Schöpfer der Hieroglyphen und der Schrift gilt und die Aufgabe des Schriftführers für das gesamte Pantheon der Götter wahrnimmt.

Abb. 42. Seschet mit Thoth

Die Ägypter glaubten, dass es ohne Thoths Worte die Götter gar nicht gegeben hätte. Er wird auch mit Architektur, Wissenschaft, Mathematik und Magie in Verbindung gebracht und oft zusammen mit Ma'at dargestellt, als die beiden Götter, die das Sonnenschiff des Ra durch die Unterwelt begleiten.

Die Griechen brachten Thoth mit ihrem Gott Hermes in Verbindung, der ganz ähnliche Attribute hatte, und aufgrund dieser Verbindung wurde er außerdem noch als Hermes Trismegistos, also »dreimal größter« Hermes bekannt.

Als ich später einige Nachforschungen über die Bedeutung von Thoth anstellte, erfuhr ich, dass er obendrein ein wesentlicher Bestandteil des Osiris-Mythos ist. Es war Thoth, der Isis die magischen Worte gab, mit denen sie Osiris lange genug auferstehen lassen konnte, um von ihm geschwängert zu werden, so dass es ihr möglich war, Horus zu gebären.

Damals war mir noch nicht klar, wen diese Göttin mit dem Panthergewand und der Krone aus siebenzackigem Stern und Mondsichel darstellte, aber mir fiel auf, dass ihr Kopfschmuck der Numerologie der sieben Kammern entsprach. Dies hatte, wie ich wusste, eine höhere Bedeutung für die geheime Magie des Sethos, in welcher er, der König, die Götter und der Tempel selbst die Dreifaltigkeit des erhabenen Geistes bilden.

Als ich durch den Tempel ging, mal an der Seite von Amir, mal allein in stiller Erkundung, schien mich diese Göttin aus jeder Ecke anzuspringen, als wollte sie sagen: »Sieh mich an! Ich bin wichtig für dich!« Schließlich fragte ich Amir, welchen Platz sie im Pantheon der ägyptischen Götter denn einnahm.

»Das ist Seschet«, antwortete er nüchtern.

»Was?!«, rief ich und schaute ihn fassungslos an.

»Seschet«, wiederholte er, offensichtlich überrascht von meiner heftigen Reaktion. »Sie ist die Göttin der Schrift.«

Meine Gedanken rasten wie ein flammender Pfeil zurück zu der Rückführungssitzung und dem Namen »Hatetsescheti«. »Bist du sicher?«, fragte ich, sichtlich verblüfft über seine Antwort.

»Ja, auf jeden Fall!« Er suchte nach den Worten in meiner Sprache, mit denen er mir das, was er wusste, näher erläutern konnte. »Sie ist die Gehilfin von Thoth«, fuhr er fort. »So etwas wie ... ›die Schreiberin‹.«

Ich wich einen Schritt zurück, bass erstaunt über das, was mir geschenkt worden war.

Später, zurück in Kairo, erfuhr ich von einem der Ägyptologen, die ich dort kenne, dass *Hat-et* »die Erste« bedeutet. Und als ich ihn nach dem Wort »Hatetsescheti« fragte, fiel mir die Kinnlade herunter, als er sagte: »Es bedeutet: die höchste Schreiberin oder die höchste Protokollführerin.«

Abb. 43. Thoth

Abb. 44. Seschet

Ich konnte es nicht fassen. Da stolperte ich ausgerechnet hier über die Bedeutung eines Namens, der aus den tiefsten Tiefen meines Unterbewusstseins aufgetaucht war und mich zu diesem Moment geführt hatte, nach Abydos, dem Herzen des heiligen Ägyptens. Und was für ein Name: *die höchste Schreiberin!*

Ich verschluckte mich beinahe vor lauter Aufregung, als ich Amir fragte: »… und was bedeutet dann Hatschepsut?«

Er antwortete: »Die erste oder höchste der vornehmen Frauen.«

Diese neuen Teile meines multidimensionalen, gewissermaßen jenseitigen Puzzles stellten das Bild für mich in einen größeren Zusammenhang. »Hatetsescheti« …

War sie vielleicht die *Schreiberin* von Hatschepsut gewesen, der Pharaonin, der Ma'atkare?

12

Die Heilige Reise

Als ich im folgenden Jahr eine große Anzahl spirituell Suchender, immerhin fünfzig Menschen, auf meiner ersten Gruppenreise nach Ägypten führte, begann unser umfassendes Programm an den heiligen Stätten des Landes mit einem höchst ambitionierten Workshop zur DNA-Aktivierung. Er sollte neue harmonische Resonanzmuster im Zellaufbau schaffen und das intra- und interzelluläre Wasser so verändern, dass es mit höherer Intensität schwang.

Nach den einleitenden zwei Tagen intensiver Energieverschiebung und zellulärer Regeneration war der dritte der Einweihung im Inneren der Großen Pyramide gewidmet. Dafür hatte ich arrangiert, dass unsere Gruppe sich zwei Stunden privat dort aufhalten durfte. Während dieser außergewöhnlichen Zeit im Inneren des monumentalen Bauwerks, das als Ganzes ein Resonanzraum für den Strom himmlischer Wellen ist, die sich in Gizeh spiralförmig ausbreiten, würden wir uns alle in der winzigen Königskammer aufhalten – dem Aufstiegstor der Pharaonen. Dort würden wir die Musik unserer Seelen anstimmen und in der größten von Menschenhand geschaffenen Erdenergie-Station des gesamten Planeten einen dritten DNA-Lichtstrang verankern.

In den beiden Tagen zuvor hatten wir diesen Strang neu zusammengesetzt, und nun würden wir auf wunderschöne, denkwürdige Art und Weise erleben, wie dieses sich reorganisierende DNA-Material in uns Gestalt annimmt – ein perfekter und, gelinde gesagt, höchst kraftvoller Auftakt für unsere Heilige Reise.

An dem Abend vor unserem Pyramidenbesuch genossen wir ein fabelhaftes Abendessen in einem örtlichen Restaurant. Dort las ein Mann aus dem Kaffeesatz – eine Form des Wahrsagens. Die Stimmung war ausgelassen, und viele Mitglieder unserer Reisegruppe ließen sich aus ihrem Kaffeesatz wahrsagen. Obwohl ich nur selten an solchen Readings interessiert bin, beschloss ich, einen Beitrag zur lokalen Wirtschaft zu leisten, und ließ mich darauf ein, dass der Wahrsager auch meinen Kaffeesatz deutete.

Er drehte die Tasse um und schaute mich verblüfft an.

Dort war klar und deutlich ein Bild von Thoth zu sehen, dem Ibis, über einer perfekten Pyramide – und darunter noch ein Ibis, auf dem Kopf stehend!

Er beschrieb das, was er sah, als »Thoth, der ›zwischen den Welten‹ erscheint«, und sagte, er hätte in all den Jahren, in denen er jetzt schon aus dem Kaffeesatz las, so etwas noch nie gesehen. Er äußerte die Vermutung, dass ich eine starke Verbindung zu diesem Gott hätte.

Ich schaute in die Tasse und war selbst erstaunt, wie deutlich der Ibis zu erkennen war.

Der Wahrsager blickte mir geheimnisvoll in die Augen und sagte: »Er wird Ihnen in der Pyramide erscheinen …«

Danach lehnte er alle weiteren Bitten anderer Gäste, ihren Kaffeesatz zu deuten, ab. Er weigerte sich strikt, von mir Geld anzunehmen, und bedankte sich bei mir, dass ihm die Gelegenheit gegeben worden sei, zu sehen, was er gerade gesehen hatte. Er sagte, es sei ein Zeichen der Götter, dann ging er leise davon.

Ich fand das alles mehr als nur seltsam – aber es war auch ausgesprochen »ägyptisch«.

Ich sah mir die Tasse noch einmal an, und glücklicherweise hielt ich das Bild, das ich dort erblickte, für wichtig genug, um ein Foto davon zu machen. Man sieht darauf, wie geradezu unfassbar deutlich ein Ibis zu erkennen ist.

Die Pyramiden, die sich um ihn herum zeigen, veranschaulichen eines der wichtigsten Axiome, die Thoth (oder Hermes Trismegis-

Abb. 45. Thoth im Kaffeesatz

tos) zugeschrieben werden. Wir kennen es als das »Hermetische Prinzip«: Wie unten, so oben, und wie oben, so unten.

Einem Meisterzauberer gleich lockte Ägypten mich immer wieder mit Einblicken in das, was hinter dem Schleier lag, knapp außerhalb meiner Sichtweite, und es war stets etwas, was sich mir doch zugleich direkt vor meinen Augen präsentierte.

Es schien, als würden mir Antworten auf Fragen gegeben, die in meinem Kopf noch keine Form angenommen hatten.

Es war überdeutlich, dass Thoth, der Ibis, in dem Kaffeesatz repräsentiert war, lebensgroß … symbolisch positioniert zwischen dem »Unten« und dem »Oben«.

> ∴ <

Als ich mich mit der Gruppe der Großen Pyramide näherte, beschwor ich im Stillen Thoth und bat ihn, mir zu erscheinen – stärker als durch Symbole – und den spirituell Suchenden in meiner Gruppe zu helfen, die Einweihung zu empfangen.

Ich wollte *mehr*, und, glauben Sie mir, ich bekam es!

Trotz meiner früheren Erfahrungen im Inneren der Großen Pyramide hätte mich nichts auf das vorbereiten können, was geschah, als ich nun mit meiner Reisegruppe dorthin zurückkehrte. Nachdem die Formalitäten mit den Wachen am Eingang erledigt waren, gingen wir durch den Eingangstunnel bis zu der Stelle, an der die Treppe nach rechts abzweigt und zur Großen Galerie führt.

Zunächst muss man hier durch einen niedrigen Gang, der nur tief gebückt bewältigt werden kann. Anschließend geht es in die geräumige Galerie, wo man auf Holzstufen hochsteigt, bis man den Treppenabsatz vor der Königskammer erreicht. Dort angekommen, muss man fast auf allen Vieren durch die sehr niedrige Öffnung am unteren Ende der berühmten Eingangswand der Kammer kriechen, um den Raum zu betreten.

Ich habe dies bei einigen Gelegenheiten getan, wenn ich das Glück hatte, die Große Pyramide zu besichtigen, und der Adrenalinstoß hat den Aufstieg immer zu einer recht gut zu bewältigenden Angelegenheit gemacht, der angesichts der Majestät des Erlebnisses und der schieren Aufregung, dort zu sein, seine Bedeutung verlor. Kurz gesagt, der Körper kümmert sich um die praktischen Dinge, um einen dorthin zu bringen, während der unkontrollierbare Geist ins Reich der fernen Sterne und unbekannten Dimensionen katapultiert wird.

Allerdings war es für mich diesmal nicht so einfach, denn ich musste eine Gruppe leiten. Bei früheren Besuchen war ich immer allein in der Pyramide gewesen, nun trug ich als spirituelle Meisterin die Verantwortung für fünfzig Schülerinnen und Schüler.

Als wir begannen, den ersten Gang hinaufzusteigen, verlor ich fast augenblicklich die Orientierung und rang nach Luft – ganz so, wie damals in jenem Grab im Tal der Könige. Während ich die Treppe zuvor noch relativ mühelos erklommen hatte (wenn auch mit einigen gut gesetzten Pausen, um Luft zu holen), erfasste mich jetzt große Mutlosigkeit, und es erschien mir nahezu unmöglich, den gesamten Aufstieg zu schaffen.

Abb. 46. Der Ibis

Den ersten Teil, den niedrigen Tunnel bis zum Eingang der Großen Galerie, überstand ich nur mit Mühe und Not. Ich schnappte nach Luft und hatte das Gefühl, es auf keinen Fall bis ganz nach oben schaffen zu können – etwas, was ich bei früheren Besuchen nie in Betracht gezogen hatte.

Wäre ich allein gewesen, hätte ich sicher aufgegeben – und das hatte ich angesichts einer spirituellen Erfahrung noch nie getan, zu der in meinem Leben auch das Klettern in und aus Pyramiden, das Durchqueren von Dschungeln und Wüsten und dergleichen gehört hatte … eben alles, wohin der Geist mich rief.

Ich erkannte bald, dass dies gleichermaßen ein Teil meiner persönlichen Einweihung war wie auch ein Prozess meiner Verantwortung gegenüber jenen Seelen, die sich auf die Reise begeben hatten. Also ging ich bis an meine Grenzen, um die körperliche Belastung zu überwinden – und das überwältigende Gefühl, dass da etwas war, eine Kraft, die mich absichtlich »behinderte«.

Ich zog mich an den Holzlatten des Tunnels hoch, konzentrierte meinen Geist und befahl meinem Körper, den nötigen Energieschub zu liefern, um es zu schaffen.

Als ich die Galerie erreichte, blieb ich stehen und betrachtete die Pracht ihrer tadellosen Architektur und erkannte (zum ersten Mal), wie offenkundig sie einen archetypischen galaktischen Geburtskanal darstellt! Ich dachte: Wie viele Menschen auf dieser Erde haben jemals Gelegenheit, eine solch überwältigende Schönheit zu erleben! Das motivierte mich weiterzugehen.

Es war ein Privileg und eine Ehre, dort zu sein, um zu fühlen, zu wissen und die Geheimnisse der Alten zu erfahren.

Anderen eine solche Erfahrung zu ermöglichen, war eine enorm wichtige Aufgabe, die mich mit Ehrfurcht und Demut erfüllte.

Als ich die kurze Leiter hinaufstieg, die zur Treppe auf der linken Seite der Galerie führte, schien es mir, als würde die Treppe länger werden … wachsen … Sie schien sich mit jedem Schritt, den ich machte, einen weiteren halben Meter auszudehnen! Es war wie bei der Leiter eines Feuerwehrautos, die ausgefahren wird, um die oberen Stockwerke eines brennenden Gebäudes zu erreichen. Ich machte einen Schritt, die Treppe verlängerte sich um einen Schritt … und dieses seltsame Gefühl wurde zu einer überwältigenden Erfahrung, als würde die Pyramide mich irgendwie verhöhnen, behindern und herausfordern – wohin das alles führen sollte, wusste ich noch nicht.

Später erfuhr ich, dass mein ägyptischer Reiseleiter, während wir zu dem als »Königinnenkammer« bekannten Raum gingen, genau das gleiche Gefühl erlebte. Er beschrieb mir aufgeregt, wie der Tunnel, der zu der Kammer führte, »immer länger wurde«, während er versuchte, hindurchzukriechen. Aufgeregt verglich er diese Erfahrung mit einem Übergangsritus vor dem Tod.

Zutiefst erstaunt sagte er, in all den Jahren, in denen er nun schon Reisegruppen in die Pyramide begleitete, hätte er so etwas noch nicht erlebt. Das erzählte er mir ganz atemlos, als ich mit meiner Gruppe von der Zeremonie zurückkam, und zwar noch bevor er erfuhr, dass ich die gleiche Erfahrung gemacht hatte. Nach meinem Verständnis handelt es sich bei dem, was wir dort erlebten, um eine Bewegung durch andere Dimensionen, bewirkt von der Großen Pyramide selbst.

Zweifellos übte die Pyramide in dieser bemerkenswerten Zeit der Einweihung eine stark aktivierende Wirkung auf unsere ganze Gruppe aus, so wie sie es schon in alten Zeiten getan haben musste, als sich die Pharaonen zu den Sternen katapultierten, um ihr Leben zu träumen, sich an ihre Sternensaatverbindungen zu erinnern und dann nach Hause zurückzukehren.

Atemlos nach dem unendlich anstrengenden Aufstieg durch die Galerie, erreichte ich schließlich die letzten Trittstufen vor dem Treppenabsatz. Ich klammerte mich am Geländer fest und fühlte mich so unerklärlich erschöpft, dass ich innehalten musste, um mich zu sammeln, bevor ich die letzten Stufen in Angriff nahm.

Ich schaute nach oben, und dort, wo sich der Treppenabsatz befunden hatte, sah ich plötzlich eine massive Granitwand! Ich schaute ungläubig, aber der Treppenabsatz war verschwunden –

alles, was ich sehen konnte, war diese undurchdringliche Wand. Sie schien mir genauso massiv zu sein wie die Wände der Pyramide selbst – festes dreidimensionales Gestein.

Ich drehte mich zu meiner Assistentin Laura um, für die es die erste große Gruppenreise mit mir war und ihr erster Besuch in der Großen Pyramide.

»Da ist eine Wand!«, flüsterte ich ihr ungläubig zu und kämpfte mit den Bewusstseinsschichten zwischen dem, was dreidimensional erscheint, und dem, was man sich nur als eine »jenseitige Realität« vorstellen kann.

Laura schaute mich verwirrt an.

Offensichtlich sah sie die Wand nicht.

Die Gruppe stand unter mir auf den zwei Treppen in der Großen Galerie und wartete darauf, dass ich weiterging.

»Diese Wand, Laura«, keuchte ich. »Sie war vorher nicht da!«

Wieder schaute mich Laura verwirrt an, als wollte sie sagen: »Reiß dich zusammen – da ist keine Wand!«

Während ich mich am Geländer festklammerte, um nicht abzustürzen, fünfzig Leute hinter mir warteten und Laura in ihrer Verwirrung helfen wollte, aber überhaupt nicht wusste, was ich durchmachte, hallte plötzlich eine gewaltige Stimme durch die Große Galerie. Es war eine strenge, kräftige Männerstimme.

»Wie könnt ihr es wagen, dieses Allerheiligste ohne Erlaubnis zu betreten? Wer bist du, dass du diese Eingeweihten durch die Pforte zu mir führst?«

Bis heute kann ich nicht glauben, dass ich es schaffte, mich festzuhalten, und nicht von der Treppe geweht wurde, um in den sicheren Tod zu stürzen.

War es Thoth, der »das Wort sprach«, das die Schwingungscodes zum Öffnen des Sternentors enthielt?

Ich drehte mich um und sah nicht fünfzig, sondern Hunderte von Menschen, alle in weißen Gewändern. Sie warteten darauf, dass ich die Treppe passierte und in den Saal ging. Und ich konnte nicht glauben, was ich da sah.

Die gesamte Galerie war mit Seelen gefüllt.

Es kostete viel Kraft, die Worte auszusprechen: »Es gibt ein Tor. Wir müssen um Erlaubnis bitten, eintreten zu dürfen.«

Die Energie, die jeden Einzelnen von uns durchströmte, war spürbar – elektrisierend.

Wieder blickte ich auf die Mauer, die mich am Weitergehen hinderte. »Ich bin eine bescheidene Dienerin des Lichts«, sprach ich in den Äther hinein, im Namen unserer Gruppe. »Wir sind gekommen, um alle zu ehren, die vor uns diesen Weg gingen – und um alles zu feiern, was jenseits davon liegt ...«

Dann murmelte ich, für mein eigenes Bewusstsein unverständlich, einige Worte, als würde durch mich hindurch ein heiliges Gebet gesprochen. Ich verstand die Bedeutung dieser Worte nicht und wusste, dass sie einer mir unbekannten Sprache entstammten – ein Phänomen, das bei mir immer wieder auftritt, wenn ich in Ägypten an einer Zeremonie teilnehme.

Offenbar waren sie der Schlüssel zum Öffnen des Tores.

Augenblicklich zerbröckelte die Wand, die ich vor meinem inneren Auge gesehen hatte, und wir konnten hindurchgehen.

> ⁘ <

Dort, im Raum des Aufstiegs, denn darum handelt es sich bei der Königskammer in Wahrheit, erfüllte die Musik des Lebens unsere Herzen und Seelen, und die interdimensionalen Wände der Pyramide spielten wie eine galaktische Orgel. Sie ließen die Harmonien der Reisenden erklingen und verschmolzen die Dimensionen miteinander. Zu diesem großen Chor der Engel gesellten sich, aus vielen Dimensionen kommend, ätherische Wesen, die an den Treppenaufgängen erschienen. Auch gab es astrale Formen irdischer Meister, tibetischer Lamas, die wissen, wie sie die elektromagnetischen Energielinien von Gaia als »Klang« bereisen können.

Jedes Mitglied der Reisegruppe bekam Gelegenheit, sich in den »Sarkophag« aus Granit zu legen, um zu den Sternen, in die Nicht-

Zeit, katapultiert zu werden, so wie es gewiss andere Priesterinnen und Priester – die Pharaonen selbst – vor uns getan hatten.

Wir erlebten schiere Magie, als die Zeit für uns alle völlig verschwand, und wir spürten, dass sich die großen Granitwände bewegten wie Lichtwellen. Es war atemberaubend …

Weit weg vom Chaos der Welt befanden wir uns für einen Moment auf der anderen Seite des Schleiers. Wir erlebten Zeitlosigkeit und Dimensionen, die weit über das hinausgehen, was wir als unsere irdische Realität zu betrachten gewohnt sind.

Wenn Sie eine solche Erfahrung gemacht haben, wissen Sie, dass Sie in die höheren Bereiche vorgedrungen sind und das Göttliche Sie berührt hat.

>·:·<

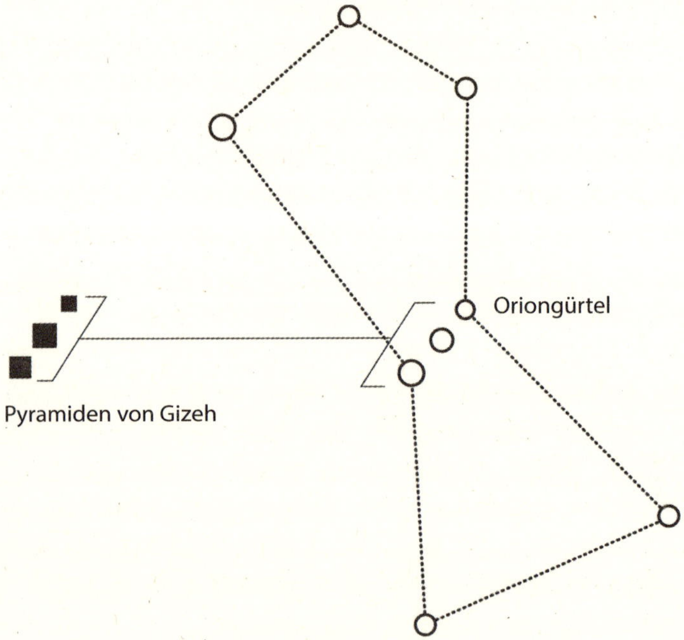

Abb. 47. Die Gizeh-Pyramiden spiegeln sich im Oriongürtel.

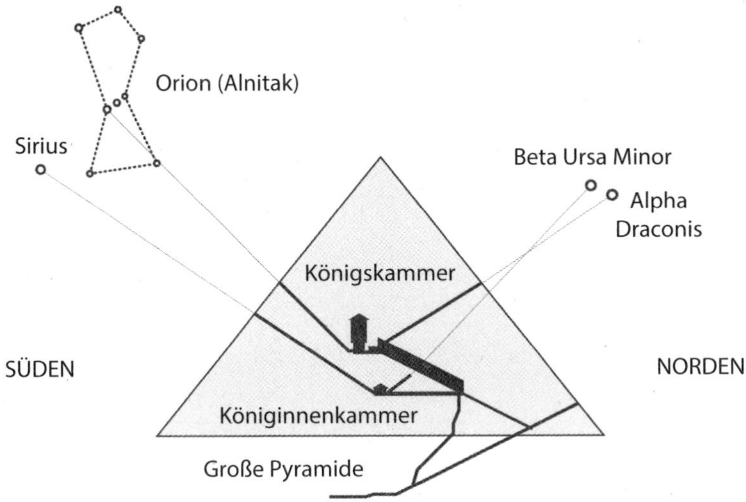

Abb. 48. Die Schächte der Großen Pyramide sind auf Sterne ausgerichtet.

Die Pyramiden von Gizeh sind perfekt auf die Sterne ausgerichtet. Das haben Astroarchäologen wie Robert Bauval und seine Rivalin Kate Spence dargelegt, die beide für sich in Anspruch nehmen, im Besitz der »Weisheit« zu sein. Sie haben uns anhand von Karten einige sehr interessante Theorien präsentiert.

Bauval wird die Theorie der Sternenkorrelation zugeschrieben, die eigentlich erstmals von Virginia Trimble dargelegt wurde. Sie stützt sich auf astronomische Ausrichtungen, die bis zu den Pyramiden um 10.500 vor Christus zurückverfolgt werden.

Der Grundriss der Pyramiden weist in der Tat eine bemerkenswerte Ausrichtung auf die Sterne des Oriongürtels auf, was ein interessantes Licht auf die Möglichkeit wirft, dass die frühen Ägypter sich ihrer interstellaren Ursprünge bewusst waren.

Diese Forschungen sind uns allen inzwischen hinreichend bekannt, denn sie waren Gegenstand zahlreicher Fernsehdokumentationen und Bücher, so dass es dazu im Grunde keiner weiteren Ausführungen mehr bedarf.

Weitaus interessanter sind die äußerst präzisen Ausrichtungen der primären Schächte der Großen Pyramide – der Tore der frühen

Pharaonen, damals, ungefähr 10.500 vor Christus – auf die Sterne Orion, Sirius, Ursa Minor und Alpha Draconis. Auf Abbildung 48 ist zu erkennen, dass die Königskammer genau auf Alnitak, den ersten Stern im Oriongürtel, zuläuft.

Vor einiger Zeit war ich Hauptrednerin eines Kristallschädel-Kongresses in Mailand. Dort erhielt ich die außergewöhnliche Gelegenheit, mit dem berühmten Mitchell-Hedges-Kristallschädel zu meditieren, wenn auch nur kurz. Ob er einer der Schädel aus Atlantis oder eine Fälschung ist, wie jüngste Untersuchungen vermuten lassen, war für mich nicht von Belang. Woher er auch stammen mag, er ist ein großartiger Kristall, ein fabelhaftes Werkzeug für die Kristallomantie. Ich fühlte mich geehrt, dass es mir ermöglicht wurde, mit ihm in Kontakt zu treten.

Für dieses Buch, das Ihnen jenseits der Theorienlastigkeit der linken Gehirnhälfte zudem die Erfahrung der rechten Gehirnhälfte vermitteln soll, bat ich den Schädel, mir den wahren Zweck der ägyptischen Königskammer zu erhellen – mir vor meinem geistigen Auge die Geheimnisse der Pharaonen zu offenbaren. Und bemerkenswerterweise manifestierte der Schädel in seinem Inneren umgehend einen Wirbel von Lichtbildern.

Sekunden später erblickte ich eine Form, die einer Fliegenden Untertasse glich – genau an der Stelle auf der Stirn des Schädels, wo beim Menschen das Dritte Auge sitzt.

Unmittelbar darüber bildete sich ein für mich klar erkennbares Wolkengebilde, von dem ich wusste, dass ich es bereits in Visionen gesehen hatte. Ich identifizierte es sofort als den Pferdekopfnebel, der sich in der Nähe von Alnitak befindet, dem mit der Großen Pyramide assoziierten Stern im Sternbild Orion, vermutlich 1.262 Lichtjahre von der Erde entfernt.

Während dieser aufregenden Vision machte ein Journalist drei Fotos von mir, wie ich mit dem Schädel arbeite. Was ich auf der Leinwand des Mitchell-Hedges-Schädels erblickte, war eine mediale Antwort auf meine Frage. Wesen von Alnitak halfen bei der Planung der Großen Pyramide, die Pharaonen wussten um die

Abb. 49. Der Pferdekopfnebel im Sternbild Orion

eigene Sternensaat-Herkunft … und es wurden ihnen die Astroautobahnen des langen Weges nach Hause gezeigt.

Und Sie? Was sehen Sie auf diesen Bildern – durch die extradimensionale Linse des berühmtesten Kristallschädels der Welt?

Abb. 50. Energiearbeit mit dem Mitchell-Hedges-Kristallschädel

13

Geheimnisvolles Osireion

Nach unserer gemeinsamen Zeit in der Großen Pyramide flogen wir nach Luxor, wo der nächste Tag den Sachmet-Einweihungen gewidmet war. Aufbauend auf diesen kraftvollen Erfahrungen, bei denen sich alle Teilnehmer für die Geheimnisse Ägyptens öffneten, brachen wir am folgenden Morgen, im Konvoi mit der Polizei-Eskorte, nach Abydos auf.

Inzwischen konnten meine Antennen Amirs Energie schon aus der Ferne wahrnehmen, und so war ich nicht weiter überrascht, dass er der erste Mensch war, den ich erblickte, als ich aus dem Bus stieg. Es war, als hätte er geahnt, dass ich genau an diesem Tag zurückkehren würde, obwohl das in keiner Weise geplant oder mit ihm abgesprochen war. Er schien einfach erwartet zu haben, dass ich »nach Hause komme«.

Nach der Hitze und den Strapazen der langen Fahrt wollte die Gruppe unbedingt sofort mit Nabel, unserem Reiseführer, den Tempel besichtigen, und da ich keine Zeit hatte, sie Amir näher vorzustellen, sah ich zu, wie sie an mir vorbeigingen und eifrig Nabel zur Tempelanlage folgten. Ich blieb zurück und überließ es der Gruppe, die Weisheit unseres versierten Reiseführers zu genießen. Mir persönlich war die Zeit mit Amir viel wichtiger als alles, was ich von den Ägyptologen über die »akzeptierten« Bedeutungen und Interpretationen der Götter und ihrer Interaktionen mit dem Pharao erfahren konnte.

Amir und ich waren wieder einmal vereint.

Er verschwendete keine Zeit mit Formalitäten, und nachdem er den zeremoniellen Tee bestellt hatte, schaute er mir tief in die Augen. »Du weißt, dass die Zeit für dich gekommen ist, in die Fußstapfen von Omm Sety zu treten«, sagte er ernst und nachdenklich, als würde er mir schon allein durch das Aussprechen dieser Worte eine außergewöhnliche Verpflichtung aufbürden, ohne das wirklich zu wollen.

»Das sind aber ziemlich große Schuhe, die ich mir da anziehen soll«, entgegnete ich.

Amir schaute mich mit Unschuldsmiene an. »Omm Sety lief barfuß«, meinte er. Dann blickte er verstohlen um sich, als wäre das, was er mir sagen wollte, zu wichtig für fremde Ohren. »Es gibt hier so viele Geheimnisse, die du entdecken kannst, aber dafür musst du mehr Zeit hier bei uns verbringen … viel mehr Zeit.«

Ich verstand sehr gut, dass diese kurzen Besuche nur ein Vorgeschmack auf das waren, was ich noch entdecken sollte.

»… und du musst allein kommen«, fügte er mit Nachdruck hinzu, »für zwei Wochen – mindestens.«

Ich ließ meinen Blick über die deutlich sichtbare Armut des Dorfes schweifen und fragte mich, ob ich hier eine ordentliche Unterkunft finden würde.

Amir las offenbar meine Gedanken. Er sagte, es gäbe im Dorf einen Ausländer, Kevin. Der würde eine kleine Frühstückspension betreiben, in der ich unterkommen könnte. Es schien außer Frage zu stehen, dass ich dort wohnen würde.

»Wenn ich einen Führer hätte«, sagte ich, »der weiß, wie man die Tore für mich öffnen kann, würde ich kommen.« Ich warf Amir einen listigen Blick zu, um seine Reaktion zu beobachten. Ich wusste, ihm war klar, dass ich von Toren zu verborgenen Kammern sprach. Aber war ihm auch bewusst, dass ich noch mehr wollte, dass ich nach Schlüsseln zu anderen Welten suchte?

»Die Tore können geöffnet werden«, entgegnete er mit großer Gewissheit, »aber damit dieser Führer mit dir arbeiten kann, musst du viel länger hier vor Ort sein, viel länger als jetzt.«

»Ich werde kommen«, sagte ich entschlossen.

Amir nickte, blickte mir tief in die Seele und sagte: »Dann werden die Tore für dich offen sein.«

Damals beschloss ich, innerhalb weniger Monate zurückzukehren und so lange zu bleiben, wie ich brauchte, um von der geheimen Weisheit zu kosten, die in Abydos durch den Äther strömte. In Anbetracht meiner Verpflichtungen zu Hause konnte »viel länger« aber keinesfalls mehr als zwei Wochen betragen.

Wir saßen in stiller Anerkennung dessen, was wir einander versprochen hatten, da, wohl wissend, dass es wichtig war ... wissend, dass keine weiteren Worte gesprochen werden mussten. Als wir den Tee ausgetrunken hatten, sagte ich ihm, dass ich nun zu meiner Gruppe in den Tempel gehen müsse. Er begleitete mich.

In der Hektik des Touristenrummels hatten sich die Mitglieder meiner Reisegruppe verstreut und waren dabei, auf eigene Faust die vielen magischen Räume des Tempels zu erkunden.

Amir sagte: »Du warst noch nicht im Osireion.«

Er führte mich durch die Hypostyl-Hallen zur hinteren Treppe und dann hinaus in den älteren Teil der Tempelanlage. Ich glaube, dass dort einer der wichtigsten Schlüssel für unseren globalen Übergang aus dieser Zeit der Dunkelheit ins Licht begraben liegt.

> ⁘ <

Das Osireion ... Dieses prächtige Bauwerk befindet sich hinter dem Tempel von Sethos I. auf einer viel niedrigeren Ebene, über neun Meter tiefer, im felsigen Substrat des Sandes der Tempelanlage. Der Name wurde der Stätte offenbar von Margaret Murray und Flinders Petrie gegeben, zwei Archäologen, die sie Anfang des zwanzigsten Jahrhunderts ausgruben. Seitdem herrscht Streit über das Alter des Bauwerks.

Hakim sagte unbeirrbar, nach khemitischer Überlieferung stamme das Osireion aus der gleichen Zeit wie die Große Sphinx: Beide seien über 50.000 Jahre alt. Aber viele orthodoxe Ägyptologen behaupten, Sethos I. sei der Erbauer – eine Schlussfolgerung, die sich auf nicht viel mehr als die Tatsache stützt, dass an einer Decke im Osireion sein Name eingemeißelt ist. Das ist jedoch, wenn es darum geht, den Ursprung eines derartig monumentalen Bauwerks zu bestimmen, ein relativ unbedeutendes Element. Wenn man bedenkt, dass die Inschrift durchaus Jahrtausende später hinzugefügt worden sein könnte, vielleicht als Sethos' Arbeiter beim Bau seines Tempels auf das Bauwerk stießen, halte ich diese Altersbestimmung für das Osireion doch für recht fragwürdig.

Der einzige andere Hinweis auf Sethos als möglichen Bauherrn des Osireions bestand laut Omm Sety darin, dass man den Namen des Pharaos »auf einer Klammer aus schwarzem Granit zwischen zwei Blöcken eines Architravs aus rotem Granit« fand, die dazu diente, die beiden Teile miteinander zu verbinden. Auch diese Arbeit könnte Jahrtausende später ausgeführt worden sein. Es gibt also gute Gründe, an der Richtigkeit der Datierung des Bauwerks auf eine weitaus jüngere Zeitspanne zu zweifeln.

Ich sehe es genauso wie Omm Sety: In ihrem wunderbaren Buch *Abydos – Holy City of Ancient Egypt* (»Abydos, heilige Stadt des alten Ägypten«), das gemeinsam mit Dr. Hanny el Zeini entstand, schrieb sie selbst, dass dies »nur eine der vielen von Sethos durchgeführten Restaurierungen alter Monumente« sei und »kein Beweis, dass er das Gebäude errichten ließ«.

In Anbetracht der Tatsache, dass Sethos I. in der Geschichte seines Tempels nirgends behauptet, das Osireion erbaut zu haben, was immerhin eine monumentale und glorreiche Leistung gewesen wäre, der Stolz eines jeden Königs, erscheint es offensichtlich, zumindest mir, dass wir es hier mit einer weiteren ägyptischen Anomalie zu tun haben. Es fällt aus der Zeit!

Das Osireion unterscheidet sich so sehr von anderen ägyptischen Tempelbauten, mit Ausnahme der Sphinx und des Chephren-Taltempels (den Hakim Awyan ebenfalls in die Zeitrechnung der Khemiter zurückdatiert), dass es schon fast an Absurdität grenzt, wenn die »Experten« die Entstehung dieses wahrhaft ehrfurchtgebietenden Bauwerks als zeitgleich mit dem darüber liegenden Tempel des Neuen Reiches einordnen.

In jedem handelsüblichen Ägypten-Reiseführer wird der Tempel Sethos I. als »einzigartiges Bauwerk« beschrieben, und zwar unter dem Gesichtspunkt seiner L-förmigen Anlage. Während andere zeitgenössische Tempel in einem klassischen rechteckigen Design gebaut wurden, scheint man bei diesem Tempel mitten in der Bauphase den Kurs geändert zu haben. Einige Forscher glauben, die Erklärung dafür sei, dass Sethos' Baumeister während der Arbeiten auf das Osireion stießen, was eine dramatische architektonische Änderung des ursprünglichen Entwurfs erzwang.

Omm Setys Werke enthalten nur wenig Informationen über das Osireion, und doch kannte und feierte sie fast jeden Zentimeter des Sethos-Tempels. Vielleicht war für sie das altertümliche Bauwerk nur eine Kulisse für den kunstvolleren Tempel darüber, in dem sie sich lebhaft an ihr aufregendes Leben als junge Priesterin erinnerte und daran, wie sie in den Tempel gebracht worden war, um ihre Hingabe an die Götter zu leben – eine Hingabe, die durch ihre leidenschaftliche Liebesaffäre mit dem Pharao unterbrochen wurde.

Wäre es ein zeitgenössisches Bauwerk aus der Zeit von Pharao Sethos gewesen, hätte die Visionärin Omm Sety sicherlich viel mehr über das Osireion zu erzählen gehabt!

So prächtig der Tempel des Sethos auch ist, mit seinen majestätischen Hypostyl-Hallen und den atemberaubend gemeißelten Kammern und Außenwänden, zog es mich energetisch doch viel stärker zum Osireion. Selbst jetzt, während ich, im Café in Abydos sitzend, diese Zeilen schreibe und die Teile des immer größer werdenden Puzzles ergänze, ist es das Geheimnis des großen Osireions, das danach ruft, in das Licht von *Khepre* – in das Erwachen – geholt zu werden.

Ich wusste, dass es dort, im Hof und im inneren Heiligtum des Osireions, machtvolle Botschaften gab, und ich brannte darauf, sie zu erforschen – um im Dämmerlicht seiner abgeschirmten Hallen meine eigenen Wahrheiten zu entdecken.

Amir führte mich zur Treppe auf der Rückseite des Tempels, die eindeutig nicht der ursprüngliche Eingang zur megalithischen Stätte war, und wir gingen einen holprigen Gang über felsigen Sandstein hinunter zu einem Aussichtspunkt an der Südseite, wo eine wacklige Treppe den Besucher in die Nähe des äußeren »Hofes« hinunterführt (aber nicht *hinein*). Das Betreten des Innenhofs und der Innenräume ist strengstens verboten, und überall stehen Polizisten, die keinen Zweifel aufkommen lassen, dass dieses Verbot auch wirklich streng durchgesetzt wird.

Das musste ich also auf diesen nächsten Besuch verschieben, bei dem Zeit keine Rolle spielen und die Türen sich für mich öffnen würden, wie schon bei so vielen anderen Gelegenheiten in meinem Leben – immer zum *richtigen* Zeitpunkt.

In dieser frühen Phase meiner Einweihung in die ägyptischen Mysterien war ich blind für die Geheimnisse, die das megalithische Bauwerk barg. Vielleicht war ich einfach noch nicht bereit, die Informationen zu empfangen, die mir dann später offenbart werden sollten … und ich fühlte mich irritiert von dem fauligen, schleimigen Wasser, das gut sechzig Zentimeter hoch das äußere Gelände bedeckte und den Zugang zum inneren Heiligtum ganz und gar unmöglich machte.

In Omm Setys Büchern hatte ich gelesen, das Wasser des Osireions sei das heiligste aller Gewässer und sie selbst sei Zeugin seiner wunderbaren Heilkraft geworden. Aber nun, erst so kurz nach ihrem Tod, schien vom heiligen Zustand dieses Wasser nichts mehr übrig zu sein als Schmutz und übelster Gestank.

Diese Erscheinungen wollte ich später vertreiben – dann, wenn der Geist mich ins Innere des Osireions hineinführen würde, vorbei an negativen Urteilen, vorbei an der Angst … vorbei an den oberflächlichen Eindrücken und hinein in ein tieferes Erkennen jener Erinnerungen, die in diesem Wasser gespeichert sind.

Doch schon bei der ersten Begegnung mit dem Osireion, die ich gerade erlebte, wurde etwas Großes in mir wachgerufen. Ich schaute von der behelfsmäßig wirkenden, wackligen Treppe hin-

Abb. 51. Noch einmal der Tempelkomplex Osireion in Abydos

unter und war fasziniert. Etwas zog mich hinein – ich erkannte es wieder, ich wusste, dass ich dort schon gewesen war.

Während dieses kurzen Besuchs führte mich Amir zu einem abgesperrten Bereich, von wo aus ich in eine äußere Kammer hinunterschauen konnte. Man vermutete, dies sei die Einbalsamierungskammer gewesen – eine Kapelle für Anubis. Ich wusste aber, dass es mehr als das war. Ich konnte erkennen, dass dort unten ein Gang oder Tunnel aus der Kammer hinausführte, und ich fragte mich, wohin. Amir sagte einfach, das sei »eines der Geheimnisse, die ich erforschen sollte«, und wir beließen es dabei … denn wir wussten, dass diesmal die Zeit nicht reichte, um dort hinunterzugehen.

Nachdem die Tour mit meiner Gruppe von spirituell Suchenden abgeschlossen war, kehrte ich nach Hause zurück. Ich war fasziniert – geradezu besessen – vom Osireion und den tiefgründigen Möglichkeiten, die in dieser geheimnisvollen Stätte verborgen lagen. Das Osireion schien etwas abzuschirmen und zu bewachen. Dabei handelte es sich meiner Vermutung nach um einen Zugang zu den Hallen von Amenti, jenem Ort also, wo – geschützt durch die Lichtwellen einer unglaublich fortschrittlichen sirianischen Technologie – der dreizehnte Kristallschädel aufbewahrt wurde. Höchstwahrscheinlich gibt es dort Unterwasserflüsse und Straßen, die durch das Ägypten führen, das wir erst noch wiederentdecken müssen – bis hin zu Agartha und dem verborgenen Paradies von Shamballah.

Als ich mir eine Anzahl Fotos des Osireions ansah, ging mir das sprichwörtliche Licht auf, und ich erkannte fast sofort die Ähnlichkeit mit dem Hintergrundgebäude in Leonardo da Vincis berühmtem Gemälde *Das letzte Abendmahl*.

Ich suchte nach einem Bild seines Meisterwerks und stellte zu meinem Erstaunen fest, dass das Gebäude, in dem die Szene des Abendmahls dargestellt ist, der Perspektive des Osireions auf meinem Foto so sehr ähnelt, dass es schwerfällt, dies als reinen Zufall abzutun. Positioniert man den Esstisch des Abendmahls auf der zweiten horizontalen Linie im Boden des Osireions, wo die Steine geschnitten sind, stellt man fest, dass die Anzahl der dargestellten Säulen mit der Anzahl auf dem Gemälde übereinstimmt und die Position Jesu deckungsgleich mit jener Vertiefung ist, in der sich das Grab des Osiris befunden haben soll. Der rätselhafte Marmor vor dem langen Tisch, an dem Christus steht, befindet sich exakt an der Stelle der Treppe im Osireion, von der Ägyptologen glauben, dass sie für Initiationsrituale benutzt wurde.

Offensichtlich findet das Portal hinter Christus seine Entsprechung in der Öffnung im Hof des Osireions. Sie führt in den Tunnel hinab, mit dem die Reise durch die *Duat* beginnt.

Nach dem Welterfolg von Dan Browns Roman *Sakrileg* gab es unzählige Spekulationen über die Aussage von da Vincis Meisterwerk und darin versteckte Botschaften. Dabei ging es vor allem um die in dem Roman aufgeworfene Frage, ob Maria Magdalena und nicht etwa der heilige Johannes zur Rechten Jesu sitzt.

Abb. 52. »Das letzte Abendmahl«, Wandgemälde von Leonardo da Vinci (1494-1497)

Was die künstlerische Struktur des Wandgemäldes selbst betrifft, ist auch immer wieder über da Vincis Verwendung der göttlichen Proportion geschrieben worden, die sich aus dem Goldenen Schnitt ableitet, der Grundlage für unser Studium der Heiligen Geometrie. Dies alles sind Maße, die schon seit uralter Zeit verwendet werden – bei der Großen Pyramide, beim griechischen Parthenon und schließlich auch in da Vincis Meisterwerk.

Das, was ich gerade geschildert habe, beschreibt jedoch noch nicht, welche faszinierenden Parallelen es zwischen da Vincis Gestaltung des Gebäudes, in dem sich die Szene mit Christus und seinen Jüngern abspielt, und dem Bild des Osireions gibt, das von der Innenseite des Hofes aus fotografiert wurde, direkt vor der Tür, die in den sogenannten Sarkophag-Raum führt.

Da Vinci hat alle Elemente in göttlicher Proportion angeordnet und die Figuren, zwölf mit Jesus in der Mitte, in eine Struktur eingebettet, die genau dem Innenhof des Osireions entspricht. Dem geschulten Auge fällt sofort auf, dass die Jünger in vier Dreiergruppen angeordnet sind, welche die Heilige Geometrie der Großen Pyramide widerspiegeln. Offenbar enthält das von da Vinci gemalte Gebäude, in dem Jesus und die Jünger dargestellt werden, beziehungsweise die Struktur des Gemäldes selbst, weitaus mehr geheime Codes als nur die Figuren des großen Festes: die zwölf Apostel mit dem Einen – Christus.

Was ist sein Geheimnis?

Könnte *Das letzte Abendmahl* möglicherweise da Vincis verborgene Karte zum Portal der Nephthys sein, der Göttin der »Umfriedung«, in der die Kristallschädel aufbewahrt wurden? Die Ähnlichkeit mit dem Osireion ist so unbestreitbar, dass ich mich oft frage, warum dies von Kunsthistorikern und Philosophen, die die verborgenen Bedeutungen und Codes in den großen Werken aufdecken wollen, nie untersucht wurde.

Meine jahrelange Arbeit mit Kristallen in jeder Form hat mich in eine stetige Resonanz mit ihnen geführt. Ich habe dabei gelernt, dass sie lebendige Wesen sind, die uns auf ganz erstaunliche Weise bei unseren geistigen Reisen und Visionen helfen können.

Um eine Antwort auf meine Frage nach dem wahren Zweck des Osireions zu finden, meditierte ich mit meiner Lieblings-Kristallkugel, die für mich beim Hellsehen die besten Resultate liefert. Ich bat darum, dass mir gezeigt werden möge, ob es dort im Osireion wirklich ein Portal gibt – hinter dem die größten Geheimnisse verborgen liegen. Als ich in das wolkige Fenster der Kugel schaute, das sich zu anderen Dimensionen hin öffnet, sah ich genau in der Mitte der kristallinen Struktur etwas erscheinen, das den Wänden auf der rechten Seite des Osireions ähnelte. Bemerkenswerterweise ist dieses Bild auf unerklärliche Weise in der Kugel eingeprägt geblieben, als hätte ein göttlicher Künstler, der mir einen jenseitigen »Beweis« schenken wollte, das Bild in den Quarz gemeißelt.

Ich machte mit meiner Kamera ein erstaunliches Foto dieses Bildes. Man sieht darauf deutlich die rechte Wand mit Säulen und

Türen des Osireions. Können Sie erkennen, dass sich auf der linken Seite eine weiße Gestalt befindet?

Das ist die mumifizierte Gestalt des Osiris, der mir den Weg weist. Durch die magische Linse der Kristallkugel wurde mir die Antwort gezeigt.

»Dort ist die Tür«, schien sein Abbild mir zu sagen. »Du musst nur den Weg nach Hause finden …«

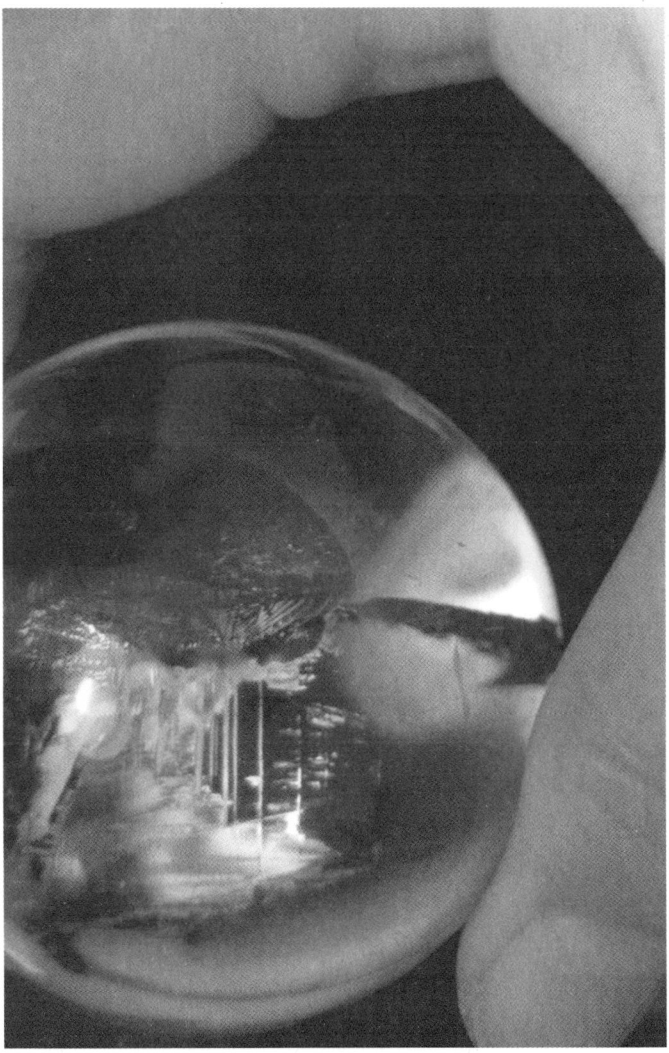

Abb. 53. Die Kristallkugel zeigt das Portal im Osireion.

14

Reine Magie

Als ich eine Weile darüber nachgedacht hatte, wie sehr dieses Zwölf-mit-Einem-Konzept das Kristallschädel-Komitee widerspiegelte, hielt ich es nicht länger aus zu warten. Die Kräfte des Osireions faszinierten mich. Ich wollte endlich seine magischen Räume und die geheimen Tunnel betreten, die in andere Welten führten. Also kehrte ich nach Abschluss der Gruppenreise so bald wie möglich in mein geliebtes Abydos zurück. Ich hatte beschlossen, meinem Schicksal zu begegnen. Ich wollte allein in das Innere des Monuments gelangen und es aus erster Hand erleben, ohne Störungen und Eile.

Amir hatte alles mit Kevin arrangiert, der mir seitdem ein guter Freund und so etwas wie ein »sicherer Hafen« in Abydos geworden ist. Noch immer beherbergt er mich bei meinen Besuchen in seiner gemütlichen kleinen Pension. Sie hat sich allmählich zum Geheimtipp für jene Suchenden entwickelt, die sich, wie ich, zu diesem Ort hingezogen fühlen und mehr Zeit dort verbringen möchten als nur einen Tagesausflug.

Kevin, eine Ikone des Dorfes, ist ein brillanter Kenner der ägyptischen Geschichte und Mythologie. Wir haben viele Abende damit verbracht, gemeinsam über die Geheimnisse Ägyptens nachzudenken – ich mit meinem metaphysischen Gespür, Kevin mit seinem absolut herausragenden Wissen über die Historie und Archäologie des Landes.

Nach meiner Rückkehr bezog ich umgehend mein Zimmer bei Kevin und traf mich mit Amir vor seinem Café. Dort wartete ich darauf, dass die aktuelle Touristenkolonne abfuhr und ich endlich zu meinem bevorzugten Tempel zurückkehren konnte. Inzwischen kannten mich die Einheimischen, und sie schienen sich aufrichtig zu freuen, mich wiederzusehen. Das alles spiegelte auf unheimliche Weise das Gefühl wider, schon einmal hier gewesen zu sein – es gab mir das Gefühl, zu diesem Ort zu gehören.

Ich trank mit Amir unseren rituellen Minztee und bereitete mich auf die Entdeckungsreise vor, von der ich wusste, dass sie schon vor langer Zeit begonnen hatte – so viele Monde, bevor ich das erste Mal nach Abydos gekommen war.

Endlich würde ich ausreichend Zeit haben, um jeden Winkel des Tempels von Sethos I. und des Osireions zu erkunden, und ich beschloss, jeden Tag eine der innen liegenden Kapellen zu erforschen. Amir erklärte sich bereit, mich morgens immer zu begleiten und einen schützenden Raum für mich zu erschaffen, in den niemand einzudringen wagte.

Vom ersten Moment an hatte ich den Eindruck, als würde Seschets Feder Aufzeichnungen an die Wände meines Geistes schreiben. Und schon am zweiten Morgen, als ich in der Isis-Kapelle saß, sprang mir ein bemerkenswert schönes Wandrelief ins Auge, das förmlich darauf zu warten schien, dass ich ihm Beachtung schenkte. Ich konnte den Blick nicht abwenden.

Es war eine ganz wundervolle Darstellung des Sethos. Er bot den Göttern auf seiner Handfläche ein kleines Bildnis der Göttin Ma'at dar, und die Ma'at-Figur bot auf ihrer Handfläche ihrerseits eine weitere, kleinere Ma'at dar. Diese kleinere Ma'at-Figur hielt den Göttern eine noch kleinere Ma'at hin, und schließlich hielt diese, die dritte Ma'at-Figur, den Göttern ein so winziges Selbstbildnis hin, dass man darauf gerade noch die feinen Züge erkennen konnte, die perfekt und bis ins kleinste Detail eingeritzt waren.

Von all den großartigen Kunstwerken in diesem Tempel sollte mich nichts so sehr beeindrucken, zumal Ma'at für meine eigene Erfahrung und meine frühen Entdeckungen nach der Rückführungssitzung derart wichtig gewesen war. Aber irgendwann verließ ich die Kammer dann doch und ging weiter, um andere Aspekte des Tempels zu erkunden, bis ich nach viel »schwerelos« vergangener Zeit, erfüllt von der Schönheit der heiligen Hallen, wieder bei Kevin eintraf, um mit ihm zu essen und zu plaudern.

Während der nächsten Stunden berichtete er mir von seinen scharfsinnigen Beobachtungen über die Kunst und Geschichte des Tempels. Und irgendwann sagte er: »Es gibt eine sehr schöne Darstellung von Sethos, der Ma'at den Göttern opfert, und dann opfert sich Ma'at selbst – immer und immer wieder ...«

Ich war erstaunt. Von allen möglichen Bildern und Szenen, die im Tempel dargestellt sind, beschrieb er ausgerechnet jenes, das mich am Morgen so sehr fasziniert hatte: Ma'at, die Ma'at opfert, die wiederum Ma'at opfert ... Was für ein glücklicher Zufall!

»Ich habe es einmal dort gesehen«, fügte er hinzu, »konnte es aber nie wiederfinden.« Er sah mich ein wenig traurig an. »Es ist irgendwo dort im Tempel versteckt.«

Ich erzählte ihm, dass ich genau dieses Relief *gerade heute morgen erst* gesehen hatte – und beschrieb, wie es mich förmlich »angesprungen« hatte.

Jetzt wollte Kevin ganz aufgeregt wissen, wo ich es denn gesehen hätte, und ich sagte ihm, das sei in der zweiten Kapelle gewesen, der Isis-Kapelle. Er versicherte mir, er habe es damals an der Wand der zweiten Säulenhalle entdeckt, doch als er dann noch einmal nachgeschaut hätte, wäre es nicht mehr dagewesen. Ich korrigierte ihn – ich war mir *vollkommen* sicher, dass ich es in der Kapelle der Isis gesehen hatte.

Am nächsten Morgen konnte ich es kaum erwarten, wieder hineinzugehen und einen weiteren Blick auf das atemberaubende Bildnis zu werfen ... aber es war nicht mehr da. Ich war mir absolut sicher, es in dieser Kapelle gesehen zu haben – schließlich hatte ich am Tag zuvor Stunden damit verbracht, es zu betrachten! Doch an den Wänden der Isis-Kapelle war nichts dergleichen zu sehen – dabei war es dort förmlich von der Wand in meinen bewussten Gedankenstrom gesprungen.

Verblüfft verfolgte ich meinen Weg durch den Tempel zurück und überprüfte, ob ich mich geirrt haben könnte, aber das war nicht der Fall. Ganz ohne jeden Zweifel: Ich hatte das Bildnis *ganz bestimmt* in jener Kapelle gesehen.

Kevin und ich unterhielten uns äußerst angeregt über dieses merkwürdige Phänomen. Er beharrte darauf, dass der Tempel manchmal »Dinge verbirgt«, während mir allmählich klar wurde, dass ich am Tag zuvor offenbar irgendwie über die dritte Dimension hinausgeblickt hatte … dorthin, wo sich auf der Schwingungsebene dieses sehr kraftvolle Bild befindet.

Am nächsten Morgen kehrte ich wieder bei Amir zum Tee ein und fragte ihn, ob er das Wandrelief jemals gesehen hatte, auf dem Sethos Ma'at opfert, die sich ein ums andere Mal selbst opfert. Ich hatte lange darüber nachgedacht, und es ergab für mich einfach keinen Sinn, dass eine zentrale Gottheit wie Ma'at sich anderen Göttern als Opfer darbot …

»Ja«, sagte er nachdenklich, in dem Bemühen, sich genauer zu erinnern.

»Weißt du noch, wo es sich befindet?«, hakte ich sofort nach.

»Ich habe es nur einmal gesehen – vor ein paar Jahren … danach nie wieder.«

Das war wirklich erstaunlich, und ich entgegnete, ob er es nicht seltsam fände, dass er sich nicht mehr erinnern könne. Ich würde das Bildnis gerne wiederfinden. Darauf wiederholte er Kevins Bemerkung, dass der Tempel manchmal »Dinge verbirgt«.

Ist es nicht merkwürdig, dass zwei Menschen, die den Tempel jederzeit und nach Belieben erkunden können, beide diese Beobachtung gemacht haben? Sicherlich, so dachte ich, müsste doch jeder, der im Tempel ein so faszinierendes Wandrelief nicht wiederfinden konnte und die Möglichkeit hatte, immer wieder sorgfältig danach suchen – und dann, wenn diese Suche erfolglos blieb, an seinem Verstand zweifeln.

Ich wollte vollkommen sicher sein, dass mein Verstand mir keinen Streich spielte, und so verbrachte ich die nächsten zwei Tage damit, jedes Relief im Tempel zu studieren, auf der Suche nach dem seltsamen Bildnis. Ich ging mindestens viermal durch die gesamte Tempelanlage, studierte jede Wand, suchte jeden Raum ab … aber es gelang mir einfach nicht, das Relief wiederzufinden, auf dem dargestellt ist, wie Sethos Ma'at opfert und Ma'at sich dann, immer kleiner werdend, selbst opfert.

Es war, als hätte die erste Darstellung von Sethos mit Ma'at auf seiner Hand die dritte Dimension gezeigt, die zweite Darstellung, in der Ma'at die kleinere Ma'at darbietet, die vierte Dimension, während das Bild mit der noch kleineren Ma'at die fünfte Dimension und schließlich die winzige Ma'at, die dort zu sehen gewesen war, eine sechste Dimension gezeigt hatte.

Die sechste Dimension ist natürlich der Ort, an dem sich die Sirianer des aufgestiegenen Sterns Satais aufhalten – und Satais ist der Stern von Osiris.

Mit Amirs Hilfe, der für mich übersetzte, befragte ich die Tempelaufseher. Wenn dieses Wandrelief im Tempel existierte, war ich, bei den Göttern, fest entschlossen, es zu finden!

Ein Aufseher, der seit mehr als dreißig Jahren in Abydos arbeitete, erklärte, er habe es im Jahr zuvor zum ersten Mal gesehen, könne sich aber nicht mehr genau erinnern, wo. Er ging in den Tempel, um es zu suchen, in der Überzeugung, dass er sich erinnern würde und es mir dann zeigen konnte … aber am nächsten Tag brichtete er uns verblüfft, dass auch er es nicht zu finden vermochte.

Kevin sagte, er kenne noch zwei Leute, die es eindeutig gesehen hatten, und beide waren ebenfalls höchst erstaunt gewesen, es später nicht mehr wiederfinden zu können.

Das war der Beweis dafür, dass der Tempel uns allen einen Vorgeschmack auf das gab, was jenseits der Illusion lag. Er zeigte uns, dass Realität, zumindest in Abydos, weit mehr als das war, was wir darunter verstehen … und dass etwas, nur weil es »in Stein gemeißelt« ist, nicht unbedingt materiell existieren muss.

Sethos' Tempel ist eine großartige Huldigung an die Götter und zugleich ein unschätzbares Vermächtnis an die Menschheit. Und er

Abb. 54. Das Tempel-Ohr

ließ mich unmissverständlich wissen: »Ich bin das Portal zwischen den Königreichen des Lichts.«

Ich konnte Sethos zu mir sprechen hören, von Säule zu Säule, nicht mehr als ein Flüstern …

Ich hörte, wie er zu meinem Herzen von magischen Dingen sprach. Vielleicht ging es auch anderen so, und vielleicht findet man deshalb das Relief eines menschlichen Ohrs an der Wand neben der Treppe, die zum Osireion hinaufführt.

Es ist das Ohr des Tempels, eines lebendigen Wesens.

Ja, der Tempel lebt: Er spricht zu uns, und er hört uns zu. Er hört allen zu, die eintreten, und wartet darauf, dass der Adept, der sich auf das Wort des Schöpfergottes eingestimmt hat, Osiris' Namen ausspricht. Dort in der Halle, wo der Name einer jeden Pforte an den Wänden verewigt ist, wurde auch das Ohr des Tempels eingemeißelt. Dieses lebendige Wesen …

Wartet das Ohr darauf, den Geistigen Meister jenes Komitees zu hören, dieser Versammlung aus Zwölf-mit-Einem, »bei der sie mit ihrem Namen aufgerufen werden«, um das Portal zu öffnen, wie es, so glaube ich, im *Pfortenbuch* angedeutet wird?

Für mich gibt es nur eine plausible Erklärung für das verschwundene Relief, wenn wir nicht unterstellen wollen, dass alle völlig verrückt geworden sind – dass uns dieses Bildnis von eindringlicher Bedeutung tatsächlich aus einer anderen Dimension erschien. Es erschien uns von jenseits der Realität der dreidimensionalen Mauern des wundervollen Abydos, die in der Dichte unserer sich rasch verändernden physischen Realität offenbar nur auf eine sehr durchlässige Weise feste Gestalt annehmen können.

Denjenigen von uns, die das Wandrelief gesehen hatten, wurde ein besonderes Privileg zuteil. Wir durften einen kurzen Blick hinter den Schleier werfen, der uns von den höheren Dimensionen trennt … und dann verschwand das Bildnis wieder – als wäre ein großer Theatervorhang gefallen.

Das Relief des Sethos mit der vielfachen Göttin Ma'at auf der ausgestreckten Hand hatte unser aller Aufmerksamkeit erregt. Es hatte uns so sehr beeindruckt und erfreut, dass wir immer wieder danach suchten. Es war so machtvoll, dass es sogar einen skeptischen ägyptischen Tempelaufseher dazu brachte, seine Wahrnehmung von Wahrheit und Realität zu hinterfragen.

Aber so sehr wir auch nach der »Ma'at aus der sechsten Dimension« suchten, niemand von uns bekam sie je wieder zu Gesicht.

> ∴ <

Amir und ich kamen während meines Aufenthalts immer wieder auf unser eigenartiges Erlebnis zu sprechen, und dabei erfuhr ich noch so manches andere. Er verriet mir, dass sich die Dorfbewohner vor dem Tempel des Sethos fürchteten. Nachts hörten sie seltsame Geräusche, und offenbar gab es dort immer wieder unheimliche Leuchterscheinungen, deren Licht durch die Dachfenster schien.

Amir erzählte mir auch von einem Aufseher, der auf dem Tempelgelände eingeschlafen war, irgendwo außer Sichtweite seiner Kollegen. Am Ende des Tages, als es an der Zeit war, den Tempel zu schließen und das Gelände zu verriegeln, bemerkte niemand, dass der Mann noch drinnen war. Die anderen Aufseher schlossen den schlafenden Kollegen unwissentlich ein.

Der Mann, der im Tempel in völliger Dunkelheit gefangen war, erwachte irgendwann aus seiner Siesta und sah Götter und Göttinnen »von den Wänden herabsteigen«, wie er es den Dorfbewohnern später beschrieb. Sie hätten sich laut unterhalten und seien im Tempel umhergegangen!

Der Aufseher gestand, wie er hysterisch vor Angst zum Haupttor rannte und schrie, dass doch jemand kommen und ihn herausholen möge. Als die Hilfe endlich kam, so Amir, hatte der arme Mann vor lauter Schrecken schon beinahe den Verstand verloren. Offenbar war er danach nie wieder derselbe.

Die Einheimischen taten sein Erlebnis als das Geschwätz eines Verrückten ab, aber nicht Amir.

Dass an der wilden Geschichte des Mannes etwas dran war, sagte er mir allerdings erst Tage später – nachdem ich ihn überzeugt hatte, mir dabei zu helfen, Zeit ganz für mich allein im Tempel verbringen zu können, in der süßen Stille der Nacht.

Nach der Erfahrung mit dem verschwundenen Wandrelief, verstärkt durch die Geschichte von den Visionen des Wächters im dunklen Tempel, wusste ich, dass ich mich dort allein in der Dunkelheit aufhalten musste, um den Göttern und Geistern zu begegnen – und zwar zu *ihren* Bedingungen.

Ich fragte Amir, ob er das für mich arrangieren könne.

Legal ging das natürlich nicht. Sich nach der Schließung eines Tempels dort ohne Erlaubnis aufzuhalten, galt als kriminelle Handlung. Amir und ich mussten mit einer Gefängnisstrafe rechnen … wenn wir erwischt wurden.

Aus diesem Grund kann ich nicht näher schildern, wie es mir ermöglicht wurde, genau das zu tun: mich erneut illegal in einem von Ägyptens heiligsten Portalen aufzuhalten. Aber ich kann Ihnen beschreiben, was ich dort erlebte.

Ich sollte am Ende der Öffnungszeit wieder in die heilige Kapelle der Isis gehen, einen der kraftvollsten Orte des Tempels, und zwar an die Stelle, wo man die Energielinien spüren kann, die sich vor dem Eingang der Kapelle kreuzen. Dort sollte ich warten, bis der Tempel geräumt war und die Lichter ausgeschaltet wurden.

Die Aufseher taten so, als wüssten sie nicht, dass ich noch drinnen war. Sie sperrten mich genau so ein, wie sie es Jahre zuvor versehentlich mit ihrem Kollegen getan hatten.

Mir wurde gesagt, dass ich nach einer Stunde wieder herauskommen müsse, woraufhin ich im Café versteckt und später zu Kevin zurückbegleitet werden würde.

Amir war sichtlich besorgt und warnte mich, er hätte große Bedenken, mich in den Nachtstunden im Tempel allein zu lassen. Er meinte, der gleiche Wahnsinn, der den Wächter befallen hatte, könnte auch mich befallen. Ich versicherte ihm, dass ich mich nicht vor Geistern fürchtete. Ich wusste, dass der Tempel ein heiliger Ort war und was ich dort zu tun hatte, genau wie Omm Sety. Ich fühlte mich zu Hause, geliebt und beschützt in diesen heiligen Mauern, einem Ort, bei dem ich mir sicher bin, ihn aus früheren Zeiten sehr gut zu kennen.

Zögernd und spürbar beklommen willigte Amir ein.

Ich gebe zu, mir war doch ein wenig unheimlich zumute, als ich hörte, wie die Wachen am Eingangstor von außen den Schlüssel umdrehten … einmal, zweimal, noch einmal und noch einmal, bis das Tor fest zugesperrt war. Die Lichter wurden ausgeschaltet, und in dem Gebäude aus unvordenklichen Zeiten wurde es still.

Ich war im Tempel von Sethos I. eingeschlossen, ganz allein.

Ich zündete Weihrauch an und legte eine Decke über den kalten Marmorboden in der Isis-Kapelle. Dann betete ich laut und bat darum, dass die Göttin Isis mich mit ihrer Liebe und ihrem Licht umgeben möge. Gleich darauf war mir, als ob ihre großen Flügel mich umschlössen und in ihrer schützenden Umarmung hielten, wie einen Säugling im Mutterleib.

Als ich dort lag und meditierte, öffnete ich meine Augen und betrachtete die atemberaubend schönen Bilder an den Wänden. Es gab kein künstliches Licht, aber ein Sonnendach oben in der Kammer, und Ras Licht schien in den Raum, so dass alles beleuchtet war. Als aber die Sonne unterging, veränderten sich die Bilder durch den Schattenwurf an den Wänden, wodurch andere Winkel und Formen sichtbar wurden. Ich stellte mir vor, dass vielleicht Mondlicht, das in den Tempel fiel, beim Aufseher den Eindruck erweckt hatte, die Bilder würden sich bewegen.

Doch wie ich bald herausfand, war das überhaupt nicht der Fall. Der Mann hatte wahrscheinlich *wirklich* das gesehen, was er den Menschen später schilderte.

Ich verlor jegliches Zeitgefühl und fiel in einen tiefen Zustand veränderten Bewusstseins, umhüllt von Wellen unglaublichen geistigen Lichts und mächtigen, *sehr* mächtigen Empfindungen von transversalen Energiewellen, die sich in Wirbeln im Tempel kreuzten. Ich konnte die Stimmen der Götter hören … und der Tempel selbst, eine lebende Gottheit, spielte seine eigene Musik.

Ich lag da, in Glückseligkeit, und jenseits aller anderen Erfahrung war in mir nur noch Hingabe – der logische Verstand war zum Schweigen gebracht und mein Herz grenzenlos offen für all die Wunder, die sich im Dasein manifestieren.

Es fällt mir sehr schwer, diese Erfahrung mitzuteilen, sie in Worte zu fassen … da sie missverstanden und als Fantasterei abgetan werden könnte, wie es dem Aufseher ergangen war, der versucht hatte, sein Erlebnis zu schildern, und mein Erlebnis war seinem sehr ähnlich. Dennoch bin ich bereit, das Risiko einzugehen, damit andere wissen, welche Magie in Abydos zu finden ist, und selbst ihren Weg dorthin finden können.

An einem undefinierbaren Punkt in dieser magischen Einweihungserfahrung zwang mich etwas, mich aufzurichten. Ich riss mich aus dem Zustand tiefer Meditation heraus – oder zumindest glaubte ich das – und setzte mich aufrecht hin, so dass ich in die Säulenhalle außerhalb der Kammer schaute.

Aus dem warmen Nest, das ich in den Schwingen der Isis gefunden hatte, blickte ich nun auf die dunkle, abweisende Halle mit ihren riesigen Säulen und Gängen, die in dunkle Kammern führten. Eine enorme Welle der Kälte überkam mich, löste dieses psychische Erstarren aus, das ich bereits kannte.

Und als ich so in die Dunkelheit spähte, bemerkte ich, wie sich im hinteren Bereich der Säulenhalle unbestimmbare Lichtformen sammelten. Es war, als würden dort Kerzen flackern. Ich fragte mich, ob jemand den Tempel betreten hatte, vielleicht jemand, der geschickt worden war, um mich zu bewachen. Doch dann schaute ich genauer hin und erkannte, dass eine Prozession altägyptischer Priester auf mich zukam.

Ihre Köpfe waren kahl geschoren, sie trugen keinerlei Schmuck. Bekleidet waren sie mit Tuniken aus reinem weißen Leinen. Der Priester an der Spitze trug einen Korb mit Früchten und anderen Gaben und steuerte direkt auf mich zu.

Ich weiß nur noch, wie es mich siedend heiß überkam, als ich merkte, dass ich ihrer zeremoniellen Prozession genau im Weg saß. Ich wollte die Kammer der Göttin verlassen, konnte aber meinen Körper in keiner Weise bewegen. Ich befand mich in einer anderen Dimension, losgelöst von der physischen Sphäre.

Erstaunt starrte ich auf die gespenstische Erscheinung.

Es waren sechs Priester, die sich langsam durch die Säulenhalle auf mich zubewegten, auf die Kammer der Isis, der Göttin der

Liebe und des Lichts. Und da war ich, mitten in der Kammer, und versperrte ihnen den Zugang.

Während ich reglos dasaß, sah ich, wie der Hohepriester, vielleicht Sethos selbst, am Ende der Prozession hervortrat, hinter den anderen. Er war in ein kunstvolles Gewand gekleidet, das mit Amuletten und Gold verziert war, und trug die traditionelle Uräuskrone der Götter und Pharaonen. Er ging links neben der Prozession und näherte sich mir zusehends, bis er die Stelle erreichte, an der der Priester an der Spitze der Prozession stehen geblieben war, etwa einen Meter vor der Kammer.

Er kam jedoch weiter auf mich zu, immer näher, während der Priester auf ein Knie niedergesunken war und ehrerbietig das Opfertablett auf den Boden stellte.

In diesem Moment, als der Hohepriester mich direkt ansah und Lichtstrahlen wie Laser aus seinen Augen in meine drangen, rief aus der Dunkelheit eine Stimme: »Hallo?« Es war eine Männerstimme, die durch den Tempel schallte.

Ich hatte keine Ahnung, woher die Stimme kam, und in diesem Moment war es mir auch egal.

Immer noch in das Geschehen vertieft, beobachtete ich schweigend die Gespenster vor mir, während der enorme Lichtstrahl aus den Augen des Hohepriesters direkt in meine Seele leuchtete. Er vibrierte in meinem Kopf und raste durch meine Wirbelsäule.

»Hallo, hallo?« Der aufdringliche Ruf ertönte beharrlich weiter aus den äußeren Tempelhallen.

Das genügte, um mich in die physische Welt zurückzuholen. Leider lösten sich die Priester und die Magie dieses unglaublichen Moments darauf sogleich in Luft auf. Ihre Bilder verschwanden im Äther, und ich fiel in die Wirklichkeit zurück, in der ich mich befand – im Tempel, in der Dunkelheit, in Abydos.

Ich zwang mich, aufzustehen, und stolperte mehr, als dass ich ging, in die Säulenhalle hinaus.

»Ja?«, rief ich in die Dunkelheit, wie jemand, der unsanft aus einem schönen Traum geweckt wurde.

Die Stimme antwortete: »Bitte, Madame, wir müssen hier so schnell wie möglich weg!«

Ich sah niemanden. Nur die Stimme, die von Wand zu Wand schallte, überzeugte mich, dass ein Mensch den dunklen Raum des unbeleuchteten Tempels betreten hatte.

Noch immer geschockt von der Magie, die ich getragen von Isis' Flügeln erfahren hatte, sammelte ich meine Decke und die wenigen spirituellen Werkzeuge, die ich mitgebracht hatte, ein und machte mich taumelnd auf den Weg zur Tür.

Dort stand der Aufseher, der an den Vorbereitungen beteiligt gewesen war, und sah mehr als nur ein wenig verängstigt aus. Er wollte keinen Fuß in den Tempel setzen und fühlte sich sichtlich unwohl dabei, sich zu nächtlicher Stunde in der Nähe des Eingangs aufzuhalten – und zweifellos hielt er mich für verrückt, weil ich freiwillig dort drinnen war.

Er erzählte mir, ein Dorfbewohner hätte der Polizei gemeldet, dass sich jemand im Tempel aufhielt. Wir hätten nur wenige Augenblicke Zeit, um mich in Sicherheit zu bringen, bevor sie kamen, um nach dem Rechten zu sehen.

Wie in einer Szene aus *Casablanca* wurde ich in Sicherheit gebracht, zurück ins Café, wo ich nur schwach die mondbeschienenen Gesichter einiger Männer des Dorfes erkennen konnte, die in der Kühle der Nacht ihre Shisha-Pfeifen rauchten.

Sie sahen mich neugierig an und wussten nicht, was sie von einer Frau halten sollten, die nachts unterwegs war. So etwas kam in ihrem alten Dorf offensichtlich sonst niemals vor.

Wie immer erwartete mich Amir bei meiner Rückkehr. »Was ist denn passiert?«, fragte er, sichtlich verärgert.

Benommen bemühte ich mich, ihm zu antworten, aber ich hatte mein volles Körperbewusstsein noch nicht wiedererlangt.

»Du solltest doch nur eine Stunde im Tempel bleiben«, sagte er. »Warum bist du nicht herausgekommen, Pat? Ich habe mir solche Sorgen um dich gemacht!«

Ich konnte sehen, wie aufgeregt er war.

Verwundert sah ich ihn an und stellte fest, dass ich absolut keine Ahnung hatte, wieviel Uhr wir hatten … auch mein Raumgefühl war ziemlich verzerrt.

»Warum, Amir?«, fragte ich verwirrt. »Wie spät ist es denn?«

Amir sagte mir, es sei bereits nach einundzwanzig Uhr, was bedeutete, dass ich über fünf Stunden im Tempel verbracht hatte!

Ich war verblüfft. Was mir wie ein Wimpernschlag vorgekommen war, sollten in Wahrheit mehr als fünf Stunden gewesen sein?

Amir rauchte eine Zigarette nach der anderen und versuchte, sich zu beruhigen, während er darauf wartete, dass ich ihm beschrieb, was im Tempel geschehen war.

Ich wollte es ihm gerne mitteilen, aber es war so gewaltig, dass ich es einfach nicht in Worte fassen konnte. Ich brauchte Zeit, um die Erfahrung zu verarbeiten … um die Bedeutung dessen zu ergründen, was dort geschehen war.

Und mehr noch – ich fühlte, dass ich in vielerlei Hinsicht immer noch dort war – in Resonanz mit den Frequenzen der Priester. Ich hatte das Gefühl, nur mit einem Zeh in die Realität der dichten dreidimensionalen Welt eingetaucht zu sein, und der Rest von mir trieb nach wie vor in einer anderen Zeit und einem anderen Raum.

Ich versprach Amir, dass ich ihm später davon erzählen würde, sobald ich Gelegenheit gehabt hatte, alles zu verarbeiten.

Ich ging zurück zu Kevins Pension und warf mich in meinem Zimmer aufs Bett. Die Gedanken an die Zeremonie und die geisterhaften Priester gingen mir nicht aus dem Kopf. Da lag ich also – schlaflos – und starrte an die Decke, bis der Morgen graute.

Früh ging ich dann zu Amirs Café, um gleich dort zu sein, wenn er öffnete. Ich konnte es kaum erwarten, ihm zu erzählen, was im Tempel geschehen war, und wusste, dass er es ebenso wenig erwarten konnte, die Einzelheiten zu erfahren.

Als ich von meiner Begegnung mit den Priestern berichtete, unterbrach er mich. Sehr gezielt fragte er: »Wie waren sie gekleidet?«

Ich beschrieb, dass sie in einfache weiße Leinentuniken gekleidet waren, und schilderte, was sich weiter zugetragen hatte.

Wieder unterbrach mich Amir: »Wie viele waren es?«

»Sechs«, antwortete ich, überrascht, dass er sich auf diese Details konzentrierte und nicht meiner Geschichte folgte.

Er sagte: »Sechs?«, als ob ihm das etwas bedeuten würde. Er schien fast enttäuscht zu sein, als wäre »sechs« nicht die Antwort, die er eigentlich erwartet hatte.

»Es waren sechs Priester, Amir«, sagte ich aufgeregt, »und am Ende dieser Prozession kam dann ein Hohepriester.«

Bei der Erwähnung des Hohepriesters wurde Amir ganz aufgeregt. Er erzählte mir eine Geschichte, die ich mit seiner Erlaubnis hier wiedergeben darf, über einen sehr angesehenen Mann im Dorf, dessen Haus auf heiligem Boden steht, gleich neben dem Tempel. Amir beschreibt ihn als einfachen Menschen. Der Mann sei ein frommer Muslim, der sicher nicht die Neigung hätte, übersinnliche Geschichten zu erfinden.

Offenbar wurde dieser Mann Jahre zuvor im Schlaf von den gleichen Priestern besucht: sechs mit einfachen weißen Kitteln bekleideten Männern und einem Hohepriester, den der Mann laut Amir fast genau so beschrieb wie ich. Die geisterhafte Gruppe tauchte immer wieder in seinen Träumen auf und versetzte ihn in große Unruhe und Angst. Es waren bedrohliche Erlebnisse. Die Priester wollten, dass er das Grundstück räume, auf dem er wohnte. Er habe dort nichts zu suchen. Wie er Amir erzählte, sagten sie ihm, dass der Müll und die Abwässer aus seinem Haus in die Innenhöfe des Tempels eindringen würden, und das könnten sie nicht dulden. Sie hatten die Absicht, ihn zu verjagen. Sein Grundstück läge auf dem Gelände des Tempels, auf ihrem heiligsten Raum.

Diese Besuche hielten monatelang an, sogar im Wachzustand erlebte er sie, und sie erschreckten den armen Mann immer fürchterlich. Schließlich bat er die Priester-Geister um Vergebung. Er erklärte ihnen, er trage Verantwortung für seine Familie. Ihr zuliebe müsse er dort bleiben und könne nicht wegziehen, da dieses Grundstück sein einziger Besitz sei. Offenbar hörten die quälenden Träume und Visionen danach auf. Aber seitdem erzählt er Amir diese Geschichte

Abb. 55. Der Weg in den Tunnel

immer wieder, und jedes Mal, sagt Amir, merkt er dem Mann deutlich an, dass er sich weiterhin sehr fürchtet.

»Als du mir sagtest, dass es sechs Priester und ein Hohepriester sind«, sagte Amir, »war mir klar, dass es die gleichen Geister sind, von denen dieser Mann gesprochen hat.«

Ich nickte zustimmend.

»Niemand sonst hat sie je gesehen«, sinnierte er.

»Aber es gibt sie noch«, entgegnete ich. Ich war berührt, ja fast gequält von der Vorstellung, dass die Gespenster dieser Priester nach wie vor in den Hallen des Abydos umgehen – bestrebt, den Tempelbezirk von ihrer Seite des Schleiers aus zu beschützen.

Wir schauten uns an und wussten beide, was für ein tiefgreifender Moment das war. Wortlos erkannten wir, dass mein »Wandeln auf Omm Setys Spuren« uns beiden offenbart hatte, wie *lebendig* die Geheimnisse von Abydos und seiner Priesterschaft immer noch waren!

Als die Zeit endlich gekommen war, das antike Osireion physisch zu betreten, ließ ich alle Informationen beiseite, die ich über die Geschichte, die Archäologie und den eigentlichen Zweck des geheimnisvollen Bauwerks zusammengetragen hatte, und entschied, dass das, was ich durch meine eigenen metaphysischen Kanäle entdeckte, der beste Wegweiser sein würde, um meine eigenen Antworten zu finden – und zwar vor Ort, an der Quelle.

Ich beabsichtigte, bei meinem ersten Besuch das Osireion durch den geheimnisvollen Tunnel zu betreten – ungeachtet der Tatsache, dass er verschlossen, bewacht und absolut tabu für jeden Fremden ist. Es machte ganz einfach Sinn (jedenfalls für mich!), meine Suche nach einem multidimensionalen Durchgang in eine undefinierbare andere Welt damit zu beginnen, durch diesen alten Korridor zu gehen, nach Hinweisen zu suchen und mich auf die veränderten Schwingungen einzustellen.

Es gab im Grunde nur einen Weg, diesen Raum zu betreten: über den Wüstensand, in beträchtlicher Entfernung von der Nordwand des Tempels … direkt an den Wachen vorbei und durch ein verschlossenes Tor hindurch.

Auch diesmal war es nicht ganz ungefährlich, selbst wenn hinter den Kulissen die Trinkgeld-Zeremonien für mich abgewickelt wurden. Erwischt zu werden, hätte – wieder einmal – Zeit in einem ägyptischen Gefängnis bedeuten können.

Ich ging trotzdem.

Trotz strengster polizeilicher Vorschriften, die den Zutritt verbieten und sogar untersagen, sich von der Wüste her der Stätte zu nähern, wurde alles für mich arrangiert, so dass ich erneut meinen Mut unter Beweis stellen konnte. Sicher hatte sich längst herumgesprochen, dass ich die Verrückte war, die sich nachts allein in den

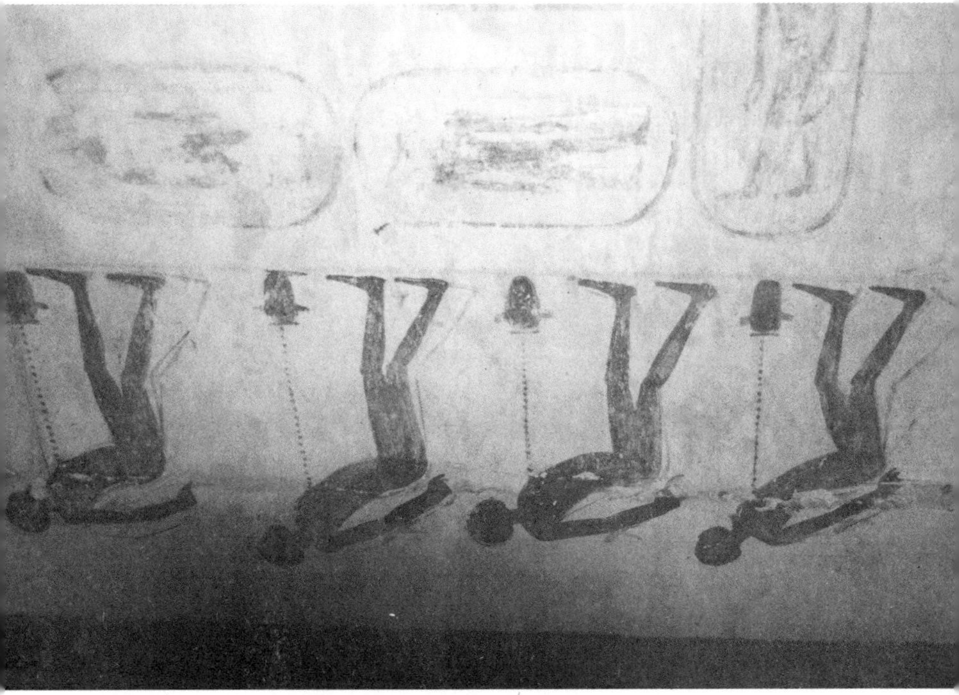

Abb. 56. Gemarterte Seelen in der Duat

Tempel gewagt hatte. Deutlich gewann ich den Eindruck, dass einige der Wachen zumindest fasziniert waren und ich mir bei ihnen einen gewissen Respekt erworben hatte.

Ich rutschte die riesige Sanddüne hinunter und wäre fast gegen das Metalltor geprallt, das den Tunnel versperrte. Dort erwartete mich ein sichtlich nervöser Aufseher. Er schloss auf und öffnete die Eisentür gerade so weit, dass ich hindurchschlüpfen konnte. Dann sperrte er sie hinter mir wieder zu und verschwand eilig.

Ich ging mit der Haltung einer umsichtigen, verantwortungsbewussten Forscherin in den geheimnisvollen Tunnel, bat um Erlaubnis, die heilige Stätte betreten zu dürfen, und rezitierte ein Mantra, das ich aus der phonetischen Interpretation der Namen der zwölf Pforten des *Totenbuchs* gebildet hatte.

Nach allem, was ich wusste, hielt ich es für gut möglich, dass dort einige Wesen herumschwebten, die mit meinem Besuch ganz und gar nicht einverstanden waren. Also umgab ich mich mit dem hellen, goldenen Licht der Engelswelt.

Und natürlich waren meine sirianischen Führer bei mir.

Während ich langsam durch den dunklen Tunnel ging, sah ich, dass die Wände mit seltsamen Bildern bemalt waren, wie ich sie noch nie zuvor gesehen hatte. Sie strahlten eine mir bei ägyptischen Hieroglyphen bislang unbekannte Düsternis aus – mitunter waren sie geradezu makaber. Was ich dort erblickte, war die Darstellung der Reise durch die Unterwelt, ja, durch die Hölle selbst, in all ihrer erschreckenden Allegorie.

Die Zeichnungen waren grob und unvollendet, aber dennoch boten sie ein Bild der schrecklichen Qualen, die der Seele auf ihrem Weg durch die zwölf Pforten drohen konnte: Seelen mit herausgeschnittenen Herzen, andere brennend, wieder andere in riesige Kessel mit kochendem Wasser getaucht.

Am Ende dieser albtraumhaften Reise durch die Pforten erwartete mich die Zeichnung eines großen Skarabäus, der ins Licht tritt und die Verkörperung der Morgenröte darstellt: Hakims *Khepre*. Er symbolisiert die Erleuchtung der Seele, die Stunde der Ankunft, des Aufstiegs aus irdischen Ebenen.

Für wen, so fragte ich mich mit einem leichten Schaudern, waren diese unvollendeten Bilder bestimmt?

Welcher Mächtige war einst durch diesen Gang geschritten, und aus welchem Grund?

Als ich aus dem Dunkel wieder ans Tageslicht kroch, konnte ich nicht umhin, eine Verbindung herzustellen zwischen meinem Auftauchen aus der Finsternis des Tunnels in den hellen Sonnenschein von Abydos und dem Käfer, der am Tempel der Hatschepsut ans Licht gekrabbelt war und mich begrüßt hatte.

Als ich durch diesen Tunnel gegangen war und dabei die Wandbilder ganz bewusst auf mich hatte einwirken lassen, bekam ich wahrhaftig ein Gefühl dafür, was für eine Erfahrung es sein muss, die Dimensionen zu durchschreiten, wo die Seele mit so viel Schatten konfrontiert wird, ehe sie dann ins Licht geht.

Abb. 57: Ein Orb im Osireion

Kurz nach meiner Rückkehr begrüßte mich Amir mit der guten Nachricht, dass er es für mich arrangiert hatte, private Zeit auf dem Gelände des Osireions verbringen zu dürfen.

Und mehr noch: Es wurde mir ermöglicht, den Sarkophag-Raum zu betreten, der so genannt wurde, weil man glaubte, dass sich dort einst der Sarkophag des Osiris befand.

Das trübe, faulige Wasser stand knietief, und so musste ich meine Füße und Unterschenkel in etwas eintauchen, das man nur als Jauchegrube voller Dreck und Algenschleim bezeichnen kann – und so war ich gezwungen, mein Bewusstsein zu schärfen, um begreifen zu können, dass dieses Wasser *heilig* ist.

Wie uns die Experimente des angesehenen japanischen Wasserforschers Dr. Masaru Emoto (1943-2014) so anschaulich gezeigt haben, bewahrt jedes Molekül die Erinnerung an seinen reinsten Zustand und ist stets bestrebt, wieder diese vollkommene Form anzunehmen, so wie es die Erinnerung an alle Veränderungen bewahrt, die es durchläuft, an alles, was in ihm lebt, und an alles, was jemals durch es reflektiert wurde.

Das ist die Essenz des Lebens auf der Erde wie im Kosmos.

Es war notwendig, meine Abscheu vor der äußeren Erscheinung dieses ganz ursprünglichen Wassers zu überwinden und seine höhere Schwingung und Absicht zu ehren.

Das war ein sehr wichtiger Aspekt der Initiation.

Ich würde das Osireion mit Amir und dem Schädel betreten.

Als Hüterin von dreizehn wunderschönen Kristallschädeln reise ich immer mit einem der prächtigsten von ihnen. Kayum schenkte ihn mir, ein Maya-Schamane vom Stamm der Lacandonen, während wir in Palenque, Mexiko, gemeinsam mit einer meiner Reisegruppen eine Zeremonie durchführten. In diesem lebensverändernden Moment war ich völlig überrascht, als er unerwartet sein Stirnband, *seine Seele*, abnahm und es mir um den Kopf band, sich dann zum Altar hinunterbeugte, den wir geschaffen hatten, und mir den Schädel überreichte, ihn in meine Obhut gab. Er erklärte, er habe in einer Vision gesehen, dass ich kommen würde – und dass der Schädel für mich bestimmt sei.

Später erzählte mir eine Teilnehmerin, dass sie Kayum sagen hörte, der Schädel, den er Estrella nannte, was auf Spanisch »Stern« bedeutet, stamme aus *Ägypten*.

Als ich den Schädel aus Mexiko nach Hause mitnahm, sprach er zu mir und bat darum, zum »Weihwasser« gebracht zu werden. Damals dachte ich diesbezüglich nicht an das heilige Wasser des Osireions. Der erste Ort, der mir für eine solche Weihe in den Sinn kam, war Chalice Well, die »Kelchquelle« in Glastonbury.

Also reiste ich bald darauf nach England, um den Schädel zu dem Brunnen an der Kelchquelle zu bringen. Ich legte ihn dort in das hervorsprudelnde heilige Wasser. Wegen des hohen Eisengehalts dieses Wassers ist der Brunnen rostbraun verfärbt, so dass der

Abb. 58. Der Kristallschädel Estrella

Schädel, der nicht aus klarem Quarz, sondern einem dichteren Mineral besteht, darin kaum noch zu sehen war. Meine Nichte Dana, die den Schädel im Brunnen fotografiert hatte, rief mir plötzlich zu, ich möge doch mal kommen und schauen.

Als wir auf den Monitor ihrer Kamera blickten, waren wir beide schockiert. Der Schädel hatte auf einem Foto lebendige menschliche Züge angenommen! Es wurde mit einer Canon-Digitalkamera aufgenommen und in keiner Weise retuschiert, nur den Bildausschnitt haben wir vergrößert.

Nach diesem Ereignis in England hatte ich einen wiederkehrenden Traum, in dem ich den Schädel im Osireion sah. Mir wurde klar, dass mir auf irgendeiner Ebene gesagt wurde, ich solle Estrella nach Abydos mitnehmen und sie in alle Rituale einbeziehen, die ich dort durchführte.

Eine der wichtigsten Einweihungserfahrungen meines Lebens war der Moment, als ich im Osireion in das trübe Wasser stieg, das zur Zeit meines Besuchs mehr als kniehoch stand. Ironischerweise musste ich den Kristallschädel, um ihn zu reinigen, ausgerechnet in dieses unreine Wasser halten. Dabei rief ich mir immer wieder ins Gedächtnis, dass das Wasser des Osireions heilig ist und die Erinnerung an alles enthält, was durch diese heiligen Hallen geströmt ist. Das war keine einfache Aufgabe, denn in dem tiefen Wasser hätte mir der Schädel allzu leicht aus den Händen gleiten und, für mich kaum erreichbar, in den schlammigen Untergrund fallen können. Als ich in einen veränderten Bewusstseinszustand überging, wäre ich beinahe kopfüber in das schmutzige Wasser gekippt!

Meine physische Sicht trübte sich, so wie immer, wenn ich anfange zu »sehen«. Schon in dem Buch *Die Große Veränderung*, das gemeinsam mit Lee Carroll, Tom Kenyon und Judi Sion entstand, hatte ich geschrieben, was der Schädel dann zu mir sagte:

• • • • • • • • • •

»Unter dem Wasser liegt ein Geheimnis verborgen. Du bist eingeladen, dieses Geheimnis in die Welt zurückzubringen. Blicke hinab in den Brunnen, zentriere dich in Demut und fürchte dich nicht. Du bist umgeben vom Goldenen Weißen Licht des Osiris, des Meisters der lichten Bereiche von Sirius.

Der Meister der dreizehn Kristallschädel aus Atlantis, die wir dir als das ›Schädelkomitee‹ beschrieben haben, liegt tief in der Erde unter diesem Tempel: der Grabstätte des osirianischen Bildnisses – dem Tor zu den Hallen von Amenti.

Der dreizehnte dieser Kristallschädel, die in der Zeit von Atlantis der Menschheit geschenkt wurden, liegt hier begraben. Seine ätherische Blaupause ist von einem Schutzschild umgeben. Dort befindet sich auch die DNA des sirianischen Meisters Osiris.

Schaue tief hinab, Sternensaat, tiefer, als du je zuvor hinabgeschaut hast. Geführt von den Räten des sirianischen Lichts wurdest du hierher bestellt, um die Geheimnisse zu enthüllen und den wahren Weg nach Amenti zu finden. Deine Initiation ist abgeschlossen, wenn du unsere Erfahrung in das Land der Maya gebracht hast – wo derzeit Vorbereitungen getroffen werden, die Schädel von Atlantis wieder zu vereinen.

Du wirst dich Herausforderungen gegenübersehen. Man wird dir Hindernisse in den Weg legen und versuchen, dir Angst einzujagen. Das ist nicht neu für dich, aber dies wird deine größte Aufgabe werden. Es ist der Weg der Geistigen Kriegerin. Du gehst vorwärts, *egolos*, im Dienst für das All.

Denke immer daran, Sternensaat, dass dein Pfad erleuchtet ist und dass du weißt, wie du dich gegen die dunkle Macht schützen kannst, ebenso wie du weißt, wann der richtige Moment gekommen ist, um mit dem Licht der Wahrheit die Schatten zu erhellen.«

Was ich im Osireion, im Beisein Amirs, mit Estrella erlebte, löste einen Sturm der Gefühle aus, der das Wasser in uns und um uns herum aufwühlte, während wir uns der Wahrheit näherten, die durch die Stille der unsichtbaren Strömungen schimmerte.

Bald darauf erhielt ich durch ein Kornkreis-Phänomen einen weiteren Hinweis auf das Osireion. Das geschah, kurz nachdem ich mit Amir diese großartige heilige Stätte betreten und dort in Abydos meine erstaunliche Einweihung erlebt hatte.

Ich wachte mit der Nachricht auf, dass im West Kennet Long Barrow, einem etwa fünfeinhalbtausend Jahre alten Grabhügel aus der Jungsteinzeit bei Avebury im englischen Wiltshire, die unglaublichste aller Kornkreisformationen erschienen war.

Ich starrte sprachlos auf das Foto des gewaltigen Kornkreises. Auf unerklärliche Weise war das Osireion so kurz nach meiner Rückkehr aus Abydos wieder aufgetaucht!

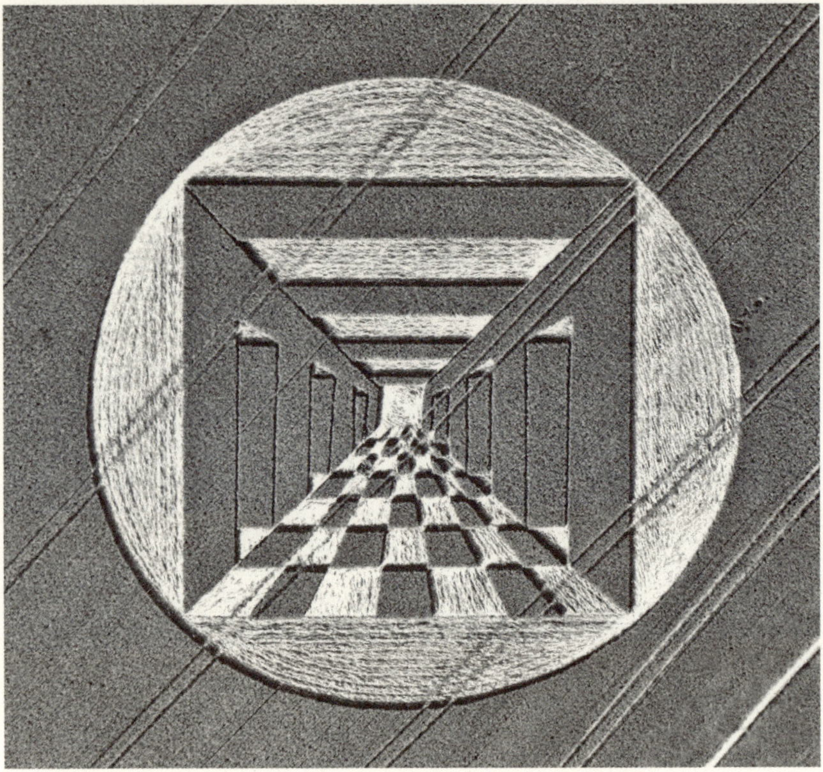

Abb. 59. Das Osireion in einem englischen Kornkreis

Nun zeigte es sich mir in all seiner magischen Pracht als intergalaktische Botschaft auf einem Getreidefeld im heiligen England. Es rief mich in seinen Vortex, bestätigte, führte … zog mich hinein: wies mir den Weg nach Amenti. Von den großen Granitsäulen des mächtigen Gebäudes in Abydos über die unfassbare Vorstellungskraft da Vincis, der Pythagoräer … und jetzt, neu geformt als bewusster Abdruck extradimensionaler Wesen – der Sirianer selbst –, wurde mir der Weg durch die Tore der Unsterblichkeit gezeigt, der Weg hinter die Schleier.

Und ich kann mich wirklich über alle Maßen gesegnet und glücklich schätzen, die Geistwesen kennengelernt zu haben, die diese unglaublich heilige Welt bewachen – den Eingangshafen für die Schiffe der alten Seelen.

15

Abstieg in den Schacht des Osiris

Ich habe einen Schacht gefunden, der neunundzwanzig Meter senkrecht in die Tiefe führt, genau auf halber Strecke zwischen der Chephren-Pyramide und der Sphinx. Das untere Ende des Schachts steht unter Wasser. Dort haben wir eine Grabkammer mit vier Säulen gefunden. In der Mitte steht ein großer Granitsarkophag, von dem ich annehme, dass es sich um das Grab von Osiris handelt, dem Gott …

– Zahi Hawass, *Extra Bladet*, 31. Januar 1999, Kopenhagen

Das Leben als moderner, weiblicher Indiana Jones ist großartig … Ich gebe es zu. Ich freue mich über all die Magie, die als Ergebnis dessen, dass ich selbst entscheide, welchen Weg ich gehe, in mein Leben tritt – eine glitzernde Spur aus Sternenstaub, die jeden einzelnen meiner Schritte beleuchtet. Diese Reise ist reich an Herausforderungen und Abenteuern jeglicher Art: manchmal außerordentlich schwierig und gefahrvoll und manchmal auch still und ruhig im Zen des einfachen Seins.

Immer wieder begegnen mir dabei außergewöhnliche Menschen, die mich an ihrem Licht teilhaben lassen. Gemeinsam mit ihnen erlebe ich die Segnungen vieler mystischer Offenbarungen und göttlicher Erscheinungen.

Nachdem Sie bis hierher gelesen haben, ist Ihnen sicherlich klar, dass meine bemerkenswerte und zeitlose Reise nicht zuletzt von vielen Geistwesen unterstützt wird. Insbesondere sind hier meine sirianischen Führer zu nennen. Sie überwachen die Entfaltung jener Ereignisse, die eintreten müssen, damit ich meinen Weg zu den geheimen Türen und Portalen finden kann. Und sie helfen mir, Hindernisse und Blockaden zu überwinden, die mich sonst davon abhalten würden, manches Geheimnis unserer unermesslichen Macht und unserer Unsterblichkeit zu enthüllen.

Und darin besteht zweifellos das größte Geschenk meines Lebens: erfahren zu haben, dass wir nicht sterben … dass wir ewig leben, in den sich ständig weiterentwickelnden Formen unseres den Geist manifestierenden Bewusstseins.

Wie für die Pharaonen, die uns so viele Hinweise darauf hinterlassen haben, auf welche Weise sie aus der Dichte unserer Welt aufstiegen, um ihren Platz zwischen den Sternen einzunehmen … wie für die Wesen in anderen Dimensionen, die in verschiedenen Erleuchtungsgraden des Lichtkörpers existieren … so besteht auch für uns der wahre Pfad der Entdeckung darin, durch die Dunkelheit und über den Schleier hinaus zu reisen, durch jene Tore, die in unser eigenes glorreiches, ewiges Lebens führen.

Mein Streben danach, zu verstehen, wie das alles zusammenhängt, hat mich vor viele Herausforderungen gestellt … und noch unzählige weitere erwarten mich im Tanz des sich entfaltenden Lebens, da bin ich mir sicher. Mich dürstet es danach, die Geheimnisse aller Zeitalter zu entdecken und diese Weisheit mit der Welt zu teilen, und das werde ich auch weiterhin tun, solange ich atme … bis zum Ende meiner Tage.

Mühelos manifestieren sich in meinem an glücklichen Fügungen so reichen Leben immer die richtigen Menschen, Orte und Zeiten, oft ganz unerwartet und ungeplant. Ein ums andere Mal erhalte ich Zugang zu »verbotenen« Tempeln und heiligen Stätten oder anderen für die Öffentlichkeit gesperrten Orten.

Von verriegelten Türen, die für mich aufgeschlossen werden, bis zum Durchschreiten von Sternentoren – immer wieder verblüffen mich diese wundersamen himmlischen Manöver!

Gerade will ich das vorliegende Buch abschließen, da erhalte ich nicht nur eine, sondern gleich zwei Gelegenheiten, jenes archäologische Rätsel zu besuchen und zu erforschen, das Zahi Hawass als den »Schacht zum Grab des Osiris« bezeichnet. Er führt von der Mitte des Gizeh-Plateaus, zwischen der Chephren-Pyramide und der Großen Sphinx, schwindelerregende dreiunddreißig Meter senkrecht hinab in den Untergrund von Gizeh – das ist mehr als die Höhe eines zwölfstöckigen Gebäudes!

Der 1947 geborene Hawass ist einer der einflussreichsten, aber auch umstrittensten Ägyptologen der Gegenwart und war von 2002 bis 2011 Generalsekretär der ägyptischen Altertumsbehörde. Nach dem, was er in einem Interview auf seiner Webseite über den Schacht sagt, bekommt man sofort das Gefühl, dass es sich um einen epizentralen Verbindungspunkt im Labyrinth der unterirdischen Gänge handeln muss, die das gesamte Gizeh-Plateau durchziehen, weshalb dieses Plateau in den altägyptischen Aufzeichnungen auch als »Rastaw« – das Land der Tunnel – bekannt ist:

• • • • • • • • • •

»Ich entdeckte, dass in den Boden das hieroglyphische Wort *pr* eingraviert ist, was ›Haus‹ bedeutet. Es ist bekannt, dass das Gizeh-Plateau *pr wsir nb rstaw* oder ›das Haus des Osiris, Herr von Rastaw‹ genannt wurde. ›Rastaw‹ bezieht sich auf die unterirdischen Tunnel, und höchstwahrscheinlich spiegelt der Name des Plateaus die Tunnel im Inneren des Osiris-Schachtes wider.«

• • • • • • • • • •

Ich konnte nicht glauben, dass Zahi Hawass endlich zugab, dass der Untergrund von Gizeh von Tunneln durchzogen war. Mir war sofort klar, dass ich dort hinuntersteigen und mir selbst ein Bild von dem sogenannten »Grabmal« machen musste.

Die Gelegenheit bot sich mir, als ich in Ägypten letzte Erkundungen und Fotos für das vorliegende Buch machte und mein guter Freund Ahmed Fayed mir einen höheren Beamten der Altertumsbehörde vorstellte, den ich aus einem Impuls heraus bat, in den Schacht hinabsteigen zu dürfen.

Ich erhielt sofort die Erlaubnis!

Es war ganz einfach gewesen … und zweifelsfrei geführt.

Nur einen Tag zuvor hatte ich mit Ahmed in einer Shisha-Bar im Dorf Nazlet el-Semman Kaffee getrunken und auf das Gizeh-Plateau hinausgeblickt, als wie aus dem Nichts ein Inspektor auftauchte und sie gemeinsam auf Arabisch zu plaudern begannen. Ahmed stellte mich vor und erzählte ihm, dass ich ein Buch über die Geheimnisse Ägyptens schreibe, was so ziemlich alles war, was Ahmed über meine Arbeit wusste.

»Welche Geheimnisse kennen Sie denn?«, fragte der Inspektor in einem leicht geringschätzigen Tonfall. Zweifellos dachte er, nur die Altertumsbehörde würde sich mit den Geheimnissen Gizehs auskennen.

Ich blickte ihm direkt in die Augen. »Wenn ich sie Ihnen verraten würde, wären sie ja keine Geheimnisse, oder?«, antwortete ich schelmisch.

Ich nahm einen weiteren Schluck von meinem Kaffee und fügte mit gleichgültiger Miene hinzu: »Das hängt natürlich alles davon ab, was man mir zu sehen erlaubt …«

»Und was wollen Sie gerne sehen?«, fragte er.

Ich nahm die unausgesprochene Einladung an und sagte ihm, dass ich den Osiris-Schacht sehen wolle, der der Welt bis dahin relativ unbekannt war. Nur Hawass selbst hatte in den Medien und auf seiner Webseite bisher offen darüber gesprochen.

Der Inspektor sagte mir, dass niemand Zutritt zu dem Schacht hätte. Es sei »verboten«, dort hinunterzusteigen. Doch dann sagte er im gleichen Atemzug: »Aber natürlich gibt es immer Möglichkeiten, die Regeln zu umgehen.«

Eine weitere Tür öffnete sich. Ahmed schaltete sich sofort ein und begann, den Preis auszuhandeln. Noch ehe ich meinen Kaffee ausgetrunken hatte, war der Handel perfekt. Der Inspektor versprach, ich dürfte am nächsten Tag in den Schacht.

Abb. 60. Der Eingang zum Schacht

Ich war natürlich aufgeregt und voller Vorfreude – allerdings ohne zu bedenken, dass der Abstieg über eine zwölf Stockwerke tiefe senkrechte Leiter lebensgefährlich war. Und ich bedachte auch nicht, was für seltsame Bakterien oder noch seltsamere Energien dort unten, tief im Dunkeln, möglicherweise auf jeden lauerten, seit Gott weiß wie vielen Jahrtausenden.

Nach dem Frühstück wurde ich auf das Gelände des Gizeh-Plateaus eskortiert, wo der Inspektor mich erwartete und sofort zum Eingang des Schachts führte. Er wies einen Wachmann an, das Tor zu öffnen, und ein Nachwuchsarchäologe, der meinen Abstieg überwachen sollte, begleitete mich.

Als ich in der Nähe des Schachts ankam, befielen mich plötzlich heftige, anhaltende Zweifel an dem, was ich mir da vorgenommen hatte. Überstieg das nicht meine Grenzen?

Entschlossen, mich der Angst zu stellen, ging ich bis zum Rand des Schachts. Ich spähte über den grob behauenen Sandsteinrand hinab, und mir wurde etwas flau. Aber ich nahm all meinen Mut zusammen und bestieg die erste Leiter, die im Vergleich zu den beiden folgenden nur eine relativ kurze Strecke von knapp vier Metern hinunter zu einem ersten Absatz aus Sandstein führte. Von dort musste ich todesmutig eine zweite Leiter hinabklettern … in den tiefen Abgrund, den die alten Ägypter vor wer weiß wie vielen Jahrzehntausenden auf mysteriöse Weise ausgehöhlt hatten.

Nachdem ich die kleine Terrasse am unteren Ende der ersten Leiter erreicht hatte, starrte ich in den bodenlosen Abgrund.

Der Schacht gähnte scheinbar unendlich tief, und ich musste auf einer wenig vertrauenerweckenden Stahlleiter dort hinabsteigen. Ich versuchte, das Schwindelgefühl und die Angst zu überwinden … doch es wollte mir einfach nicht gelingen.

Der Gedanke, diese weit auseinander liegenden Sprossen aus rostigem Metall so tief und so weit hinabzuklettern, nur um den nächsten Absatz zu erreichen, wo mich dann noch einmal ein gewaltiger Abstieg erwartete, war zu überwältigend.

Und dann, während ich in die Tiefe starrte, dachte ich: Selbst wenn ich die restliche Strecke hinunter schaffe … wie, in Osiris' Namen, soll ich den unvermeidlichen Aufstieg bewältigen?

Ich warf eine Münze hinunter und wartete darauf, dass sie auf dem Boden aufschlug, was aber nicht geschah. Das überzeugte mich. Das war weiter, als ich gehen konnte … viel, viel tiefer, als ich es mir ohne Seile und andere Kletterausrüstung zutraute.

Ich stand da, hin- und hergerissen zwischen dem Wissen, wie selten und magisch solche Gelegenheiten sind, und der gleichzeitigen Erkenntnis, dass es reiner Wahnsinn wäre, den Abstieg zu wagen. Während der Inspektor darauf wartete, dass ich buchstäblich den Sprung ins Ungewisse unternahm, dachte ich kurz darüber nach, wie großartig es wäre, dieses Leben in einer solchen Kammer zu verlassen, durch den Schacht zu fallen und auf dem unglaublichen und völlig unerklärlichen Sarkophag zu landen,

Abb. 61. Es geht dreiunddreißig Meter hinab.

der dreiunddreißig Meter unter mir lag. Es gab gewiss schlimmere Wege, ins Jenseits zu gelangen, als durch die verborgenen Gräber unserer Urahnen.

Ich tastete mich vorsichtig an den Abgrund heran, resolut, entschlossen, und hielt mich an der Leiter fest, denn ich wusste, dass ein falscher Schritt meinen direkten Sturz in den Tod bedeutete. Ich wollte gerade hinabklettern, als mir die Erinnerung an Hatetsescheti durch den Kopf schoss …

Das Grab … der Schacht … die Dunkelheit …

Da ich weiß, wie sich Gedanken in der Realität manifestieren können, versuchte ich, meine Gedanken von Tod und Unglück zu befreien und mich stattdessen auf die Großartigkeit dessen zu konzentrieren, was sich hier vor mir entfaltete.

Ich stieg zurück auf die Sandsteinterrasse, sprang regelrecht auf die obere Leiter und schoss wie eine Rakete zurück in Sicherheit, ohne das Zittern in meinen Beinen zu spüren und ohne zurückzuschauen. Die Abenteurerin in mir wusste, dass dies vermutlich meine einzige Chance war, die Halle der Aufzeichnungen zu betreten, die vielleicht ein Portal in eine andere Dimension war – wer wusste das schon? Doch ich gab dieser uralten Angst nach, die einmal fern und vergessen gewesen war, sich jetzt aber in den dampfenden Gewässern meines Unterbewusstseins sammelte.

Die unmittelbare Gefahr war vorüber … aber das änderte nicht sonderlich viel. Die Urangst blieb bestehen.

Widerstrebend bedankte ich mich bei dem Inspektor für die Chance meines Lebens und ließ eine unglaublich seltene Gelegenheit ungenutzt, mutig dorthin zu gehen, wohin wahrscheinlich nur eine Handvoll Männer vor mir hinabgestiegen war.

Nach diesem traumatischen Tag in Gizeh machten mir Albträume zu schaffen. In nächtlichen »außerkörperlichen« Reisen kletterte ich heimlich bis auf den Grund des tiefen Schachts, ohne Wissen der Beamten, und schaffte es nicht wieder zurück ins Tageslicht. Niemand wusste, dass ich dort unten war, niemand hörte meine Hilferufe. Jedes Mal endete der Traum damit, dass ich hustend und nach Luft ringend aufwachte.

Ich wusste, dass ich bereits Jahre zuvor bei der Sitzung mit dem Rückführungstherapeuten die sprichwörtliche Büchse der Pandora geöffnet hatte. Der in Gizeh entdeckte Schacht mit der Grabkammer war irgendwie Teil dieser sich jetzt in meiner 3D-Realität abspielenden Erfahrung. Mir wurde klar, dass ich mich diesem Trauma ein für alle Mal stellen musste.

»Der Schacht … das Grab …« Es war, als würde sich die Geschichte von Hatetsescheti wiederholen, hier und heute.

> ⁘ <

Nur wenige Tage vor Fertigstellung des Buches erhielt ich eine zweite Chance, mich meinem Drachen zu stellen und mich hinab in die verlorene innere Welt des alten Ägyptens zu begeben. In der kurzen Zeitspanne zwischen den beiden Besuchen hatte ich Zeit, über diese Angst nachzudenken und sie zu verarbeiten.

Mir war klar: Wenn das Leben mir solche Gelegenheiten bot, von denen andere Suchende nur träumen konnten, dann gehörte es zweifellos zu meiner Bestimmung, die traumatische Erinnerung aus meiner Psyche hervorzuholen und zu löschen, um Fortschritte machen zu können … aufwärts auf der Spirale.

Ich ging den Weg, der von der Sphinx zur Großen Pyramide führte, und überquerte den Sand. Der Inspektor erwartete mich, um mich erneut zu dem Schacht zu begleiten. Als er diesmal den Schlüssel umdrehte, und ich sah, wie das Tor sich öffnete, war ich bereit ... ich war überzeugt ... und ich war sicher.

Ich konnte es kaum erwarten, das zu erfahren und zu erleben, was wir uns alle vorstellen und von dem wir hoffen, dass wir es unter dem Sand der Sahara vergraben finden, und so wagte ich mich in die Tiefe dieses unglaublichen Schachts und nahm den gefährlichen Abstieg in Angriff. Ich stellte mich der Angst vor diesem Ort und dieser fernen Zeit … Ich stellte mich der Angst vor den alten Schatten, trat über den Vorsprung, stieg die Leiter zur ersten Sandsteinterrasse hinunter und blieb dort stehen.

Ein Führer begleitete mich, und als ich bereit war, tiefer zu klettern, half er mir bei der Vorbereitung auf die nächste Stufe des Abstiegs. Alles in mir sträubte sich dagegen …

Mit der Kamera auf dem Rücken nahm ich die zweite Leiter, langsam und zielstrebig, wobei ich darauf achtete, meine Füße sehr sorgfältig zu platzieren, denn ich wusste, wenn ich abrutschte, würde ich durch die endlose Röhre in die Tiefe stürzen und unten in der Dunkelheit auf dem Sarkophag aufschlagen.

Unsere Sprache kennt keine Worte, um die mächtigen Energien und Kraftfelder zu beschreiben, die jede Ebene dieses Raums durchdringen. Ich kann nur sagen, dass es eine absolut übernatürliche Erfahrung war, dorthin herunterzusteigen, wo der große Kasten aus Granit auf dem Grundwasserstrom ruht. Ich überlasse es Ihnen, sich vorzustellen, welche schiere Intensität man so tief unter dem Gizeh-Plateau empfinden kann: Eingepfercht in der Enge das Schachts, schmerzt der physische Körper von der Anstrengung des Abstiegs, die Muskeln ziehen sich zusammen und verkrampfen, das Adrenalin rast. Da ist Sauerstoffmangel, da ist Unbehagen wegen der intensiven Hitze und Feuchtigkeit – Angst.

Zunächst wurde dieses körperliche Unbehagen durch die Bedingungen des Ortes noch verstärkt, aber es verblasste bald vor dem Wunder des Ganzen – der Unermesslichkeit dessen, was ich erreicht hatte, indem ich mich nun in das absolute Zentrum des Untergrunds von Gizeh begeben durfte.

Wie eine heimliche Zeitreisende hatte ich die touristische Oberflächenwelt auf dem Gizeh-Plateau verlassen und war hinabgeklettert in die geheimen Gebiete eines längst vergessenen Ägyptens.

Der Gedanke daran, wie unglaublich gesegnet ich war, dass mir eine solche Gelegenheit geboten wurde, trieb mich an, meine Angst und die Anstrengung zu besiegen, während ich mich zwang, ganz nach unten hinabzusteigen.

»Hier bin ich«, staunte ich, »im Zentrum von etwas so Kolossalem, dass ich es erst noch verstehen muss. Ich betrete die Stadt der Tunnel unter der Großen Pyramide – so nah an der Halle der Aufzeichnungen, dass ich sie fast schmecken kann.«

Nach einer gefühlten Ewigkeit erreichte ich schließlich die letzten Sprossen der Leiter. Unter mir lag der Boden, und wie im Osireion in Abydos war er von trübem Wasser überflutet. Versickerte hier Hakims mystischer Fluss *Nir*? Man hatte in der Kammer einen Brettersteg über das Wasser gebaut, der mir aber zu unsicher aussah. Trotz all meiner Euphorie wagte ich nicht, ihn zu betreten.

Wer wusste schon, mit was für widerwärtigen Organismen dieses Wasser verseucht war?

Das Letzte, was ich wollte, war dort hineinzufallen!

Ich klammerte mich an der Leiter fest, während ich gleichzeitig wusste, dass ich der Enthüllung eines großen Geheimnisses so nahe wie nie zuvor war. Der Wunsch, dieses Geheimnis zu entschlüsseln, hatte mich dazu angetrieben, immer weiter zu suchen, durch enge Stollen zu klettern, mich in Tempeln einschließen zu lassen und mein Leben aufs Spiel zu setzen. Das alles tat ich, um der trügerischen Wahrheit über unsere Unsterblichkeit und das uralte Erbe unserer Verbindung zu den Sternen wenigstens einen Schritt näher zu kommen.

Was lag dort in der Tiefe begraben, im dunklen Wasser unter dem Gizeh-Plateau?

Ich spähte in die Kammer hinein und sah Bereiche, wo sich offenbar Stolleneingänge befanden, aber sie waren hinter Schutthaufen verborgen – sicher eine von den Archäologen vorgenommene Tarnung: Sie wissen schon viel mehr über die Geheimnisse im Untergrund als das, zu dem wir Zutritt erhalten.

Ich begann mit dem Abstieg. Die große Hitze und hohe Luftfeuchtigkeit forderten schon bald ihren Tribut, und ich begann, mich benommen und schwach zu fühlen. In einem unerwarteten Moment klaustrophobischer Panik überfiel mich der verzweifelte Gedanke, es nie wieder nach oben ins Freie zu schaffen. Ich fing an zu hyperventilieren und wäre fast von der Leiter ins trübe Wasser gefallen, als würde ich nun meine früheren Gedanken manifestieren, hier im Untergrund der Welt zu sterben.

Mein Verstand spielte mir verrückte Streiche und vergrößerte meine Angst, so wie ein schräges Licht monströse Schatten an die Wand werfen kann. Ich hörte seltsame Klickgeräusche, als würden Skorpione mit ihren Scheren an den Steinen kratzen.

Oder waren es Ratten, die in der Dunkelheit herumhuschten, ohne dass ich sie sehen konnte?

Ich hielt meinen Atem an. Schweigend.

Ich spürte ganz deutlich, dass ich mit den Hütern dieses Raumes in Kontakt trat und dass meine Anwesenheit dort unten, gelinde gesagt, *nicht* willkommen war.

Ich hörte etwas, das wie das Zischen einer Schlange klang.

Schrecken überwältigte mich, und ich schaffte es, laut in die Höhle hinein zu sprechen: »Bitte verzeiht mir … bitte verzeiht mir … verzeiht mir, dass ich in diesen Ort eingedrungen bin.«

Da war eindeutig eine Schlange, die mich anzischte und versuchte, mich zu verjagen.

»Ich komme im Namen des Lichts, ich bin auf der Suche nach dem uralten Geheimnis«, sagte ich in die Schatten hinein.

Das klickende, kratzende Geräusch hörte auf.

Jetzt herrschte völlige Stille.

Ich dachte darüber nach, woher mein Mut gekommen war, an diesen tiefen, dunklen Ort zu steigen. Mein Wille, zu wissen, zu suchen, war es, aus dem ich Kraft schöpfte.

Trotz der vielen Gefühle – der erdrückenden Angst vor dem Unbekannten, der Klaustrophobie, der Bedrohung durch unbekannte Wächter, der Panik bei dem Gedanken, wie viel Kraft es mich kosten würde, diesen Ort wieder zu verlassen – war mein Geist unglaublich konzentriert. Ich spürte, wie mein Körper, der sich anfangs schwach angefühlt und gezittert hatte, nun von der explosiven Kraft reinen Adrenalins erfüllt war.

Gerade, als ich mich mit dem ganzen Körper wieder der Leiter zudrehte, um den Schacht hinaufzuklettern, erhaschte ich einen Blick auf das Gesicht eines alten Mannes – es schwamm im Wasser, dunkel und bedrohlich.

Wellen kräuselten sich über dem Gesicht.

Er schien mir zu sagen, ich sollte mich so schnell wie möglich aus dem Staub machen.

»Du bist in der unteren *Duat*, an der zweiten Pforte«, raunte er. »Verschwinde von hier, solange du noch kannst …«

Ich umklammerte die rostige Leiter und jagte aus der Kammer wie ein geölter Blitz, kletterte nach oben, so schnell ich nur konnte. Mein einziger Gedanke war, den furchterregenden Geistern zu entkommen, die das Tor bewachten. Ich wusste, dass ich dort unten mit unbekannten Kriegern um mein Leben hätte kämpfen müssen … vielleicht sogar um meine Seele.

Abb. 62. Nur weg von den Stimmen in der Tiefe!

Unter dem Eindruck dessen, was ich im Osiris-Schacht gesehen und gehört hatte, schaffte ich trotz meiner wackeligen Beine und völliger Erschöpfung den Aufstieg zurück ins Licht der Oberflächenwelt in Rekordzeit.

Auf dem obersten Leiterabsatz empfing mich mein besorgter Führer mit einer Flasche Wasser. Er suchte meinen Blick, um herauszufinden, was geschehen war, aber ich war so erschöpft, dass ich weder sprechen noch trinken konnte.

Ich saß auf dem Sandsteinvorsprung und versuchte, zu Atem zu kommen. »Geht es Ihnen gut, Miss Patricia?«, fragte er.

Ich schüttete mir fast die ganze Flasche Wasser über den Kopf, um mich abzukühlen. Mein Atem war keuchend und brannte. »Ja, ja«, antwortete ich. »Mir geht es wieder gut …«

Er schaute mich neugierig an. »Haben Sie denn gesehen, was Sie sehen wollten?«, wollte er wissen.

Ich blickte über die Kante zurück in die Dunkelheit, aus der ich gerade aufgetaucht war. »Ich habe viel, viel mehr gesehen als das, was ich sehen wollte«, stammelte ich.

Mit vom Klettern verkrampften Muskeln schaffte ich es, die kurze obere Leiter hinaufzusteigen und in die Welt zurückzukehren, die ich kenne – das geschäftige Gizeh-Plateau.

Die Sonne strahlte auf mich herab, und ich feierte sie wie nie zuvor: die Sonne, das Licht, die Welt an der Oberfläche – das Land der Lebenden.

Als ich dort saß und Licht in mein Inneres aufsaugte, dachte ich bei mir: »Wenn ich mich den Pforten der Unterwelt noch weiter nähere, werde ich auf der anderen Seite landen und in diese Welt zurückschauen, genau wie die Priester in Abydos.«

Wie ein letzter Lebensrückblick, den Sterbende als ihr »ganzes Leben« beschreiben, das vor ihren Augen vorbeizieht, zog die Geschichte meines Lebens als Hatetsescheti im alten Ägypten an mir vorbei: mein Tod, der Schmerz und das Durchschreiten der Pforten der *Duat*, die Sehnsucht nach der Welt jenseits … den Sternen, der Wohnstätte der Pharaonen.

Es war ein Moment absoluter Erkenntnis.

Plötzlich wurde mir klar: In den Schacht hinabzusteigen, diese unglaubliche, uralte Kammer mit eigenen Augen zu sehen, und dann der Weg zurück ins Licht – das alles nur wenige Schritte von der Großen Pyramide von Gizeh entfernt –, waren an sich schon eine Wiederholung des Übergangs vom Tod zu den Hallen des Lernens und zurück: die Osiris-Reise.

16

Die schreiende Mumie

Monate waren vergangen.

Ich hatte geschäftlich in Phuket, Thailand, zu tun und entspannte in meiner prächtigen Suite direkt am Strand, nachdem ich ein Jacuzzi-Bad und eine fabelhafte Spa-Massage genossen hatte, ein Luxus, auf den sich die Thais perfekt verstehen. Behaglich in meinen luxuriösen Hotelbademantel gehüllt, schwebte ich zurück in mein Zimmer und beschloss, mir einen faulen Abend im Bett zu gönnen. Ich dachte darüber nach, einen Film zu schauen, den Zimmerservice zu bestellen und früh ins Bett zu gehen, da ich am nächsten Tag einen vollen Terminkalender mit Besprechungen und Interviews hatte.

Ich war der Glückseligkeit so nahe wie schon lange nicht mehr, denn ich hatte mir endlich einmal einen Ruhetag gegönnt und mich in einem der exquisitesten Fünf-Sterne-Spa-Resorts der Welt nach Strich und Faden verwöhnen lassen.

Als ich nun durch die Satellitensender des Hotel-TV-Netzes schaltete, stieß ich auf den Film *Secrets of Egypt's Lost Queen* (»Geheimnisse der verschwundenen Königin Ägypens«), den ich mir schon lange hatte ansehen wollen. Es handelte sich um einen Dokumentarfilm, in dem man, laut Ankündigung des Discovery Channels, endlich die Mumie der Hatschepsut zeigte, die bis dahin der Entdeckung entgangen und den Archäologen über Jahrtausende verborgen geblieben war. Hatschepsut soll während der Achtzehnten Dynastie Ägypten regiert haben. Ich wusste schon eine Weile von diesem Film, in dem Zahi Hawass und sein Forscherteam ihre große Entdeckung verbreitet hatten, war aber noch nicht dazu gekommen, ihn mir anzuschauen. Angesichts meiner Erfahrungen mit Ägypten hätte mir eigentlich klar sein müssen, dass die Herrscherin Hatschepsut sich mir auf jeden Fall zeigen würde. Meine Reise sollte mich nicht daran hindern, nun doch Zeugin dieser wichtigen Enthüllung zu werden.

Ich bestellte beim Zimmerservice mein Abendessen und machte es mir gemütlich, in der Hoffnung, dass diese Dokumentation mehr zu bieten hatte als nur eine hollywoodreife Nachinszenierung von Hatschepsuts Regierungszeit.

Ich erhoffte mir neue Einblicke in das Leben meiner inzwischen liebsten ägyptischen Monarchin, der großen Pharaonin.

Im Mittelpunkt des Films standen Untersuchungen, die Hawass und sein Team an bisher nicht identifizierten Mumien des Ägyptischen Museums vorgenommen hatten, um die Überreste der Königin Hatschepsut zu finden. Es handelte sich um eine vollständige forensische Untersuchung von vier noch nicht identifizierten weiblichen Mumien aus der königlichen Familie, bei denen man vermutete, dass sie aus dem Neuen Reich stammen: Eine wurde in einem Grab gefunden, das den Archäologen als »DB320« in der Nähe von Deir el-Bahari bekannt ist, eine aus dem Grab KV35 im Tal der Könige und zwei weitere (KV60-A und KV60-B) aus dem Grab KV60, ebenfalls im Tal der Könige.

Zahi Hawass war überzeugt, dass es sich bei einer der vier Mumien um jene der berühmten und umstrittenen Pharaonin handelte, und soweit ich mich erinnere, verkündete er auf seine inzwischen berühmte dogmatische Art gleich zu Beginn des Films, er hätte den »Beweis« für die Verbindung zwischen einer der Mumien und Hatschepsut gefunden.

Der Zimmerservice brachte genau zum Beginn der Werbepause das Essen: perfektes Timing.

Im weiteren Verlauf der Dokumentation erklärte Hawass, wie er mit den Verantwortlichen des Discovery Channels ausgehandelt hatte, dass sie als Bedingung für die Erlaubnis, die bahnbrechende Story verfilmen zu dürfen, und als Gegenleistung für die Exklusivrechte dem Museum einen Computertomographen spenden mussten. Den benötigte die Altertumsbehörde, um eine detaillierte forensische Untersuchung der Mumien durchführen zu können. Die Verantwortlichen stimmten zu. Offenbar hatten die Ägypter für den Film zum ersten Mal derartige Untersuchungen vorgenommen und sich, dank ihrer Zusammenarbeit mit dem Discovery Channel, nun ein forensisches Labor im Keller des Ägyptischen Museums einrichten können.

Hawass und sein Expertenteam unterzogen die vier nicht identifizierten Mumien sowohl CT-Scans als auch DNA-Tests. Man hoffte, dadurch genügend Informationen zu gewinnen, um eine genetische Verbindung zu jenen Mitgliedern von Hatschepsuts Familienlinie nachweisen zu können, die bereits in den von der Altertumsbehörde gesammelten Daten erfasst waren.

Ich verfolgte gebannt, wie Hawass seine Argumente für die Identifizierung durch ein Ausschlussverfahren darlegte, wobei er drei der vier in Frage kommenden Mumien aussonderte und schließlich verkündete, sein Team hätte den absoluten Beweis für die Identität der einzig wahren Hatschepsut gefunden.

Er präsentierte eine verschlossene Holzkiste, die angeblich im Museum aufbewahrt worden war. Der Name Hatschepsut war auf ihr eingraviert. Man hatte sie in DB320 gefunden, was zu vielen Spekulationen über die Identität der dort entdeckten Mumien führte. Offenbar war die Kiste noch nie geöffnet worden, denn die Harzversiegelung war intakt und schützte das Geheimnis.

Als die Forscher die mysteriöse Kiste durch den Computertomographen schoben, entdeckten sie darin eine Masse, bei der es sich höchstwahrscheinlich um Eingeweidematerial (Leber und Teile des Darms) handelte, das einbalsamiert und in der Kiste aufbewahrt wurde, die dann mit einer Schutzhülle versiegelt worden war.

Bei der Vorbereitung der Mumie für die Bestattung wurden die Weichteile des Körpers entfernt, aber bei Königen und Adeligen war es üblich, diese Überreste in elegant geformten Alabasterkrügen – den berühmten Kanopen – aufzubewahren.

Wenn es sich bei dem Material in der Kiste tatsächlich um innere Organe der Pharaonin Hatschepsut handelte, war ihr offenbar eine Bestattung verweigert worden, wie sie sonst für Mitglieder des Hochadels üblich gewesen war.

Der Scan zeigte auch ein kleineres, deutlicheres Objekt – eine sehr dichte Substanz, die als »Backenzahn« identifiziert wurde. Die Aufregung war natürlich groß, denn wir wissen, dass Zahnmaterial für die forensische Analyse von entscheidender Bedeutung ist, weil es sich nicht mit der Zeit zersetzt. Hawass zog denn auch einen der führenden Zahnexperten in Kairo hinzu, der ihm bei der Untersuchung des Zahns und des Kiefers der Mumie, die er für die Königin Hatschepsut hielt, helfen sollte.

Man kann sich also vorstellen, wie aufgeregt alle waren, als sie feststellten, dass dieser Zahn perfekt zum Kiefer der Mumie KV60-A passte, denn dort fehlte tatsächlich ein Backenzahn, und der gefundene Zahn passte anscheinend genau.

Diese Verbindung zwischen dem Backenzahn und dem Kiefer der Mumie KV60-A schien Hawass davon zu überzeugen, dass er das Schweigen über das Geheimnis der Hatschepsut gebrochen und die verschwundene Pharaonin gefunden hatte.

Die Kamera zoomte auf die Mumien, die als »Unbekannte Frau D« und »Unbekannte Frau A« bezeichnet wurden. Zuerst zeigte man die Unbekannte Frau D aus Grab KV35. Die Untersuchung hatte ergeben, dass es sich bei ihr um eine ältere Frau handelte, älter, als Hatschepsut nach Einschätzung der Wissenschaftler bei ihrem Tod gewesen war. Wie der CT-Scan ergab, hatte Frau D ursprünglich in der traditionellen königlichen Pose mit vor der Brust verschränkten Armen gelegen, was Hawass als Bestätigung dafür ansah, dass sie von königlicher Herkunft war. Doch angesichts des geschätzten Alters zum Zeitpunkt des Todes schloss er aus, dass es sich bei ihr um die Pharaonin Ma'atkara handelte, wie Hatschepsuts Thronname gelautet hatte.

Fasziniert nippte ich an meinem Glas Wein und starrte gebannt auf den Fernsehschirm.

Als Hawass nun als Nächstes die zweite Mumie, Unbekannte Frau A, aus dem Grab DB320 in der Nähe von Deir el-Bahari beschrieb, zoomte die Fernsehkamera auf das schreiende Gesicht einer Frau, deren uralte, verwelkte Überreste noch immer den Schmerz dessen trugen, was nur unvorstellbarer Terror und ein eindeutig traumatischer Tod gewesen sein konnte. Er erläuterte, dass diese Mumie aufgrund der Lage ihres Körpers nicht königlicher Herkunft gewesen sein konnte.

Die Leiche war verdreht und ihr Mund weit geöffnet, als hätte sie, wie er sagte, »im Tod gelitten«.

Bei dieser Erklärung schoss mir ein Gedanke durch den Kopf: Sie war nach Luft schnappend und um Hilfe schreiend gestorben … lebendig begraben!

Der Schock und der Unglaube über die Realität dessen, was ich sah, und die Intensität der Emotionen, die in mir aufgewühlt wurden, führten dazu, dass ich mich an meinem Wein verschluckte. Ich musste heftig husten und bekam keine Luft mehr. Abgesehen von der dramatischen Erfahrung der Rückführung hatte ich eine so schwere Atemnot bisher nur ein einziges Mal erlebt – im Grab Thutmosis III. im Tal der Könige.

Der Husten war so heftig, dass der Schmerz mir von der Lunge aus durch Schultern und Brust schoss und ich ein starkes Brennen in den Bronchiolen verspürte. Es fühlte sich an, als hätte ich gleichzeitig einen Herzinfarkt und ein Atemversagen.

Während dieses Anfalls starrten mich die Augen der schreienden Mumie auf dem Bildschirm durchdringend an. Zuerst sah ich die gequälte Mumie, deren Schmerz in der Zeit eingefroren war. Dann sah ich das Gesicht einer sterbenden Frau mit einem Ausdruck voller Angst und Verzweiflung.

Das Bild, das ich sah, wechselte blitzartig zwischen den beiden Eindrücken: einerseits das Gesicht der Mumie, das vom Objektiv der Kamera eingefangen wurde, andererseits die wilden Augen der sterbenden Frau, die sich durch meine mediale Schau in mein Bewusstsein einbrannten.

Oh, mein Gott! Dieses Gesicht, gequält und verlassen in den dunklen Momenten eines unvorstellbaren Todes, war *meines* – vor Tausenden von Jahren und vielen Leben.

Trotz aller Logik … trotz meiner Jahre des Lehrens und Lernens über die Tricks, die das Ego dem Verstand vorspielt … wusste ich ohne Frage, dass ich mich selbst in einer anderen Inkarnation sah – in meinem Leben, oder besser gesagt, bei meinem Sterben im alten Ägypten.

So unglaublich es war, so weit hergeholt es für die Skeptiker, die meine Geschichte abtun werden, auch klingen mag, ich *wusste* es so sicher, wie ich weiß, dass ich lebe und atme.

Auf einem Fernsehschirm am anderen Ende der Welt sah ich mich mit einer früheren Inkarnation konfrontiert. War diese »Unbekannte Frau A« Hatetsescheti? War es ihr grausames Schicksal gewesen, im Dienste von Pharaonin Ma'atkara, der Königin von Ägypten, lebendig begraben zu werden?

Erinnerungen überfluteten mich.

Szenen von großer Pracht und Schönheit blitzten auf, die goldenen Tage – und andere voller dunklem Entsetzen, am Ende, als Hatschepsut ermordet wurde. Sie wurde vom obersten Herrscher Ägyptens einem schändlichen Tod überantwortet, ihrer Rechte beraubt und so begraben, dass ihre Seelenessenz auf ewig im Leichnam gefangen bleiben würde – damit sie niemals aufsteigen konnte, um neben den Pharaonen, die vor ihr regiert hatten, ihren rechtmäßigen Platz zwischen den Sternen einzunehmen.

Noch im Badeanzug rannte ich hysterisch aus dem Zimmer, hinaus in die Dunkelheit, über den Sandstrand und direkt zum Wasser. Ohne die geringste Rücksicht auf die Gefahren, die im finsteren Wasser des nächtlichen Meeres lauern mochten, stürzte ich mich blindlings in die Wellen und begann wie wild zu schwimmen, um mich zu erschöpfen – um den düsteren Schrecken dieses grausamsten aller Tode auszulöschen.

Ich schwamm, um nicht zu weinen … zu schreien … zu verschwinden.

Ich schwamm, um nicht zu fühlen … zu trauern … den Verstand zu verlieren.

Ich schwamm, um mich nicht an den Schmerz zu erinnern.

Ich schwamm nur, um zu atmen, um mich zu zwingen, rhythmisch und methodisch zu atmen, weil ich wusste, dass es eine Art Wiedergeburt war: das Loslassen alter Tage, alter Erinnerungen. Es war eine Zeit der Abrechnung – die Erkenntnis, dass all die magischen Zeichen und Synchronizitäten, die mich zurück in mein heiliges Ägypten, das Land der Khemiter, geführt hatten, nur ein Spiegelbild meiner langen, langen Reise durch die Pforten der Unsterblichkeit waren.

Nachdem ich im fahlen Licht des Mitternachtsmondes geschwommen war, bis ich nicht mehr schwimmen konnte, wurde mir klar, dass ich wirklich Hatetsescheti gefunden hatte, den Schlüssel zu meiner eigenen ägyptischen Vergangenheit.

Oder vielleicht hatte sie mich gefunden.

Ich schleppte mich zurück auf den Strand und grub die Zehen meiner zitternden Füße in den warmen Sand, wobei ich mich daran erinnerte, wie viele Schritte ich hatte gehen müssen, um mein Grab zu finden: wie heiß der Sand war und wie groß die Entfernung. Jeder einzelne Schritt hatte sich gelohnt.

Und hier endet meine Geschichte – an einem Ort, der unendlich viel undefinierbarer ist als der Raum zwischen einem Sandkorn und einem Moment in der Zeit, verloren und schließlich wiedergefunden in den königlichen Gräbern der Vergessenen.

Danksagung

Die Liste der Menschen, deren Liebe und Unterstützung mir helfen, frei zu sein und meinen Weg zu gehen, wird mit jedem Schritt länger. Die Seelen, die an so vielen Orten auf der Welt die Momente des Wunders und des Lichts mit mir teilen, sind zu zahlreich, um sie alle aufzuzählen – aber ihr wisst, wer ihr seid. Ich danke euch von Herzen. Ich danke euch für euer Lachen, euren Geist, eure Weisheit … und euer Vertrauen!

Ich danke vor allem den Lichtwesen, die mich stets mit ihrer Liebe umgeben und meinen Weg erhellen. Es ist ein Fest und ein großer Trost, zu wissen, dass ihr immer da seid.

Besonderer Dank geht an Debbie Johnson für ihre Einblicke in die Simulakren von Deir el-Bahari, an Fred Hageneder für seine hilfreichen Illustrationen, an Metka Lebar für ihren fabelhaften Orb im Osireion, an Philippe Ullens für sein Foto des Julia-Menge-Kornkreises »Portal« in Wiltshire sowie an Jeff Dahl und Wikimedia Commons für die Erlaubnis, die grafischen Darstellungen der Götter des Pantheons verwenden zu dürfen.

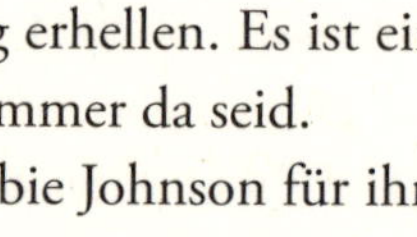

Meine Freunde in Ägypten, die mir immer wieder großzügig helfen, das Heilige Land zu bereisen, sind mir eine unermessliche Freude. Meinem lieben Amir von Abydos, Hüter der Tore und Bruder über den Sand der Zeit hinweg, schulde ich so viel für alles, was er tut. Und den vielen in Abydos: Kevin, Nancy, Shahad und all den guten Menschen des Dorfes ... In der Wärme eurer Liebe und Freundschaft bin ich immer zu Hause.

Meinem geliebten Hakim, der mir sagte, er würde »auf der anderen Seite des Tunnels warten«, danke ich dafür, dass er Teil meines Lebens war und mich so sehr inspiriert hat.

Und mein unendlicher Dank geht an meine Mutter, für all die unermesslichen Geschenke, die sie mir gemacht hat. Du bist stets mein führendes Licht, und meine Liebe zu dir ist so ewig wie deine leuchtende Seele, die vom Himmel herabstrahlt.

Verwendete Literatur

Cori, Patricia. *Atlantis Rising: The Struggle of Darkness and Light.* Berkeley, CA: North Atlantic Books, 2008; auf Amazon als Print On Demand & Kindle seit September 2022. – Dt. Ausgabe: *Atlantis steigt auf.* AMRA Verlag, Hanau 2021; auch als eBook und Audio Book erhältlich.

Cori, Patricia. *Before We Leave You: Messages from the Great Whales and the Dolphin Beings.* Berkeley, CA: North Atlantic Books, 2011. – Dt. Ausgabe: *Bevor wir euch verlassen.* AMRA Verlag, Hanau 2013, erneut 2021 mit einem Vorwort von Jeanne Ruland; auch als eBook erhältlich.

Cori, Patricia. *No More Secrets, No More Lies: A Handbook to Starseed Awakening.* Berkeley, CA: North Atlantic Books, 2002; auf Amazon als Print On Demand & Kindle seit September 2022. – Dt. Ausgabe: *Keine Lügen, keine Geheimnisse mehr.* Verlag Neue Erde, Saarbrücken 2004.

Cori, Patricia. *The Cosmos of Soul: A Wake-Up Call for Humanity.* Berkeley, CA: North Atlantic Books, 2008; auf Amazon als Print On Demand & Kindle seit September 2022. – Dt. Ausgabe: *Kosmos der Seele. Ein Weckruf an die Menschheit.* Verlag Neue Erde, Saarbrücken 2006.

Cori, Patricia. *The New Sirian Revelations: Galactic Prophecies for the Ascending Human Collective.* Berkeley, CA: North Atlantic Books, 2017; eBook & Audio Book zur Neuausgabe bei Bear & Company im September 2023. – Dt. Ausgabe: *Lichtbotschaften vom Sirius Band 1 und 2.* AMRA Verlag, beide Hanau 2019; auch als eBooks erhältlich.

Cori, Patricia. *The Starseed Dialogues: Soul Searching the Universe.* Berkeley, CA: North Atlantic Books, 2009; auf Amazon als Print On Demand & Kindle seit September 2022. – Dt. Ausgabe: *Lichtbotschaften vom Sirius Band 3.* AMRA Verlag, Hanau 2021; auch als eBook erhältlich.

Cott, Jonathan. *The Search for Omm Sety.* London: Arrow Books Ltd., 1989. – Keine deutsche Ausgabe.

Dunn, Christopher. *The Giza Power Plant: Technologies of Ancient Egypt.* Santa Fe, NM: Bear & Company, 1998. – Keine deutsche Ausgabe.

Hope, Murry. *The Sirius Connection: Unlocking the Secrets of Ancient Egypt.* Shaftesbury, Dorset: Element Books Ltd., 1996. – Dt. Ausgabe: *Im Zeichen des Sirius. Das Rätsel der ägyptischen Vorzeit.* Heyne-Taschenbuch, München 1999; Reihe »X – Rätsel der Geschichte«.

Mehler, Stephen. *From Light into Darkness.* Kempton, IL: Adventures Unlimited Press, 2005. – Keine deutsche Ausgabe.

Mehler, Stephen. *The Land of Osiris.* Kempton, IL: Adventures Unlimited Press, 2002. – Keine deutsche Ausgabe.

Mehling, Marianne (Herausgeberin). *Egypt: A Phaidon Cultural Guide.* London: Phaidon Press Limited, 1990. – Keine deutsche Ausgabe.

Omm Sety und el Zeini, Hanny. *Abydos: Holy City of Ancient Egypt.* Los Angeles: LL Co., 1981. – Keine deutsche Ausgabe.

Temple, Robert K. G. *The Sirius Mystery.* Rochester, VT: Destiny Books, 1976. – Dt. Ausgabe: *Das Sirius-Rätsel.* Umschau Verlag, Frankfurt am Main 1977, und Ullstein Verlag, Berlin 1996.

Vallée, Martine (Herausgeberin). *The Great Shift.* San Francisco: Red Wheel/Weiser LLC, 2008. – Dt. Ausgabe: *Die Große Veränderung. Botschaften von Lee Carroll, Tom Kenyon und Patricia Cori.* AMRA Verlag, Hanau 2009; auch als eBook erhältlich.

Fotos & Illustrationen

Wo nicht anders angegeben, stammen die Fotos von Patricia Cori.

Patricia Cori

Die weltbekannte Autorin, Rednerin und Aktivistin für Menschen- und Tierrechte, eine Kämpferin für den Planeten Erde, stammt aus der Nähe von San Francisco. Sie ist hoch medial und bewandert in Mystizismus, Philosophie, alten Kulturen, metaphysischen Heilkünsten, Spiritualität und unerklärlichen Mysterien. Über all diese Themen hält sie regelmäßig Vorträge auf der ganzen Welt. Sie gilt als Kapazität auf ihren Fachgebieten, und ihre Arbeit wird nicht zuletzt deshalb so geschätzt, weil sie den *Status quo* in Frage stellt und dem menschlichen Gewahrsein neue Perspektiven eröffnet. Sie ist ein prominentes Mitglied der spirituellen Gemeinschaft und in internationalen Vortragskreisen bekannt dafür, dass sie regelmäßig Workshops zu einer großen Bandbreite an Themen anbietet, die auch ihr weitgefächertes Wissen über alternative Heilmethoden reflektieren. Sie verfügt über die außergewöhnliche Gabe, anderen zu helfen und in uns allen die Flamme der Kraft zu entzünden.

Von indigenen spirituellen Lehrern der tibetischen, peruanischen und der Maya-Tradition wurde sie als Schamanin anerkannt und von den Schamanen von Palenque als einer der vier spirituellen Wächter dieser heiligen Stätte identifiziert. 1996 gründete sie den LightWorks-Reiseclub SoulQuest™ Journeys und führte noch im selben Jahr eine Gruppe von spirituellen Reisenden nach Nepal und Tibet. Seitdem begleitete sie Reisegruppen zu heiligen Stätten in Asien, Mexiko, Ägypten, Europa und Peru, zu den Kornkreisen in England und zum Delfinschwimmen auf die Azoren, um das

Potenzial der Interaktion zwischen den Arten zu erkunden und unsere Empfänglichkeit für die Welt, die uns umgibt, zu erhöhen. Stets konnte sie dabei Portale öffnen und den Menschen helfen, einen Blick hinter den Vorhang zu werfen.

Im deutschen Sprachraum gelten zwei Bücher ihrer ersten Sirius-Trilogie, *Keine Lügen, keine Geheimnisse mehr* und *Kosmos der Seele*, als Weckrufe für das sich erweiternde Bewusstsein der Menschheit. Später wurden ihre Beiträge in den AMRA-Sammelbänden *Die Große Veränderung*, *Das Bewusstsein der Neuen Zeit* und *Neue Zeit* zu kraftspendenden Wegweisern für die Lichtarbeit. Sie veröffentlichte darin Seite an Seite mit Lee Carroll und Tom Kenyon, herausragenden Medien von Kryon und den Hathoren, neue Botschaften des Hohen Rates vom Sirius. Danach channelte sie Botschaften der Wale und Delfine, die unter dem Titel *Bevor wir euch verlassen* vorliegen, gefolgt von drei Bänden mit *Lichtbotschaften vom Sirius*, einer exklusiv zusammengestellten Trilogie, die ihre amerikanischen Bücher *The New Sirian Revelations* und *The Starseed Dialogues* auf Deutsch enthält, sowie dem wundervollen Werk *Atlantis steigt auf*, ursprünglich der mittlere Band der ersten Sirius-Trilogie, der für die deutsche Erstausgabe sorgfältig aktualisiert wurde. Hiermit liegt ihr autobiografischer Reinkarnationsbericht *Wo die Pharaonen wohnen* vor. Ihr Roman *The Emissary – Kolonie der Lichtwesen auf dem Meeresgrund* befindet sich bei AMRA in Vorbereitung.

Für Erwachende überall auf der Erde gelten ihre Durchsagen aus der Geistigen Welt als unerlässliche Lektüre. Erfahren Sie mehr über ihre Workshops in englischer Sprache auf der Website:

www.patriciacori.com

Stichwortverzeichnis

zusammengestellt von Michael Nagula